编译文库

语言学

高 彬 著

国家社科基金项目
"《求是》英文版的中国对外政治话语体系研究（2009—2018）"
（项目编号：19BYY136）的阶段性成果

扬州大学出版基金资助

中国话语"走出去"：
译介与传播研究

Chinese Discourse Going Global:
Translation and Communication Studies

图书在版编目 (CIP) 数据

中国话语"走出去":译介与传播研究 / 高彬著. —— 北京:中央编译出版社,2023.12
ISBN 978-7-5117-4506-4

Ⅰ.①中… Ⅱ.①高… Ⅲ.①中华文化—文化传播—研究 Ⅳ.① G125

中国国家版本馆 CIP 数据核字 (2023) 第 240589 号

中国话语"走出去":译介与传播研究

责任编辑	张　科
责任印制	李　颖
出版发行	中央编译出版社
地　　址	北京市海淀区北四环西路 69 号（100080）
网　　址	www.cctpcm.com
电　　话	（010）55627391（总编室）　　（010）55627362（编辑室）
	（010）55627320（发行部）　　（010）55627377（新技术部）
经　　销	全国新华书店
印　　刷	佳兴达印刷（天津）有限公司
开　　本	710 毫米 ×1000 毫米 1/16
字　　数	202 千字
印　　张	19
版　　次	2023 年 12 月第 1 版
印　　次	2023 年 12 月第 1 次印刷
定　　价	128.00 元

新浪微博：@中央编译出版社　　　微　信：中央编译出版社（ID：cctphome）
淘宝店铺：中央编译出版社直销店（http://shop108367160.taobao.com）（010）55627331

本社常年法律顾问：北京市吴栾赵阎律师事务所律师　闫军　梁勤
凡有印装质量问题，本社负责调换，电话：（010）55627320

序

"走出去"这一理念是对外开放思想的拓展与延伸,萌发于20世纪90年代我国的经济发展领域。彼时,中共中央根据我国经济社会发展所面临的国内外形势,以国内市场活力不强和资源条件不充分等现实问题作为重要考量,时任中共中央总书记江泽民同志提出了旨在推动中国企业"走出去"的经济发展理念,随后这一理念被正式写入党的十六大和十七大报告之中,标志着其发展成为我国的国家发展战略之一。21世纪初,为了以更加开放的姿态融入国际社会,扩大对外文化交流,"走出去"的国家战略逐步拓展至文化领域,时任中共中央总书记胡锦涛同志在中共十六届五中全会上指出要"加快实施文化产品'走出去'战略推动中华文化走向世界",随后包括"中华文化对外翻译与传播"等在内的一系列"走出去"工程和政策不断落地实施,旨在增强中华文化国际影响力,提升国家文化软实力。党的十八大以来,以习近平总书记为核心的党中央更加重视国际传播工作。2013年8月,在全国宣传工作会议上,习近平总书记强调,"要着力推进国际传播能力建设,创新对外宣传方式,加强话语体系建设,着力打造融通中外的新概念新范畴新表述,讲好中国故事,传播好中国声音"。至此,"走出去"的对外开放理念和国家发展战略已被上升至中国特色话语体系建设与对外传播的高度,其根本目的在于推动中国话语"走出去",以形成与我国综合国力和国际地位相匹配的国际话语权,为我国的发展稳定创造有利的外部舆论环境,促进人类命运共同体建设。

无论是推动中华文化"走出去",还是打造融通中外的中国特色对外话语体系,都离不开翻译与传播这两个至关重要的环节,这也正是本书以《中国话语"走出去":译介与传播研究》为书名的主要缘由。在前三章,笔者首先详细梳理了作为国家发展战略的"走出去"政策演进历程,回答了"何谓'走出去'"的基本问题,并在对"话语"进行概念解读的基础上分析了话语权、国家形象和软实力之间的逻辑关联,论证了推动中国话语"走出去"的重大现实意义,最后结合以习近平总书记为核心的党和国家领导人所发表的一系列重要讲话,阐释了新时代我国对外传播的主体观、受众意识与方法论。从第四章至第十二章,笔者分别以延安时期、海外媒体署名文章、跨域书写、政府工作报告、中国当代文学作品、中华学术外译图书、期刊等作为典型案例,重点从翻译、传播和接受等多个维度,对不同领域和不同层面的中国话语"走出去"进行了全面剖析,包括具有历史借鉴价值的中国革命话语"走出去",也包括利于国家和民族形象建构的领导人话语"走出去"、彰显文明互通互鉴的文学话语"走出去",还包括旨在实现中学西传的学术话语"走出去"以及体现编译合一特征的中国时政新闻话语"走出去",如此等等,不一而足。在对各个领域代表性话语"走出去"案例的剖析过程中,笔者不但对其译介与传播过程进行介绍,而且重点围绕译介主题、翻译策略、传播路径和接受效果等核心话题展开了详细论述。更重要的是,笔者还选择部分案例进行针对性反思,提出了有利于优化中国特色话语体系对外传播的路径与方法,以期能够为进一步推动中国话语"走出去"且"走进去"提供些许学理参考。

当今世界变乱交织,百年变局加速演进,国际社会对于中国这样一个东方大国的关注度前所未有。推动中国话语"走出去",时不我待。然而,真正实现中国话语"走出去"且"走进去"并发挥影响力,非朝夕之事,而要久久为功,逐步建立健全融通中外的中国特色对外话语传播体系。在推动中国话语"走出去"的进程中,不仅要将"义利观""人类命运共同体""新型大国关系""一带一路"等源自中国智慧的重大理念译介与传播出去,使其成为讲述中国故事的源头以及世界解读中国的标志性概念,还要充分发挥政治、经济、文化、外交、学术等诸多国际交往领域的桥梁与纽带作用,使其成为中国话语走向世界的重要传播载体。诚如习近平总书记于2016年在哲学社会科学工作座谈会上的讲话所言:"要围绕我国和世界发展面临的重大问题,着力提出能够体现中国立场、中国智慧、中国价值的理念、主张、方案。我们不仅要让世界知道'舌尖上的中国',还要让世界知道'学术上的中国''理论中的中国''哲学社会科学中的中国',让世界知道'发展中的中国''开放中的中国''为人类文明作贡献的中国'。"

本书是笔者近年来在中国特色对外话语体系译介与传播研究领域的

初步探索与思考，既是对个人学术生涯的一次小的总结，更是一个新的开始。值此薄著付梓之际，感恩父母，是他们给予健康的身躯和坚强的意志；感谢师长，在笔者二十余载的求学路上，是他们给予无私的知识滴灌和学术给养。

由于笔者才疏学浅，书中错讹在所难免，恳请各方大家不吝批评指正！

高彬

2023年10月10日于扬州

目　录

第一章｜何谓"走出去"：中国话语"走出去"的国家政策演进历程
　　一、萌发：中国经济"走出去" / 002
　　二、延伸：中国文化"走出去" / 009
　　三、升华：中国话语"走出去" / 016
　　四、结语 / 023

第二章｜为何"走出去"：话语权、国家形象与软实力之间的逻辑关联
　　一、话语的概念与阐释 / 026
　　二、从话语到话语权 / 030
　　三、国家形象与话语和话语权 / 033
　　四、国家软实力与国际话语权 / 038
　　五、增强国际话语权的现实意义 / 042
　　六、结语 / 045

第三章｜如何"走出去"：新时代我国对外传播的主体观、受众意识与方法论
　　一、主体观：新时代我国对外传播理念的生成逻辑 / 050
　　二、受众意识：新时代我国对外传播理念重视
　　　　目标受众的差异性特征 / 060

三、方法论：新时代我国对外传播理念指导下的
　　外宣路径与方法 / 065

四、结语 / 070

第四章 | 以史为鉴：延安时期对外话语传播的历史经验与现实启示

一、延安时期中共对外话语传播的时代语境 / 075

二、延安时期中共对外话语传播的建设主题 / 077

三、延安时期中共对外话语体系的传播路径 / 082

四、延安时期中共对外话语传播的现实启示 / 089

五、结语 / 094

第五章 | 形象建构：基于海外媒体署名文章的中国话语传播新模式

一、中国国家形象建构：双重塑造路径的角力 / 099

二、海外媒体署名文章：国家形象自塑的对外话语
　　传播新模式 / 104

三、海外媒体署名文章：助力稳中有升的中国国家
　　形象建构 / 113

四、结语 / 116

第六章 | 跨域书写：中国文化"走出去"的非传统译介模式

一、翻译再认识：写作亦翻译 / 122

二、跨域书写：非传统的文化译介模式 / 128

三、文化译介实质：传播异域文化 / 136

四、结语 / 141

第七章 | 隐而化显：《中国政府工作报告》的英译逻辑建构

一、《中国政府工作报告》的语言特征 / 148

二、《中国政府工作报告》原文本的隐形逻辑 / 151

三、《中国政府工作报告》英译本的逻辑建构策略 / 158

四、结语 / 168

第八章 | 编译合一：中国时政新闻话语"走出去"的书写模式——以《北京周报》为例

一、《北京周报》的创设背景 / 173

二、《北京周报》的议题设置 / 176

三、《北京周报》的写、编、译策略 / 181

四、《北京周报》的传播路径 / 189

五、《北京周报》的传播效果 / 193

六、结语 / 193

第九章 | 化内为外：《求是》英文版的中国政治话语译介与传播

一、译介目标：对外讲述中国共产党治国理政的"故事" / 199

二、传播框架：叙事主题与阐释视角 / 202

三、译介策略：以"融通中外"为导向的编辑与翻译 / 208

四、传播渠道：从单一纸媒到多媒介融合的信息化传播 / 215

五、结语 / 219

第十章 借船出海：《白夜追凶》在英语世界的网飞之旅

一、借船出海："走出去"的中国网络剧《白夜追凶》／224

二、传播效果：外媒对《白夜追凶》的报道与观众影评／228

三、《白夜追凶》成功"走出去"的原因剖析／231

四、启示：中国影视话语"走出去"的机遇与挑战／239

五、结语／245

第十一章 文明互鉴：中国当代文学在阿拉伯世界的译介与传播——以余华作品为例

一、余华作品在阿拉伯世界的译介概况／250

二、余华作品在阿拉伯世界的传播与接受效果／253

三、余华作品成功走向阿拉伯的原因剖析／259

四、结语／268

第十二章 中学西传：中华学术外译图书的域外传播与接受

一、"中华学术外译项目"：中国话语"走出去"的学术传播载体／273

二、"中华学术外译项目"图书译介与传播效果的评价方式／280

三、"中华学术外译项目"图书的域外接受效果——以学术引用为视角／285

四、结语／292

第一章

何谓"走出去":
中国话语"走出去"的国家政策演进历程

"走出去"是我国进一步扩大对外开放思想的拓展和延伸，有利于促进中外交流与国际合作。自新中国成立以来，党和国家高度重视我国的国际传播工作，通过各种措施和传播渠道，对外讲述中国故事，传达中国声音，其最终目的都是为了推动中国话语"走出去"，以促进国际社会对中国的认知、理解和支持，从而增强中国的国际话语权和文化软实力。与此同时，随着中国话语的"走出去"，中国可以更加积极地参与全球治理，在国际事务中发表观点，推动国际规则和制度的改革，以维护国际秩序的公平和稳定。探求中国话语"走出去"这一命题，必须搞清楚什么是"走出去"，而要对该概念进行界定和解读，首先应对其形成和发展脉络做详细考察。

一、萌发：中国经济"走出去"

　　通过追溯我国的"走出去"发展战略，可以发现，最早出现"走出去"这一提法源自20世纪90年代,萌发于我国的经济发展领域。彼时,中共中央根据我国经济社会发展所面临的国内外政治经济形势,考虑到我国经济面临着国内市场活力不够和资源不充分等发展瓶颈问题,并以我国经济社会发展的长远利益为重要考量,由时任中共中央总书记江泽民同志提出了"走出去"的发展理念,随后这一理念被正式写入党的十六大和十七大报告之中,进而逐渐发展成为我国的国家战略。事实上,"走出去"亦是对我国对外开放思想的进一步拓展和延伸,是中国在国际交往领域的新目标和新举措。下文即对"走出去"这一国家发展战略的来龙去脉政策演进历程进行梳理。

1996年7月26日,时任中共中央总书记江泽民同志在河北唐山考察时明确提出,"要加紧研究国有企业如何有重点有组织地走出去,做好利用国际市场和国外资源这篇大文章"[①]。在其看来,"广大发展中国家市场十分广阔,发展潜力很大。我们要把眼光放远一些,应着眼于未来、着眼于长远,努力加强同这些国家的经济技术合作,包括利用这些国家的市场和资源,搞一些合资、合作经营的项目"[②]。这一时期,中国政府加大了对国有企业开展对外贸易和投资的支持力度,并发布了一系列关于鼓励和引导企业对外投资的政策措施,为国有企业开展对外投资项目提供了政策支持和指导。在这些支持性政策的推动下,国有企业

---

① 张宏志.建立社会主义市场经济体制的成功探索——兼论江泽民的突出贡献[J].党的文献,2008(06):24-30.
② 陈扬勇.江泽民"走出去"战略的形成及其重要意义[J].党的文献,2009(01):63-69.

开始逐步"走出去",并积极实施对外投资业务。

1997年12月,江泽民同志在会见全国外资工作会议代表时进一步明确提出,"'引进来'和'走出去'是我们对外开放基本国策两个紧密联系、相互促进的方面,缺一不可。这是一个大战略,既是对外开放的重要战略,也是经济发展的重要战略"①。这是"走出去"首次被界定为"战略"。在此次会议上,江泽民同志还指出,"不仅要积极吸引外国企业到中国投资办厂,也要积极引导和组织国内有实力的企业走出去,到国外去投资办厂,利用当地的市场和资源;视野要放开一些,既要看到欧美市场,也要看到广大发展中国家的市场;在努力扩大商品出口的同时,必须下大气力研究和部署如何走出去搞经济技术合作"②。

在中国共产党第十五次全国代表大会上,江泽民同志在《高举邓小平理论伟大旗帜,把建设有中国特色社会主义事业全面推向二十一世纪》报告中,针对我国的对外开放政策,提出要"深化对外经济贸易体制改革,完善代理制,扩大企业外贸经营权,形成平等竞争的政策环境""积极参与区域经济合作和全球多边贸易体系""鼓励能够发挥我国比较优势的对外投资""更好地利用国内国外两个市场、两种资源。完善和实施涉外经济贸易的法律法规"③。同年度,国家对外贸易经济合

---

① 本书编写组. 中国共产党简史[M]. 北京:人民出版社/中共党史出版社,2021:306.
② 江泽民. 江泽民文选(第二卷)[M]. 北京:人民出版社,2006.
③ 高举邓小平理论伟大旗帜,把建设有中国特色社会主义事业全面推向二十一世纪[EB/OL].(1997-09-12)[2022-11-11]. http://www.cppcc.gov.cn/2011/12/16/ARTI1513333597097400.shtml

作部颁布了《关于设立境外贸易公司和贸易代表处的暂行规定》，明确了我国企业可以在境外设立贸易公司和贸易代表处，从事贸易活动。①这一规定的出台，大大推动了国内企业走出国门的进程。据统计，规定出台后到当年年底，经对外贸易经济合作部批准或在对外贸易经济合作部备案的中国境外投资企业（不含金融企业）就达5356家，中方协议投资金额60.67亿美元。中国的对外投资从改革开放前的以贸易性投资为主逐步发展到资源开发、工农业生产、建筑业、交通运输和旅游服务业等多个领域，企业遍布140多个国家和地区。②

1998年5月，江泽民同志在一次讲话中再次提出："要进一步研究如何加快实施'走出去'的发展战略。非洲、中东、中亚、南美等地区的广大发展中国家市场很大，资源丰富，我们应该抓紧时机打进去。要组织一批有条件的国有企业出去投资办厂。"③

2000年10月，党的十五届五中全会审议通过了《中共中央关于制定国民经济和社会发展第十个五年计划的建议》。《建议》首次正式提出要实施"走出去"战略。《建议》指出，"实施'走出去'战略，努力在利用国内外两种资源、两个市场方面有新的突破。鼓励能够发挥我国比较优势的对外投资，扩大经济技术合作的领域、途径和方式，支持有竞争力的企业跨国经营，到境外开展加工贸易或开发资源，并在信贷、保险

---

① 张广荣. 我国"境外投资"基本政策发展演变[J]. 国际经济合作，2009（09）：21-27.
② 邢厚媛. 中国发展对外投资意义深远[J]. 国际市场，1998（12）：4-5.
③ 江泽民. 论社会主义市场经济[M]. 北京：中央文献出版社，2006：385.

等方面给予帮助。抓紧制定和规范国内企业到境外投资的监管制度，加强我国在境外企业的管理和投资业务的协调。继续发展对外承包工程和劳务合作，在竞争中形成一批具有实力的对外承包工程企业"[①]。

2001年，中共中央把"走出去"这一理念以国家发展战略的形式写入了《中华人民共和国国民经济和社会发展第十个五年计划纲要》。《纲要》指出，"鼓励能够发挥我国比较优势的对外投资，扩大国际经济技术合作的领域、途径和方式。继续发展对外承包工程和劳务合作，鼓励有竞争优势的企业开展境外加工贸易，带动产品、服务和技术出口。支持到境外合作开发国内短缺资源，促进国内产业结构调整和资源置换。鼓励企业利用国外智力资源，在境外设立研究开发机构和设计中心。支持有实力的企业跨国经营，实现国际化发展。健全对境外投资的服务体系，在金融、保险、外汇、财税、人才、法律、信息服务、出入境管理等方面，为实施'走出去'战略创造条件。完善境外投资企业的法人治理结构和内部约束机制，规范对外投资的监管"[②]。

此外，为鼓励企业积极参与对外投资，为企业"走出去"提供政策支持，国家层面还出台了许多文件，包括《关于支持鼓励中国企业境外投资的若干意见》《关于调整和完善境外投资管理政策的通知》等。这些政策文件的出台，为中国企业的境外投资提供了指导和支持，并推动

---

① 中共中央关于制定国民经济和社会发展第十个五年计划的建议[N].人民日报,2000-10-19(001).

② 中华人民共和国国民经济和社会发展第十个五年计划纲要[EB/OL].(2001-03-15)[2022-11-11]. https://www.gov.cn/gongbao/content/2001/content_60699.htm

了中国企业在全球范围内的对外投资活动。同时，中国企业也积极响应国家号召，开展对外投资。据统计，当年度，中国企业对外直接投资累计6610家，累计协议投资额123亿美元，对外投资平均规模253万美元，比前一年提高了29.9%。[1]

在国家利好政策的大力支持和推动下，中国企业还积极寻找国际合作伙伴，加强与国外企业的合作。通过与国外企业的合作，中国企业可以借鉴其先进的管理经验和技术的同时，也能够推动双方国家经济的快速发展。例如，2001年，中国移动与英国电信签署合作协议，共同开发3G移动通信技术，这个项目为中国移动引进了先进的通信技术，同时也促进了中英两国企业之间的合作与交流。同年，中国北汽集团和德国工业巨头西门子签署合作协议，共同研发新能源汽车，并在北京建立了一家合资公司，即北京现代汽车有限公司。这个项目是中国汽车产业向新能源汽车领域转型的重要尝试，也是中国企业成果走向世界的典型代表。

2001年，经过15年的卓绝努力，中国正式加入世界贸易组织（WTO），这是我国改革开放和社会主义现代化建设进程中的一个重要里程碑事件。历经15年的奋斗与期待，中国终于叩开了WTO这座号称"经济联合国"的大门，这将"有利于中国企业利用稳定、透明、可预见的多边贸易机制更好地保护和壮大自己"[2]，推动国内企业更好地

---

[1] 杜江,万炎华.论我国企业跨国并购的战略选择[J].经济前沿,2003(08)：56-58.a

[2] 龚雯.让历史铭记这十五年[N].人民日报,2001-11-11(002).

"走出去",同时也意味着中国将在更大范围内和更深程度上继续"走出去",并积极参与经济全球化的进程。

2002年,"走出去"的对外发展战略又被写入党的十六大工作报告。时任中共中央总书记江泽民在中国共产党第十六次全国代表大会上做了题为《全面建设小康社会,开创中国特色社会主义事业新局面》的报告。报告指出:"实施'走出去'战略是对外开放新阶段的重大举措……坚持'引进来'和'走出去'相结合,积极参与国际经济技术合作和竞争,不断提高对外开放水平"。①

同年4月,博鳌亚洲论坛首届年会在万泉河畔开幕。时任国务院总理朱镕基发表了题为《携手共创新世纪亚洲美好未来》的演讲,提出"中国将进一步向亚洲和世界开放,向各国的企业家、投资者开放。我们将恪守入世承诺,有步骤地扩大对外开放领域,降低关税水平,取消非关税壁垒。我们也将不断完善法治,创造更加公平、透明和可预见的市场环境。同时,我们还将大力实施'走出去'战略,鼓励中国各种所有制企业走向世界"②。

2003年,在中国共产党的第十六届三中全会上,为贯彻落实党的十六大提出的建成完善的社会主义市场经济体制和更具活力、更加开放的经济体系的战略部署,深化经济体制改革,促进经济社会全面发展,审议通过了《关于完善社会主义市场经济体制的若干重大问题的决定》,

---

① 江泽民.全面建设小康社会,开创中国特色社会主义事业新局面(一)[N].人民日报,2002-11-18.
② 饶爱民.携手共创新世纪亚洲美好未来[N].人民日报,2002-04-13(001).

《决定》指出要"继续实施'走出去'战略,完善对外投资服务体系,赋予企业更大的境外经营管理自主权,健全对境外投资企业的监管机制,促进我国跨国公司的发展,积极参与和推动区域经济合作"[1]。

与此同时,时任国务院总理朱镕基在2003年的《政府工作报告》中指出要"鼓励有条件的各类所有制企业走出去,开拓国际市场,到境外投资办企业,带动设备、零部件出口和劳务输出"[2]。在国家政策的力推之下,一些中国企业率先走出国门,开拓了国际市场。例如,中国海洋石油集团有限公司于2003年3月以约6.15亿美元的价格收购了英国石油气集团里海卡拉干油田8.33%的股权,中国石化在2003年以约6.15亿美元的价格收购了哈萨克斯坦北里海项目1/12的权益。[3]这些都标志着中国企业在国际能源市场上的"走出去"。

二、延伸:中国文化"走出去"

以上是对我国经济发展领域"走出去"相关国家政策以及成果的梳理和介绍。伴随着中国在经济领域"走出去"发展战略的形成,"走出去"的理念也在不断拓展和延伸。鉴于文化在经济全球化浪潮中的作用

---

[1] 中共中央关于完善社会主义市场经济体制若干问题的决定[EB/OL].(2003-10-14)[2022-09-12].http://cpc.people.com.cn/GB/64162/64168/64569/65411/4429165.html

[2] 朱镕基.政府工作报告——2003年3月5日在第十届全国人民代表大会第一次会议上[EB/OL].(2003-03-05)[2022-10-12].https://www.gov.cn/gongbao/content/2003/content_62011.htm

[3] 杜江,万炎华.论我国企业跨国并购的战略选择[J].经济前沿,2003(08):56-58.

和影响，以"走出去"为导向的进一步扩大对外开放理念也被逐渐运用到文化发展领域，鼓励、支持和推动中国文化产品对外传播与交流，借以提升中国文化的全球影响力和国际竞争力。

2002年7月，时任文化部部长孙家正在参加全国文化厅局长座谈会时指出，"要以更加开放的姿态融入国际社会，进一步扩大对外文化交流，实施'走出去'战略，着力宣传当代中国改革和建设的伟大成就，大力传播当代中国文化，以打入国际主流社会和主流媒体为主，充分利用市场经济手段和现代传播方式，树立当代中国的崭新形象，把我国建设成为立足亚太、面向全球的国际文化中心"①。

2004年9月，中共十六届四中全会通过了《中共中央关于加强党的执政能力建设的决定》，《决定》提出要"推动中华文化更好地走向世界，提高国际影响力"②。

2005年10月，时任中共中央总书记胡锦涛同志在中共十六届五中全会上指出，社会主义先进文化建设要"加快实施文化产品'走出去'战略，推动中华文化走向世界"③。此外，在此次会议上还通过了《关于制定国民经济和社会发展第十一个五年规划的建议》，《建议》中继续强调要"积极开拓国际文化市场，推动中华文化走向世界"④。

2006年，国家颁布了《中华人民共和国国民经济和社会发展第十一

---

① 孙家正.关于战略机遇期的文化建设问题[J].文艺研究,2003(01):5-16.
② 中共中央关于加强党的执政能力建设的决定[N].人民日报,2004-09-27.
③ 十六大以来重要文献选编(中)[M].北京:中央文献出版社,2006:1031.
④ 中共中央关于制定国民经济和社会发展第十一个五年规划的建议[N].人民日报,2005-10-19(001).

个五年规划纲要（2006—2010年）》，在"加强社会主义文化建设"一章中，专门对"十一五"时期文化发展明确了具体任务和要求。同年9月，为确立"十一五"期间我国文化发展的指导思想、方针原则和目标任务，《国家"十一五"时期文化发展规划纲要》随后出台，这是我国首次制定的国家级文化建设中长期专项规划，专门用于指导我国"十一五"时期乃至更长一段时期内我国文化发展的方向。在《纲要》第八章"对外文化交流"中，明确提出"充分利用各种资源，创新文化'走出去'的形式和手段，吸收借鉴世界各国优秀文化成果，提升我国文化产品的影响力和竞争力，积极推动中华文化面向世界、走向世界"，"整合资源，突出重点，实施'走出去'重大工程项目，加快'走出去'步伐，扩大我国文化的覆盖面和国际影响力"[①]。随后，文化部又专门制定了《文化建设"十一五"规划》，指出要在未来五到十年的时间里，推动实施五大发展战略，其中就包括"中华文化走出去战略"[②]。

2007年10月，胡锦涛总书记在党的十七大报告中提出，"坚持对外开放的基本国策，把'引进来'和'走出去'更好结合起来，扩大开放领域，优化开放结构，提高开放质量，完善内外联动、互利共赢、安全高效的开放型经济体系，形成经济全球化条件下参与国际经济合作和竞

---

① 国家"十一五"时期文化发展规划纲要[EB/OL].(2006-09-13)[2022-11-12]. https://www.gov.cn/jrzg/2006-09/13/content_388046_10.htm

② 杨利英. 近年来中国文化"走出去"战略研究综述[J]. 探索, 2009, No. 145 (02): 102-106.

争新优势"①。在推动社会主义文化大发展和大繁荣方面，十七大报告还提出要"加强对外文化交流，吸收各国优秀文明成果，增强中华文化的国际影响力"②。

2008年对于中国来说是具有重大意义的一年。中国成功举办了第29届夏季奥林匹克运动会，中国北京成为全世界关注的焦点，这次盛会不仅是体育运动爱好者们的聚会，也是全世界人民友好交流和互赏互鉴的聚会，更是中国文化走向世界的重要机会。然而，奥运会火炬在境外传递期间，遭遇了很多敌对势力尤其是"藏独"和"法轮功"分子的干扰和破坏。面对种种恶劣行径，包括美国《华尔街日报》、英国《金融时报》、英国广播公司、美联社、路透社、英国《每日电讯报》等在内的西方主流媒体不但没有发出本应源自客观媒体立场的正义声音，相反却对破坏奥运会火炬传递的"杂音"进行了"放大"，以表示对敌对势力所谓的"同情"。③在这两个事件中，西方媒体借助他们在国际传播领域的绝对优势，恶意抹黑中国，给中国国家形象造成了很大的负面影响。

面对西方媒体在事关中国重大事件上的歪曲报道以及由此凸显出的西方媒体话语霸权，中国政府越来越意识到提升中国国际话语权以增强中国文化"软实力"的重要性，可以说2008年是中国国际话语权觉醒的一年。

---

① 胡锦涛.高举中国特色社会主义伟大旗帜 为夺取全面建设小康社会新胜利而奋斗——在中国共产党第十七次全国代表大会上的报告[J].求是，2007(21)：3-22.
② 胡锦涛.高举中国特色社会主义伟大旗帜 为夺取全面建设小康社会新胜利而奋斗——在中国共产党第十七次全国代表大会上的报告[J].求是，2007(21)：3-22.
③ 程刚等.西方媒体放大杂音[N].环球时报，2008-04-06.

同年度，胡锦涛总书记在人民日报社考察工作时，对国际舆论形势作出如下判断："当前，世界范围内各种思想文化交流、交融、交锋更加频繁，'西强我弱'的国际舆论格局还没有根本改变，新闻舆论领域的斗争更趋激烈、更趋复杂。在这样的情况下，新闻宣传工作任务更为艰巨、责任更加重大。①"

2009年，在话语权意识觉醒以及国家外宣战略和相关政策的引领下，我国迎来中国媒体"走出去"的丰收之年，共有7家报纸、电视、广播、杂志等媒体纷纷创刊外文版或者开通多语种外文频道，成为我国对外宣传的重要窗口。这七家媒体分别是：《中国日报美国版》、《环球时报》英文版、新华新闻电视网、中央电视台阿拉伯语国际频道、中央电视台俄语国际频道、中国国际广播电台"国际在线"、《求是》英文版和中国网络电视台。②

2011年10月18日，胡锦涛同志在党的十七届六中全会第二次全体会议上发表了题为《坚定不移走中国特色社会主义文化发展道路 努力建设社会主义文化强国》的讲话，提出"要围绕提高中华文化国际影响力和竞争力，积极开拓国际文化市场，创新文化走出去模式，不断提高国家文化软实力"③。与此同时，中国共产党第十七届六中全会还通过

---

① 王建峰,吕莎.媒体"走出去"：提升中国媒体国际传播能力[N].中国社会科学报,2009-08-27(001).

② 王建峰,吕莎.媒体"走出去"：提升中国媒体国际传播能力[N].中国社会科学报,2009-08-27(001).

③ 胡锦涛.坚定不移走中国特色社会主义文化发展道路 努力建设社会主义文化强国[J].求是,2012(01):3-7.

了《中共中央关于深化文化体制改革推动社会主义文化大发展大繁荣若干重大问题的决定》。《决定》第七条指出，为进一步深化改革开放，推动中国文化走向世界，我国将"开展多渠道多形式多层次对外文化交流，广泛参与世界文明对话，促进文化相互借鉴，增强中华文化在世界上的感召力和影响力，共同维护文化多样性。创新对外宣传方式方法，增强国际话语权，妥善回应外部关切，增进国际社会对我国基本国情、价值观念、发展道路、内外政策的了解和认识，展现我国文明、民主、开放、进步的形象。实施文化走出去工程，完善支持文化产品和服务走出去政策措施，支持重点主流媒体在海外设立分支机构，培育一批具有国际竞争力的外向型文化企业和中介机构，完善译制、推介、咨询等方面扶持机制，开拓国际文化市场。加强海外中国文化中心和孔子学院建设，鼓励代表国家水平的各类学术团体、艺术机构在相应国际组织中发挥建设性作用，组织对外翻译优秀学术成果和文化精品。构建人文交流机制，把政府交流和民间交流结合起来，发挥非公有制文化企业、文化非营利机构在对外文化交流中的作用，支持海外侨胞积极开展中外人文交流。建立面向外国青年的文化交流机制，设立中华文化国际传播贡献奖和国际性文化奖项"[1]。

2012年，中共中央办公厅、国务院办公厅印发了《国家"十二五"时期文化改革发展规划纲要》，进一步就加强对外文化交流与合作出台

---

[1] 中共中央关于深化文化体制改革推动社会主义文化大发展大繁荣若干重大问题的决定[N].人民日报,2011-10-26(001).

相关政策，实施中华文化"走出去"工程，共包括五个方面的内容，即"国际文化产品交易平台建设""海外中国文化中心建设""孔子学院建设""中华文化对外翻译与传播""扶持重点文化企业海外发展"。其中，在"中华文化对外翻译与传播"层面，具体举措包括"资助翻译、出版推介中华经典和文化精品，促进电影、电视剧、动画片、纪录片、出版物、演艺等创作生产和海外传播，加快实施中国电影全球推广、中国图书对外推广、中国文化著作翻译出版、经典中国国际出版等专项计划"。①

在一系列推动中国文化"走出去"政策的有效推动下，2012年可以说是迎来了中外文化交流与合作不断深入向前发展的一年，这一年共取得了十大方面的成果，较为突出的几个方面包括：(1)在顶层设计上，我国的对外文化战略体系初步形成；(2)中外人文交流不断扩大，世界文化舞台频现"中国好身影"；(3)在世界各地举办"中国文化年"活动，促进了世界各国人民对于东方文明的理解和认知；(4)"中国文化书架"在世界很多地方建成，且摆满了中国主题多语种图书，成为海外民众阅读中国的重要渠道；(5)海外中国文化中心相继建成，丰富多彩活动的举办将中国文化送到了当地民众的家门口。②

---

① 中办国办印发国家"十二五"文化改革发展规划纲要[EB/OL].(2012-02-15)[2022-11-13]. https://www.gov.cn/jrzg/2012-02/15/content_2067781.htm

② 十大成果见证2012年对外文化工作科学发展[EB/OL].(2013-01-09)[2022-11-12]. https://www.gov.cn/gzdt/////2013-01/09/content_2308259.htm

三、升华：中国话语"走出去"

以上是对推动中国文化"走出去"一系列政策的梳理。随着推动中国文化"走出去"政策的落地实施以及一系列成果的取得，党和国家领导人愈加重视我国的对外宣传工作，也进一步意识到加强我国国际传播能力对于增强我国国际话语权以及塑造全面、立体、客观、真实的国家形象的重要意义，因此希望借此能够进一步讲好中国故事和传播好中国声音。

2013年8月19日至20日，全国宣传思想工作会议在北京召开，习近平总书记在此次会议上就我国宣传思想工作发表重要讲话，针对我国宣传工作的重要性、根本任务、基本要求、基本遵循和工作导向等核心问题作出重要指示，尤其在对外宣传方面，习近平总书记指出"要着力推进国际传播能力建设，创新对外宣传方式，加强话语体系建设，着力打造融通中外的新概念新范畴新表述，讲好中国故事，传播好中国声音，增强在国际上的话语权"[①]。

2013年12月，在十八届中央政治局第十二次集体学习时，习近平总书记发表重要讲话，进一步强调"精心构建对外话语体系，发挥好新兴

---

① 中共中央文献研究室. 习近平关于社会主义文化建设论述摘编[M]. 北京：中央文献出版社，2017: 197–198.

媒体作用，增强对外话语的创造力、感召力、公信力，讲好中国故事，传播好中国声音，阐释好中国特色"①。

同年，习近平总书记提出了建设"新丝绸之路经济带"和"21世纪海上丝绸之路"的合作倡议，成为新时代中国参与全球治理的重要理念。这一倡议一经提出，便受到了世界各国的广泛关注和积极响应。据统计，截至2023年6月底，中国已与152个国家、32个国际组织签署200多份共建"一带一路"合作文件。②"一带一路"倡议旨在增进中国与参与国家之间的经济合作和文化交流，通过基础设施建设和贸易往来促进区域一体化。这为中国话语在国际舞台上的传播提供了更广泛的机会。中国通过推广自己的文化、价值观和方式来加强与沿线国家的文化交流，同时也通过国际合作来吸引外国文化在中国传播，以促进互惠互利、互通互鉴的人文交流。

2014年，为了更好地促进我国的文化产品走向世界，加快发展对外文化贸易，国务院颁发了《国务院关于加快发展对外文化贸易的意见》，出台了一系列措施，包括："充分发挥财政资金的杠杆作用，加大文化产业发展专项资金等支持力度，综合运用多种政策手段，对文化服务出口、境外投资、营销渠道建设、市场开拓、公共服务平台建设、文化贸易人才培养等方面给予支持""对国家重点鼓励的文化产品

---

① 中共中央文献研究室.习近平关于社会主义文化建设论述摘编[M].北京:中央文献出版社,2017:203.
② 中国已与152个国家、32个国际组织签署200多份共建"一带一路"合作文件[EB/OL].(2023-07-18)[2023-07-20]. http://www.chinanews.com.cn/gn/2023/07-18/10045260.shtml

出口实行增值税零税率。对国家重点鼓励的文化服务出口实行营业税免税""鼓励保险机构创新保险品种和保险业务,开展知识产权侵权险,演艺、会展、动漫游戏、出版物印刷复制发行和广播影视产品完工险和损失险,团体意外伤害保险、特定演职人员人身意外伤害保险等新型险种和业务""推进文化贸易投资的外汇管理便利化,确保文化出口相关跨境收付与汇兑顺畅""简化跨境人民币结算手续和审核流程""支持文化企业从事境外投资"①,如此等等,有效推动了中国文化产品走向世界。

同年度,习近平总书记在"中国国际友好大会暨中国人民对外友好协会成立六十周年纪念活动"上发表讲话,提出"要重视公共外交,广泛参加国际非政府组织的活动,传播好中国声音,讲好中国故事,向世界展现一个真实的中国、立体的中国、全面的中国"②。

与此同时,为推动我国的新闻出版事业"走出去",原国家新闻出版广电总局颁布了《深化新闻出版体制改革实施方案》,强调要进一步推进中国当代作品翻译工程、中国图书对外推广计划、中国文化著作翻译出版工程、"经典中国"国际出版、中外图书互译计划等重点工程建设。为配合"丝绸之路经济带"和"21世纪海上丝绸之路"建设,还大力实施"丝路书香工程"。③2015年,中国作家刘慈欣的《三体》在国外

---

① 国务院关于加快发展对外文化贸易的意见[N]. 中国文化报,2014-03-20(001).
② 习近平. 在中国国际友好大会暨中国人民对外友好协会成立60周年纪念活动上的讲话[N]. 人民日报,2014-05-16(002).
③ 章红雨.《深化新闻出版体制改革实施方案》出台[N]. 中国新闻出版报,2014-10-13(001).

的翻译和出版便得到了"经典中国国际出版工程"和"丝路书香工程"等的资助，并获得了"雨果奖最佳小说奖"。

2015年，在全国党校工作会议上，习近平总书记指出，"落后就要挨打，贫穷就要挨饿，失语就要挨骂。形象地讲，长期以来，我们党带领人民就是要不断解决'挨打''挨饿''挨骂'这三大问题。经过几代人不懈奋斗，前两个问题基本得到解决，但'挨骂'问题还没有得到根本解决"[①]。

2016年，习近平总书记在党的新闻舆论工作座谈会上发表讲话，对"挨骂"问题的原因进行了分析并指出，"现在，'挨骂'问题还没有得到根本解决。这其中原因是多方面的，国际传播能力不强是一个重要原因。我国综合国力和国际地位不断提升，国际社会对我国的关注前所未有，但中国在世界上的形象很大程度上仍是'他塑'而非'自塑'，我们在国际上有时还处于有理说不出、说了传不开的境地，存在着信息流进流出的'逆差'、中国真实形象和西方主观印象的'反差'、软实力和硬实力的'落差'。要下大力气加强国际传播能力建设，加快提升中国话语的国际影响力，让全世界都能听到并听清中国声音"[②]。

同一年度，习近平总书记在党的十八届六中全会第一次全体会议上发表重要讲话，指出要"实施国际传播能力建设工程，加强对外话语体

[①] 习近平. 在全国党校工作会议上的讲话（2015年12月11日）[J]. 求是, 2016, 0(9): 3–13.

[②] 中共中央文献研究室. 习近平关于社会主义文化建设论述摘编[M]. 北京: 中央文献出版社, 2017: 212.

系建设,积极传播中国声音"①。

2017年,习近平总书记在中共十九大报告中指出,要"推进国际传播能力建设,讲好中国故事,展现真实、立体、全面的中国,提高国家文化软实力"。

2018年8月,在全国宣传思想工作会议上,"讲好中国故事"和"传播好中国声音"再次成为我国对外传播工作的两条主线,习近平总书记在此次会议上发表重要讲话并指出,"要不断提升中华文化影响力,把握大势、区分对象、精准施策,主动宣介新时代中国特色社会主义思想,主动讲好中国共产党治国理政的故事、中国人民奋斗圆梦的故事、中国坚持和平发展合作共赢的故事,让世界更好了解中国"②,这为新时代对外传播中国话语指明了方向和主题。

与此同时,为更好提升中华文化影响力,传播好中国声音,我国积极推动以"一带一路"建设为主题的文化交流活动在海外广泛开展。例如,2018年9月,"中国驻刚果(布)大使馆在举办国庆招待会期间,于馆内同期推出了"'一带一路'建设5周年民心相通展",吸引约300位参加招待会的刚政府官员、各界友人、驻刚使节和国际组织代表、中资机构和华人华侨代表驻足观看,取得良好效果"③;10月,"中国驻塞内加

---

① 中共中央文献研究室. 习近平关于社会主义文化建设论述摘编[M]. 北京: 中央文献出版社, 2017: 192.

② 张洋. 举旗帜聚民心育新人兴文化展形象 更好完成新形势下宣传思想工作使命任务[N]. 人民日报, 2018-08-23(001).

③ 驻刚果(布)使馆举办"一带一路"建设5周年展[EB/OL]. (2018-10-17) [2022-07-30]. https://cn.chinaculture.org/pubinfo/2022/07/22/200001005244/bc68a1929a19494ba385d26f5b277cc0.html

尔大使馆在塞内加尔黑人文明博物馆举办庆祝中华人民共和国成立69周年招待会"，并由文化和旅游部策划制作了"一带一路"建设5周年民心相通图片展，"展现了'一带一路'倡议提出5周年来中国与'一带一路'沿线及相关国家在文化、旅游等领域交流与合作取得的丰硕成果，弘扬了以'和平合作、开放包容、互学互鉴、互利共赢'为核心的丝路精神，传播了'各美其美、美人之美、美美与共、天下大同'的中华思想文化价值，吸引了众多嘉宾驻足观看"①。不论是"一带一路"倡议，还是为推动"一带一路"建设的文化传播活动，都为推动中国文化"走出去"提供了重要平台，创造了良好机遇。

2019年，习近平总书记在主持十九届中央政治局第十二次集体学习时发表讲话并指出，"我们要把握国际传播领域移动化、社交化、可视化的趋势，在构建对外传播话语体系上下功夫，在乐于接受和易于理解上下功夫，让更多国外受众听得懂、听得进、听得明白，不断提升对外传播效果"②。

2019年，恰逢中华人民共和国成立70周年，我国在文旅方面开展了丰富多彩的对外交流活动，与多个国家合作举办了建交70周年艺术展等系列活动。例如，中国在俄罗斯的国家大剧院举办了庆祝中俄建交70周年专场音乐会，在匈牙利首都布达佩斯的布达创意中心开办为庆祝中匈

---

① "一带一路"图片展亮相驻塞内加尔大使馆国庆招待会[EB/OL].(2018-10-25)[2022-07-30]. https://cn.chinaculture.org/pubinfo/2022/07/22/200001005244/dc2a012434df4083afa46eac8ebc2bb8.html

② 习近平.加快推动媒体融合发展构建全媒体传播格局[J].求是,2019,0(6):4-8.

建交70周年的中国当代艺术展，在保加利亚首都索菲亚举行"凝望·对话——纪念中保建交70周年艺术展"，在捷克首都布拉格老城电影城举办中国电影周活动，等等。①乘着新中国成立70周年的盛大庆典东风，系列文旅活动精彩纷呈，将中华优秀文化不断推向国际舞台，受到全球广泛关注。这些案例都是非常成功的中国文化对外交流和传播的实践活动，大大推动了中国文化"走出去"。

2021年5月31日，中共中央政治局就加强我国国际传播能力建设进行第三十次集体学习。习近平总书记在此次学习会议上继续就我国的对外传播工作作出重要指示："讲好中国故事，传播好中国声音，展示真实、立体、全面的中国，是加强我国国际传播能力建设的重要任务。要深刻认识新形势下加强和改进国际传播工作的重要性和必要性，下大气力加强国际传播能力建设，形成同我国综合国力和国际地位相匹配的国际话语权，为我国改革发展稳定营造有利外部舆论环境，为推动构建人类命运共同体作出积极贡献。要全面提升国际传播效能，建强适应新时代国际传播需要的专门人才队伍。要加强国际传播的理论研究，掌握国际传播的规律，构建对外话语体系，提高传播艺术。要采用贴近不同区域、不同国家、不同群体受众的精准传播方式，推进中国故事和中国声音的全球化表达、区域化表达、分众化表达，增强国际传播的亲和力和

---

① 各国与新中国建交70周年系列文旅活动精彩纷呈[EB/OL].(2019-10-17)[2022-09-16]. https://cn.chinaculture.org/portal/site/wenhua/special_report/2019/2019zgjj70/index.jsp

实效性。"①

2022年10月,习近平总书记在中共二十大报告中进一步强调,要"坚守中华文化立场,提炼展示中华文明的精神标志和文化精髓,加快构建中国话语和中国叙事体系,讲好中国故事、传播好中国声音,展现可信、可爱、可敬的中国形象。加强国际传播能力建设,全面提升国际传播效能,形成同我国综合国力和国际地位相匹配的国际话语权。深化文明交流互鉴,推动中华文化更好走向世界"②。

以上是对十八大以来以习近平总书记为核心的党和国家领导人在重要会议上发表的代表性讲话内容进行梳理,我们可以发现,构建融通中外的中国特色对外话语体系是党的十八大以来我国进一步加强我国国际传播能力建设的核心使命,其目标在于通过"讲好中国故事"和"传播好中国声音"两条主线,不断推动中国话语"走出去",进而进一步构建与我国经济实力相匹配的国际话语权。

四、结语

通过上文对"走出去"这一国家发展战略的政策演进历程进行梳理,可以发现,"走出去"是我国在国际交往领域对外开放思想的进一

---

① 习近平在中共中央政治局第三十次集体学习时强调 加强和改进国际传播工作 展示真实立体全面的中国[J].中国广播电视学刊,2021(07):1-2.
② 习近平.高举中国特色社会主义伟大旗帜 为全面建设社会主义现代化国家而团结奋斗[N].人民日报,2022-10-26(001).

步拓展与延伸,它始于经济领域,起初是为了更好地利用国外资源,推动中国企业走向世界并参与全球竞争,融入经济全球化进程,而后渐渐进入文化领域,表现为推动中国文化产品"走出去",促进中外文化的双向交流与互通互鉴,旨在提升中国的文化软实力,最后发展为更为宏大的中国特色对外话语体系的建构、译介与传播,形成了国家层面的扩大对外开放战略,其根本目的在于推动中国话语走向世界,让世界能够听到、听懂、理解并接受来自中国的声音和观点。从本质上讲,推动中国话语"走出去"是为了扭转与我国综合实力不相匹配的国际话语权较弱的现状,也是为了打破西方话语体系"一语独霸"的失衡局面,维护全球化进程中世界的多元化与多样性。

综上所述,"走出去"的政策延续历程体现了一脉相承的国家发展战略思想和政策演进关系,三个领域的"走出去"理念和举措都彰显了中国政府在扩大国际影响力、提升国际竞争力以及塑造国际话语权方面的长期战略和决心。随着一系列行之有效的措施落地,这些政策和举措将互相支撑,共同构建中国在全球治理与国际事务中的综合实力。中国也将继续成为全球经济的重要参与者、优秀文化的传播者和国际话语体系的建构者,进而推动中国与世界各国的合作与交流,践行"人类命运共同体"理念,共同建设更加公平、公正、包容与和谐的国际社会和舆论环境。

第二章

为何"走出去":
话语权、国家形象与软实力之间的逻辑关联

根据第一章我们得知,"走出去"是自20世纪90年代以来我国在政治、经济、文化、外交和媒体等对外传播领域一直坚守的国家发展理念和战略,从中国企业的"走出去"到优秀传统文化的"走出去",再到中国特色话语体系的"走出去",都彰显了我国进一步对外扩大开放的决心和意志。然而,究竟为何要推动中国话语"走出去"?要回答这一问题,我们首先应搞清楚什么是话语,话语为何能够赋权,以及话语权与国家形象和软实力之间存在何种逻辑关联,下文即对此展开详细阐述。

一、话语的概念与阐释

话语是一个较为开放的概念,在英文中的对应表达为discourse,被广泛地运用于不同学科领域,在不同的学科中又有着不同的含义。在语言学中,话语通常指在具体语境中实际应用的语言。从这一视角来看,话语是通过语言结构和语言符号来传达信息、表达思想和建构意义，因此它可以是单个句子、一段对话、一篇文章或一次演讲等，或者在特定语境中使用的其他语言交流方式。在文化研究领域，话语是指在特定社会和文化背景下产生和传播的思想、观点、知识和价值观的集合，它涵盖了语言、符号、象征系统和文本等，通过这些方式来构建和传达特定文化的意义和理解。因此，话语是文化认同和文化表达的重要组成部分，人们通过话语可以分享和传递文化价值观、信仰和习俗等。在社会学中，话语被认为是一种权力的表达和运行方式。在社会学背景下，话语不再仅仅是语言表达，它还包含了符号、符号系统和规范，通过这些方式来建构和传播特定社会群体的意义和价值观。因此，话语可以被用来塑造社会身份、控制和规范行为、制定社会规范和价值观，以及构建社会关系等。

话语是由多个要素构成的统一体，包括语言表达、语境、参与者和意义。语言表达是话语的核心，它涉及词汇选择、语法结构、句子组织和语用规则等语言元素。通过选用适当的词汇和语法结构，话语可以传递准确和清晰的信息。同时，根据不同的语境和参与者，话语的语言表达也可能会有所调整，以适应特定的交流需求。语境是话语产生和交流的具体环境和背景。它包括时间、地点、社会关系和文化背景等因素。语境对于理解和解读话语起着重要作用，因为相同的话语在不同的语境中可能会有不同的含义。例如，在不同的文化背景下，某个词语或者某个肢体语言都有可能具有不同的隐含意义或象征性。参与者是话语的发出者和接收者，他们的身份、地位和权力关系都可以影响话语的理解和接受效果。不同的参与者可能对话语有不同的解读和反应，因为他们的经验、观点和背景知识不同。此外，参与者之间的权力关系也可能影响话语的表达和接受，有时会导致信息的失衡或话语权的不对等。意义是话语所传达的信息和观点，它可以通过语言表达和语境解读来构建。在发出话语时，发言者有意识地选择特定的词语和表达方式，以传递特定的意思，而接收者则根据语境和自身的背景知识来解读和理解话语的含义。因此，话语的意义是通过交互过程中的语言表达和语境解读共同建构的结果。

从构建场域来看，话语可以在各种不同的领域中存在。在政治领域，话语往往会被用于表达政策、指导思想和影响选民的决策等。经济领域中的话语则包括市场分析、商业交易和经济预测等方面的信息传递。文化领域中的话语涉及艺术、文学、电影等方面的表达和交流。社会领域中的话语则关注社会问题、价值观念和群体互动。学术领域中的话语包括学术论文、研究成果和学术交流等方面的内容。

不同的话语系统可以通过不同的语言形式、词汇、表达方式和隐含意义来传达信息。语言形式包括口头语言、书面语言以及非语言符号和手势等。词汇选择和表达方式则能够传递特定的意义和情感，同时也反映了话语使用者的身份和社会地位。隐含意义是指话语中蕴含的暗示、隐喻或潜在的信息，它们可能需要阅读者或听众有一定的文化背景和对语境的理解才能解读出来。

构建与传播话语的目的多种多样。其一，通过传递知识以形成社会共识。例如，在教育领域或专业领域，人们通过话语来传递专业知识和经验，以促进学习和发展。其二，通过话语塑造公众意见，通过媒体、广告和宣传等方式影响大众的观点和态度。此外，如同前文所述，话语还可以被用于表达某种权力和支配关系，例如，在政治和组织系统管理中，可以通过控制话语的使用来塑造决策的结果以及行为的方向。从这一视角来看，话语能够影响人们的行为和态度，从而引导人们采取特定的行动或改变他们对某个事件的看法。

因此，话语不仅仅是简单的语言交流，它更加强调在特定社会、文化和历史背景下产生的语言使用方式和意义，这主要是因为话语反映了特定群体或社会共同认可的规范、信念和权力关系，并通过言辞和表达方式塑造和影响人们的思维、行为以及社会实践等。

总而言之，话语是一种通过语言表达和交流的社会实践，它不仅包括语言本身，还涉及社会、文化和权力等方面的因素。话语的目的是传递信息、塑造意义、表达权力关系、塑造文化认同，并在社会中产生影响力。在国际关系和跨文化交流的背景之下，本书讨论的所谓推动中国话语"走出去"便意味着通过积极的宣传、文化传播和对外交流，使中国的观点和价值观在国际舞台上得到更广泛的认可和理解。这便涉及使用有效的话语策略和手段，以增加中国话语在全球范围内的影响力和话语权，使中国的观点和价值在全球范围内能够被更广泛地认知、理解和接受。

二、从话语到话语权

从前文对话语的概念阐释，我们可以得知，在一定的社会、文化和历史背景下，话语将跳出单纯意义表达的范畴，不再只是语言的表达形式或者交流工具，其背后隐藏着复杂的社会关系网络，传达着言说者或隐或显的影响力。从本质上讲，这体现了一种话语权力关系，因此这里又引出了"话语权"的概念。最早提出"话语权"概念的是法国著名哲学家和社会学家福柯。在其著名的《话语与秩序》一书中，福柯率先将权力理论和话语理论相结合，论证了话语与权力之间的逻辑关系，认为"话语是一种权力，人通过话语赋予自己以权力"[①]。在福柯看来，"话语，意味着一个社会团体依据某些成规将其意义传播于社会之中以此确立其社会地位，并为其他团体所认识的过程"[②]。就其概念意义而言，也有学者认为话语权（Discursive Power）是指"话语主体通过话语表达方式影响并赢得他者认同，从而对后者构成某种支配性与控制性关系的能力"[③]，因此它涉及权力的行使和话语的影响力以及对话语框架和意义的塑造。

---

① 郭光华, 王娅姣. 媒体"话语"何以赋"权"——西方话语权研究综述[J]. 湖南社会科学, 2015(01): 202–205.
② 米歇尔·福柯. 知识考古学[M]. 北京: 三联书店, 2003年版, 第56页.
③ 聂书江. 全球治理下中国话语权提升的路径创新[J]. 甘肃社会科学, 2020(05): 7–13.

简而言之，话语权是指在交流和表达过程中，掌握对话语的选择、解释和实施的能力以及权力。它涉及对话语的制定、控制和解释的权威性和影响力。拥有话语权的个人或群体通常能够决定哪些观点、信息和意见被提出或传播以及如何呈现和表达它们。他们可以通过选择使用特定的语言形式、词汇和表达方式来塑造话语的意义和效果。同时，他们也能够在交流过程中设定一定规则和阐释框架，从而控制讨论的范围和方向。话语权的核心是其中的"权"字。在社会、政治、经济、文化和外交等诸多领域中，话语权往往与权力结构和地位紧密相连。那些处于权力中心的个人或群体往往拥有更大的话语权，甚至可以主导公众舆论、塑造社会认知和引导行为。反之，话语权较弱的个人或群体可能会被边缘化或排除在交流和决策的过程之外。

因此，话语权不仅仅涉及言语表达的自由，还涉及话语的生成、传播和解释过程中的权力关系和不对等。它涉及谁有权发言、被听取和被承认的问题。在社会中存在话语权的不平等，某些个人、群体或机构可能具有更大的话语权，能够塑造公共舆论、影响政策决策，甚至改变整个社会的主流观念和价值观。

在国内学界，阮建平较早地将"话语权"这一概念引入国际问题研究领域。在其看来，"通过一定的话语方式进行自我认同和利益表达，是现代政治参与和国际秩序建构的必要环节。由于一些发达国家凭借其政治、经济、科技和语言文化方面的优势向全球灌输其意识形态以及历史上殖民统治所造成的文化方面的断层和落后，许多发展中国家在全球话语交锋中经常处于无言或失语的困境，使得国际秩序在价值取向和制度安排上更多体现发达国家的意志，成为他们支配发展中国家的工具"①。也有部分学者将"话语权"的"权"字理解为"权利"而非"权力"，或者是"权利"和"权力"的结合，认为"前者主要强调的是话语的传播进程，而后者则着眼于话语的传播效果"②。在外交场合，也曾有外国记者在全国政协新闻发布会上就中国媒体经常使用的"话语权"是指权力还是权利进行提问。在国务院新闻办公室原主任、中国人民大学新闻学院教授、博士生导师赵启正看来，"由使用的场合和语境分析，我们当时媒体上多数认为话语权首先指的是发言权，其次才是权力或影响力。但是，经过十多年的发展，尤其是党的十八大以来，我国在对外传播领域内提到的'话语权'，更多的是指话语权力，即话语的影响力，属于软力量的范畴"③。

就中国的国际话语权而言，我们知道，自从实行改革开放政策以来，经过近半个世纪的发展，我国的经济实力逐渐增强。2010年，我国国内生产总值超越邻国日本，成为世界第二大经济体。④然而，尽管中国的经济实力在不断增强，但是国际社会关于中国的负面报道却不绝于耳。在国际舞台上，尤其在国际媒体的报道之中，中国往往因为话语权的缺失而经常处于被解读和被他塑的不平等状态之中，"妖魔化"甚至

---

① 阮建平. 话语权与国际秩序的建构[J]. 现代国际关系, 2003(05): 31-37+59.
② 江时学. 论中国的国际话语、话语权及话语力[J]. 国际关系研究, 2023(03): 3-19+155.
③ 赵启正. 跨文化传播中的话语力问题[J]. 甘肃社会科学, 2020(05): 1-6.
④ Barboza D. China Passes Japan as Second-largest Economy[N]. The New York Times, 2010-15.

"唱衰"中国的各种论调时有发生，这严重损害了中国在国际舞台上的大国形象。时至今日，有关中国的人权问题、环保问题、国际关系问题等依旧是以美国为首的西方媒体歪曲解读的对象。在某种程度上，国际舆论格局中，西强我弱的局面还没有完全改变，西方主要媒体依然左右着世界主要舆论。在国际舞台上，我国往往还受限于有理说不出、说了传不开的话语传播困境。对此，习近平总书记于2016年在党的新闻舆论工作座谈会上发表讲话时提出，"我国综合国力和国际地位不断提升，国际社会对我国的关注前所未有，但中国在世界上的形象很大程度上仍是'他塑'而非'自塑'，我们在国际上有时还处于有理说不出、说了传不开的境地，存在着信息流进流出的'逆差'、中国真实形象和西方主观印象的'反差'、软实力和硬实力的'落差'"①。

三、国家形象与话语和话语权

在国内外学界，国家形象并不是一个陌生的话题。单就其概念而言，国内就有诸多学者曾对其进行界定。其中，概括相对较为全面的有管文虎、孙友中和吴友富等学者。管文虎认为，"国家形象是一个综合体，它是国家的外部公众和内部公众对国家本身、国家行为、国家的各项行动及其成果所给予的总的评价和认定。国家形象具有极大的

---

① 中共中央文献研究室. 习近平关于社会主义文化建设论述摘编[M]. 北京: 中央文献出版社, 2017: 197–198.

影响力、凝聚力，是一个国家的整体实力的体现"①。孙友中对于国家形象的要素解读更加具体，在其看来，"国家形象是一个国家内部公众和外部公众对该国政治（包括政府信誉、外交能力与军事储备等）、经济（包括金融实力、财政实力、产品特色与质量、国民收入等）、文化（包括科技实力、教育实力、文化遗产、风俗习惯、价值观念等）、地理（包括地理环境、自然环境、人口数量等）等方面的认识和评价，可分为国内形象和国际形象，两者往往存在很大的差异"②。综合了其他学者的意见之后，吴友富进一步将国家形象分为广义的国家形象和狭义的国家形象，认为前者是指"特定国家的内部社会公众、外部国际公众通过复杂的心理过滤机制，对该国的客观现实（政治、经济、文化、地理以及所作所为）形成的具有较强概括性、相对稳定性的主观印象和评价"③，而后者是指"特定国家的外部国际公众通过复杂的心理过滤机制，对该国的客观现实（政治、经济、文化、地理以及所作所为）形成的具有较强概括性，相对稳定性的主观印象"④。

根据以上学者对于国家形象的概念界定，我们可以得知，国家形象的构成包括政治、经济、文化、外交、军事等诸多领域要素，因此国家形象的构建涉及多个层面，主要包括：（1）政治稳定和治理能力：政治

---

① 管文虎. 国家形象论[M]. 成都：电子科技大学出版社，2000年版，第23页。
② 孙有中. 国家形象的内涵及其功能[J]. 国际论坛，2002(03)：14-21。
③ 吴友富. 中国国家形象的塑造和传播[M]. 上海：复旦大学出版社，2009年版，第4页。
④ 吴友富. 中国国家形象的塑造和传播[M]. 上海：复旦大学出版社，2009年版，第4页。

稳定、有效的治理能力和政府的透明度是塑造国家形象的重要因素，一个政治稳定、法制健全、民主高效的国家会给人以信心和安全感；（2）经济实力和发展成就：一个国家的经济实力和发展成就直接影响其国家形象，经济繁荣、高科技产业、创新能力强的国家往往更易塑造良好形象；（3）文化传统和软实力：一个国家的独特文化传统、历史遗产、艺术和文学等对其国家形象具有重要影响，文化传统和价值观能够展示一个国家的文化魅力和吸引力；（4）对外政策和国际行为：一个国家的对外政策、外交手段和国际行为也会直接影响其国家形象，积极参与国际事务、倡导和平、推动合作的国家更容易赢得国际社会的好评；（5）媒体和公众舆论：国际媒体对一个国家的报道和国际舆论对该国家的评价也会影响其国家形象，一个国家需要积极管理国际媒体形象，与媒体合作，塑造正面的舆论环境。

由上可见，国家形象反映了一个国家的核心价值观、文化传统、发展成就、政治制度、外交政策和国际行为等方面。它不仅仅是一个国家的外部形象，更关系到一国的国际声誉和国际影响力。一个良好的国家形象能够为国家带来诸多好处，包括吸引外国投资、促进国际合作、增加外交影响力、推动旅游业发展以及改善国际舆论环境等。因此，在当今全球化的时代，正面、积极国家形象的有效建构对于一个国家的发展和国际地位至关重要。

对于国家形象而言，其有效建构依赖于自身的可塑性，即国家形象是可以进行改变的，而话语作为上述国家形象建构诸多领域和要素的意义表达与传播载体，应首当其冲承担起国家形象塑造和建构的重要功能。

首先，话语可以有效传递国家的文化和核心价值观。通过话语，一个国家可以传递其核心价值观和文化特色，向世界展示其独特和魅力之处。[①]通过对外发表演讲、宣传文化艺术和传播国家文化产品等方式，一国可以让其他国家和国际社会更好地了解和认识其价值观和文化，从而塑造积极正面的国家形象。

其次，话语能够反映国家的政治立场和外交政策。通过话语，国家可以表达自己的政治立场和外交政策，向国际社会展示其对待全球事务的态度和行动。积极参与国际对话、提出解决方案、推动全球合作等方式，国家可以塑造自己积极参与国际事务的形象，增强国际社会对其的认可和尊重。

第三，话语可以塑造国家的形象和声誉。国家通过话语的选择、表达和传播，可以塑造自己的国家形象和声誉。正面的话语可以树立国家的形象，增强国家的吸引力和影响力。同时，国家需要积极管理和应对负面的话语，避免对国家形象造成损害。通过媒体宣传、外交辩护、文化交流等方式，国家可以积极地塑造和维护自己的形象和声誉。

第四，话语能够引导国际舆论和影响国家形象评价。国际舆论对于国家形象的评价起着重要的影响作用。通过话语的选择和引导，国家可以影响国际舆论的走向，改变对国家形象的评价。积极参与国际媒体、

---

① 俞思念,苏阳. 社会主义核心价值观的坚守与国际话语权的提升[J]. 社会主义研究,2015(02):1-5.

社交媒体等平台的话语交流和辩论，国家可以主动引导国际舆论，增强国家形象的正面评价和认同。

前文有述，话语是被赋权的话语，因此话语权与国家形象之间同样存在密切关联。但是，与话语之于国家形象的表达和传播载体不同，话语权与国家形象之间是相互影响和相互促进的。一方面，话语权可以使国家有效地传递自己的立场、价值观和政策主张，按照自己的利益来设置议题，制定标准和规则，引导舆论走向，进而塑造国家的形象[①]。通过积极参与国际对话、发表有影响力的观点和提出解决方案，国家能够展示自己的领导力、智慧和贡献，从而树立积极正面的国家形象。拥有较强的话语权可以增加其他国家和国际社会对国家的认可和尊重。当一个国家的话语在国际舞台上被广泛听取和认可时，其他国家更容易尊重和认同这个国家。这种认可和尊重有助于塑造国家的积极形象。另一方面，话语权的增强可以提升国家的国际影响力。通过积极参与国际事务、引领舆论、推动国际合作等方式，国家能够扩大自己的影响范围，增加国际社会对其的关注和重视。这种国际影响力有助于提升国家的形象和地位。从另一个视角来看，一个良好和积极的国家形象有助于增强国家的话语权。当国家的形象被认为正面、积极和可信时，其发表的观点和意见更容易得到关注和认同，从而提升国家的话语权。

---

① 张忠军. 增强中国国际话语权的思考[J]. 理论视野, 2012(04): 56-59.

四、国家软实力与国际话语权

所谓"软实力",是相对于经济、军事和政治等"硬实力"而言的。与硬实力相比,软实力更加注重文化、教育、科技、价值观和外交等方面的元素。最早提出"软实力"这一概念的是美国著名的国际政治学者约瑟夫·奈。20世纪90年代,约瑟夫·奈在其《注定领导世界:美国权力性质的变迁》(*Bound to Lead: The Changing Nature of American Power*)一书中,针对当时美国较为流行的"美国衰退论"指出,除了经济和军事实力资源之外,美国正在失去的还有通过吸引和说服而不仅仅是胁迫和收买来影响他人的能力[1],这就是所谓的"软实力"。2004年,约瑟夫·奈在他的另一本名为《软实力:世界政治中的成功之道》(*Soft Power: The Means to Success in World Politics*)的书中对"软实力"的概念进行了补充,进一步澄清了软实力和硬实力之间的区别,指出硬实力主要源自一个国家的军事或经济实力,而软实力是指吸引和说服他者的能力,主要源于一个国家的文化、政治理想和政策的吸引力。[2]在国内学界,也有学者对"软实力"的内涵提出了自

---

[1] Nye Jr J S. Bound to lead: The changing nature of American power[M]. Basic books, 2016.

[2] Nye J S. Soft power: The means to success in world politics[M]. Public affairs, 2004.

己的看法，认为"它主要体现为一种无形的力量，具有强大的内在凝聚力、号召力和对外的隐性渗透力及同化力"[①]，因此软实力是一个国家综合国力的重要组成部分，在国际竞争中发挥着不可替代的重要作用。

当前，无论是在学界还是在政界，"软实力"都不是一个陌生的概念。通俗来讲，软实力可以理解为是一个国家软性资源的集合，它不仅关注国家在国际事务中的地位和利益，还强调国家的吸引力、价值观的传播和文化的输出，一方面可以对其他国家和国际社会的态度、行为和决策产生影响，还能够使国家在国际舞台上赢得尊重和认同，从而促进国际合作、经济发展、文化交流和人员往来，因此越来越受到各个国家的高度重视。

从国家软实力和硬实力的关系来看，两者相辅相成，互为支撑，共同构成了一个国家的综合实力。一方面，强大的硬实力能够为软实力提供物质基础和保障，让一个国家更好地传播自己的价值观和文化，而随着一国软实力的提升，其价值观念和文化传统能够得到国际社会更好的理解和支持，因此能够为硬实力的发展提供良好的外部环境。另一方面，软实力可以增强硬实力的影响力和可持续性。虽然硬实力在短期内可能带来地位和影响力，但如果缺乏软实力的支持，这种影响力往往难以持久。因此，软实力的提升可以使国家在国际社会中赢得尊重和认

---

① 赵世举.全球竞争中的国家语言能力[J].中国社会科学,2015(03):105-118.

同,从而增加其他国家与其合作的意愿,为国家的硬实力提供更广泛的支持。总之,软实力和硬实力之间是一种相辅相成的互动关系,共同塑造了一个国家在国际舞台的形象和地位。如果一个国家只是拥有强大的硬实力,则很可能会被视为霸权主义,缺乏软实力的支撑时容易引起其他国家的警惕和反对。软实力的提升可以使一个国家更受欢迎,从而赢得其他国家的信任和合作,有利于该国的发展和长远利益的实现。诚如习近平总书记在十八届中央政治局第十二次集体学习时的讲话所言,"古往今来,任何一个大国的发展进程,既是经济总量、军事力量等硬实力提高的进程,也是价值观念、思想文化等软实力提高的进程"①。

就软实力与话语权的关系而言,话语权和软实力都属于国家在国际事务中发挥影响力和塑造国家形象的重要因素。话语权指的是一个国家在国际舞台上发表观点、影响舆论和参与决策的能力,而软实力则是指一个国家通过文化、价值观、经济发展和国际形象等方面的吸引力来推动其利益和价值观。因此,话语权和软实力二者之间存在一种相互影响和促进的辩证关系。

首先,拥有国际话语权的国家能够在国际舞台上发表观点、倡导政策,引领全球议题的讨论和决策过程,从而进一步提升其软实力。一方面,国家的话语权扩大意味着其声音能够被更广泛地听取和认可,国际社会更加重视和关注该国。这为国家塑造积极的国际形象和价值观提供

---

① 中共中央文献研究室. 习近平关于社会主义文化建设论述摘编[M]. 北京:中央文献出版社, 2017: 198.

了机会，进而增强了国家的软实力。另一方面，通过增强话语权，国家能够参与更多的国际对话和决策，推动国际合作和共同发展。国际社会倾听话语权较大的国家的观点和政策，愿意与其进行合作和交流，这为国家拓展经济合作、技术交流和文化交流提供了机会，从而进一步提升了国家的软实力。此外，国际社会对一个国家的形象评价和认可往往与其话语权的强弱密切相关。拥有较大的话语权使国家能够积极参与国际事务，倡导和推动国际社会所关注的议题和价值观。通过发表观点和参与国际组织，国家能够塑造积极正面的国际形象，提升其软实力。

　　其次，软实力是国家通过文化、教育、科技、经济等方面的发展所具备的吸引力。一方面，一个国家的软实力水平决定了其在国际舞台上的影响力和地位。软实力的提升为国家赢得了更多的话语权，其他国家更加重视和关注这个在某些方面具备先进经验和优势的国家。另一方面，软实力的提升为国家争取更多的国际合作机会提供了基础。国家在软实力方面的成就和优势能够吸引其他国家的合作意愿，促进双方的交流与合作。通过积极发展软实力，国家在国际舞台上获得更多的合作机会，进一步增强了其话语权。此外，软实力的提升有助于国家塑造积极正面的国际形象和价值观。一个国家通过文化、艺术、体育、科技等方面的发展，向世界展示其独特的魅力和价值观。这为国家赢得了更多的赞誉和认可，提升了其话语权和国际影响力。

　　因此，话语权和软实力之于一个国家而言是一种相互促进、相得益彰的关系，作为话语行为主体的国家或组织应采取有效的话语权与软实力平衡与提升策略。一方面，国家需要全面发展话语权和软实力，通过综合发展各个方面的实力来提升国家的全球影响力。在经济、科技、文化等领域取得突破、提高软实力的同时，也需要积极参与国际事务，发表观点，提升其国际话语权。另一方面，加强国际合作和交流是提升话语权和软实力的重要途径。通过与其他国家建立广泛的合作关系和交流渠道，国家可以扩大话语权的影响范围，增加软实力的支持和认可。更为重要的是，国际舆论引导对于增强话语权和软实力具有重要意义，国家应通过权威媒体、社交平台等渠道积极参与国际舆论的讨论和引导，宣传国家观点和政策，提升国家形象和影响力。

总而言之，话语权和软实力之间也存在着密切的辩证关系。增强国际话语权有助于提升国家软实力，而国家软实力的提升又为国家赢得更大的国际话语权提供支持。国家应该综合发展和平衡两者，通过增强国际合作、加强国际交流、强化国际舆论引导等策略，提升话语权和软实力，以实现国家在全球的影响力和地位的提升。只有通过有效、平衡和发展话语权与软实力，一个国家才能在国际事务中取得更大的发展机会和影响力，为其实现长期的繁荣和稳定作出贡献。

五、增强国际话语权的现实意义

话语被赋予"权力"或"权利"之后，小到某一个人，大到某一国家，拥有话语权对其来说都具有十分重要的现实意义。对于一个国家而言，不断增强其国际话语权的重要性主要体现在以下几个方面：

1. 有利于维护本国的国家利益和价值观。通过在国际舞台上积极参与全球事务并发表观点，国家可以捍卫自己的主权和领土完整，维护自身的经济、政治和文化利益。在增进国际合作和共同发展的过程中，国际话语权的增强还可以更好地促进国际社会对国家价值观的理解和尊重。

2. 有利于提升国际影响力并助力国家形象塑造。随着国际话语权的增强，通过在国际舞台上发表观点，让国家的声音被更广泛地听取和认可，进而塑造全球舆论和影响国际决策，推动相关全球议程实施并解决实际问题，一国可以提升其在全球事务中的影响力和国际地位。与此同时塑造并提升国家在国际舞台的国家形象和国际声誉。

3. 有利于国家和民族自信心的提升。国际话语权的增强可以提升国家和民族的自信心和自尊心。当一个国家的声音在国际舞台上被广泛听取和认可时，从政府高层到普罗大众都会感到自豪和自信，树立起国家和民族的威信、自信形象，激励人们为国家的目标和使命做出更大的努力，从而进一步推动国家的发展和进步。

4. 有利于为国家安全和稳定创造外部条件。强大的国际话语权对于维护国家的安全和稳定具有重要意义。通过增强国际话语权，参与国际事务和发表观点，国家可以推动解决全球和地区安全挑战，减少冲突或国家之间的对抗性行为，为国家的安全与稳定提供外部支持和合作机会。

5.有利于创造更多贸易机会，促进经济发展。随着国际话语权的增强，一国在国际舞台上能够更好地发表观点，并被外界认可和接受，这将会增强国家的吸引力,吸引更多外国投资,创造更多贸易机会,从而促进自身经济发展。

6. 有利于推动文化交流,提升国家软实力[①]。国际话语权的增强可以促进文化交流和软实力的提升。通过在国际舞台上传播自己的文学、文化乃至价值观,一国可以增加自身的吸引力和影响力,从而帮助国家在人文领域建立更加广泛的国际合作关系,增进国际民众之间的相互理解,从而提升国家的文化软实力。

7. 有利于践行多边主义,促进国际合作。拥有国际话语权的国家更有可能成为国际合作和多边主义的推动者和引领者。通过在全球事务中发表观点、倡导政策和参与国际组织活动,国家可以为全球问题的解决提供建设性的思路和方案。国际话语权的增强可以使国家的观点和倡议更具说服力和引导力,进而促进各国间的合作、对话和共同行动,完善全球治理。

8. 有利于促进国际合作,应对全球挑战。强大的国际话语权使得一个国家能够更好地参与应对全球挑战和解决共同问题。通过在国际舞台上发表观点和倡导政策,国家可以推动全球议程的制定和实施,构建国际合作平台,促进各国共同努力,共同应对气候变化、贫困、恐怖主义等全球性挑战,从而实现全球可持续发展和共同繁荣。

在国际传播领域,我国对于国际话语权的重视较早地可以追溯到

---

① 蒋新卫. 论国际话语权视角下的中国文化软实力建设[J]. 新疆师范大学学报(哲学社会科学版),2013,34(01):20-26.

新中国成立之初。1954年至1955年，具有重大历史意义的日内瓦会议和万隆会议相继召开，我国在这两次国际会议上的外交工作逐渐取得新突破。当时，以毛泽东同志为代表的党和国家领导人希望新华社等国内媒体能够走向世界，在国际事务中发出更多中国的声音。20世纪七八十年代，我国的工作重心转移到经济建设上来，对外实行改革开放政策，邓小平、江泽民和胡锦涛同志三代领导集体均以"和平发展"作为中国外交话语核心，利用外交场合向世界声明中国坚持走和平发展道路的外交立场。为了更好地推动中国话语"走出去"，进一步增强中国的国际话语权，十八大以来，党和国家领导人更加重视对外话语体系建设和国际传播工作，积极打造外宣型主流媒体，助力中国媒体走向世界，习近平总书记提出了以"人类命运共同体"和"一带一路"等为标志性概念的重要理念与国际发展战略，吸引了国际社会的广泛关注和参与。与此同时，中国还以更加积极主动的姿态在联合国、世界贸易组织和亚洲基础设施投资银行等国际机构中发挥日益重要的角色。因此国际舞台上的中国声音更加响亮，中国的国际话语权也在不断增强。

六、结语

本文主要论述了话语、话语权、国家形象和软实力的概念以及它们之间的逻辑关联。话语、话语权、国家形象和软实力之间存在紧密的关系，它们相互交织、相互影响，共同构成了一个国家在国际舞台上的综合实力和政治影响力。总而言之，话语是国家通过语言、言论和传媒等方式进行信息传递和观点表达的工具。通过话语，国家能够传递自己的核心价值观、文化特色、政治立场和外交政策等内容，从而塑造国家的形象。国家所选择和传递的话语会对国家形象产生直接影响，影响其他国家和国际社会对国家的认知、评价和态度。话语权是国家在国际事务中发表观点、参与决策和影响舆论的能力。拥有较强的话语权可以使国家的声音更具影响力，引起其他国家和国际社会的关注和认可。通过话语权，国家能够塑造自己的国家形象，传递积极的信息，增强国家形象的认可度和形象评价。国家形象是国家在国际舞台上展示给其他国家和国际社会的外部形象。它涉及国家的政治、经济、文化、社会等各个方面。国家形象直接关系到国家的软实力，即国家的综合实力和影响力。一个良好的国家形象有助于提升国家的软实力，增加其他国家对其的信任、合作和尊重。软实力是指通过文化、价值观、教育、外交政策等非军事手段而产生的国家影响力。拥有较强的软实力可以增强国家的话语权。软实力还可以使国家的话语更具吸引力和影响力，其他国家更愿意听取和接受国家的观点和建议，从而增加国家在国际事务中的话语权。从话语权、国家形象和软实力之间的逻辑关联，我们可以得知，话语权对于任何一个国家来说都具有举足轻重的意义，是其国际地位和影响力的象征，应受到足够的重视，而提升一个国家的国际话语权，首先需要推动其话语"走出去"，并逐渐被国际社会认知、理解和接受。

当今世界变乱交织，百年变局加速演进。对于中国而言，如何在百年变局中保持定力，以不变应万变，继续提升我国的国际话语权和文化软实力，这是摆在我们面前的重大现实课题。鉴于前文论述的话语权、软实力和国家形象之间的逻辑关联以及它们之间的相互作用，我们首先要做的是通过采取一系列有效措施，推动中国话语"走出去"，以不断提升中国的国际话语权和文化软实力。具体而言，我们首先应立足政治、经济、外交、文化、文学、影视、学术等对外传播的关键领域，打造融通中外的中国特色对外话语体系，并借助有效的翻译手段，克服语言障碍，同时疏通对外传播渠道，确保中国话语不但能够顺利地走向世界，而且要逐渐被国际社会所理解、认同和接受。只有这样，才能逐渐形成与我国综合实力相匹配的国际话语权，与此同时不断提升我国的国家和民族形象以及文化软实力。

第三章

如何"走出去":
新时代我国对外传播的主体观、受众意识与方法论党的十八大以来，面对复杂严峻的国际舆论环境，结合我国对外传播的现实需求，以习近平总书记为核心的党和国家领导人以推动中国话语"走出去"为旨归，围绕"讲好中国故事"和"传播好中国声音"两大主题，发表了许多关于做好国际传播工作的重要讲话。通过深入研读这些讲话内容，可以发现其中不但蕴含着深刻的主体观和受众意识，同时也为我国的对外传播实践提供了具体的方法论。深刻理解新时代我国对外传播的主体观、受众意识与方法论等，对于把握我国国际传播的目标、方向和任务，采取更加务实高效的传播路径和方式，进一步推动中国话语走向世界，具有重要的指导意义。下文即从这一视角出发，详细考察新时代我国对外传播理念的理论价值与实践意义。

一、主体观：新时代我国对外传播理念的生成逻辑

对外传播是一种与文化他者共享信息、观念和意见的交流过程，其

核心在于分享与沟通,从而促进跨文化理解、合作和交流。这一双向度的互动行为主要关涉两个行为体,一是信息、观念和意见的提供者或发起者,即传播主体;二是上述传播内容的接收者,即传播受众。

所谓对外传播"主体观",是指传播主体能够对传播环境和传播需求做出一定判断,并据此为传播内容指出明确的主题框架,这实质上构成了对外传播理念的生成逻辑。从这一视角来看,新时代我国的对外传播理念具有明显的主体观特征。

(一)新时代我国对外传播理念源自对当前国际舆论环境的理性判断。

在全球化进程不断加深而逆全球化思潮暗流涌动的当下,中国所面对的国际舆论格局状况成为我们当前制定对外传播战略的主要依据。2013年,习近平总书记在全国宣传思想工作会议上发表讲话时指出,"随着我国经济社会发展和国际地位提高,国际社会对中国发展道路和发展模式的理性认识逐步加深,同时对我们的误解也还不少,'中国威胁论'、'中国崩溃论'等论调不绝于耳。同欧美一些国家受困于金融危机、债务危机相比,同一些发展中国家陷入发展陷阱相比,同西亚北非一些国家政治动荡、社会混乱相比,我国发展可以说是风景这边独好。但是,西方仍然在'唱衰'中国。国际舆论格局是西强我弱,西方主要媒体左右着世界舆论,我们往往有理说不出,或者说了传不开。这个问题要下大气力加以解决"[①]。这是习近平自担任党和国家最高领导人以

[①] 中共中央文献研究室. 习近平关于社会主义文化建设论述摘编[M]. 北京:中央文献出版社, 2017: 197.

来首次就当前的国际舆论环境进行判断分析,明确指出了当前国际舆论格局中"西强我弱"的现实状况。

"西强我弱"的国际舆论格局的另一表现是国家形象自塑和他塑之间的角力失衡。自新中国成立以来,在我国的国家形象塑造过程中,他塑力明显大于自塑力。①对此,习近平总书记于2016年在党的新闻舆论工作座谈会上发表讲话时提出,"我国综合国力和国际地位不断提升,国际社会对我国的关注前所未有,但中国在世界上的形象很大程度上仍是'他塑'而非'自塑',我们在国际上有时还处于有理说不出、说了传不开的境地,存在着信息流进流出的'逆差'、中国真实形象和西方主观印象的'反差'、软实力和硬实力的'落差'"②。

然而,近年来,尽管我国外宣媒体在数量、语种和传播范围等方面都有不同程度的增长,但与传播体系相对成熟、传播技术更为先进的西方主流媒体相比,依然存在较大差距,中国外宣媒体的对外报道和传播能力明显处于弱势地位。事实上,长期以来,由于政治集团的操纵和媒体公司利益的驱动等原因,一些西方媒体在对中国进行报道时往往加上"滤镜",刻意抹黑中国。例如,2008年在西藏拉萨发生了"3.14"暴力事件,却被西方媒体指责为"剥夺藏人的宗教自由"③。在2019年底,

---

① 高彬.国家形象建构视角下中国对外话语传播模式探索——以习近平海外发表署名文章为例[J].江苏科技大学学报(社会科学版),2019,19(03):58-64.

② 中共中央文献研究室.习近平关于社会主义文化建设论述摘编[M].北京:中央文献出版社,2017:212.

③ 隋笑飞.西方某些媒体歪曲报道暴露出西方新闻观的虚伪性[N].人民日报,2008-03-29(5)

全球爆发了新冠肺炎疫情，一些美国政治家和媒体试图帮助美国政府，推卸其在应对新冠疫情方面的不力，并将责任归咎于中国，甚至公然将新冠病毒称为"中国病毒"。特别是福克斯新闻，极力宣传各种极端反华言论，试图在国际舞台上将中国塑造成"威胁、邪恶"的不利国家形象。在2020年3月，澳大利亚一家反华智库发布了一份报告，声称新疆存在"强迫劳动"现象。《纽约时报》甚至通过偷拍、扭曲事实以及通过降低声音的方式，将工人们正常的工作污名化为"强迫劳动"。这一系列事件给中国在国际舆论宣传方面带来了极大的困扰。长期以来，西方政府和媒体误导了西方民众，导致他们对中国一直持怀疑态度，对中国的政治制度、经济模式和传统文化等多个方面存在严重误解。在一些西方媒体和政府长期曲解报道的影响下，这种怀疑和误解将继续存在，给中国在国际舆论宣传方面带来巨大的挑战。

反观中国外宣媒体，他们在获取信息方面存在一定的限制和局限性，这使得中国外宣媒体在报道时，有时无法提供多样化和独立的观点，导致其在国际舆论中难免面临挑战和质疑。因此，相较于一些西方国家的媒体，中国外宣媒体的国际影响力还相对较低。这主要是因为中国外宣媒体在国际媒体市场上的竞争力相对较弱，无法与国际知名媒体机构相抗衡。同时，因为中国外宣媒体在国际舆论中一直面临批评和争议，所以在国际社会中的公信力和认可度也受到一定程度的影响。更为重要的是，在对外传播的路径上，当前我国对外传播的行为主体主要还是官方媒体，然而官方媒体和民间声音之间也未能形成有效协同，"官方渠道发声不畅，民间渠道声音更弱小，且民间声音很多时候表现为官方声音的解读或宣讲,这种发声也很难激起国外受众的兴趣。这样一种对外舆论宣传局面,与我国正在崛起的大国形象很不相称,对我国的国际地位也会产生不利影响"[①]。这些也正是当前我国对外传播工作所面临的挑战,也是不容否认的客观事实。新时代我国的对外传播理念离不开对上述事实的准确判断,也正是在上述事实的基础上萌生了新时代我国的对外传播理念。

(二)新时代我国对外传播理念以当前我国对外宣传的客观需求作为出发点。

在当前的国际舆论格局中,无论西方社会如何片面解读或蓄意误读中国,都无法抹杀新中国从站起来到富起来再到强起来这一路走来的发展成就。自20世纪末以来,中国一直在进行广泛的经济改革,采取了开放政策,吸引国际投资和技术,推动了经济的快速增长。特别是20世纪80年代以来,改革开放政策为中国的现代化和经济崛起创造了有利条件。2010年,中国经济实力超过日本,成为仅次于美国的世界第二大经济体,这为我们对外宣传奠定了坚实的物质基础。经济地位的改变也带来了政治和地缘政治上的变化。中国在国际事务中的角色逐渐增强,成为全球重要的决策者之一,它在国际组织和全球治理中的地位也随之上升。

众所周知,我国是拥有14亿人口的大国,地区发展非常不平衡,这

---

① 周宝砚,武保涛. 中国海外舆论宣传困境及其应对[J]. 新闻传播,2020,No. 386(17):10–12.

就意味着即使相对较低的贫困率也会导致数百万人生活在贫困中，因此许多农村居民生活在收入相对较低的情况下，面临着教育、医疗和基础设施不足的挑战。为了彻底解决这一问题，2015年11月23日，中共中央政治局审议通过《关于打赢脱贫攻坚战的决定》，最后一系列志在打赢脱贫攻坚战的政策和措施不断出台并付诸实施，到2021年2月，习近平总书记向世界庄严宣告：我国脱贫攻坚战取得了全面胜利。对此，联合国秘书长古特雷斯还专门致函习近平总书记，祝贺中国脱贫攻坚取得重大历史性成就。[①]

中国的发展成就是有目共睹的，可以说是对外讲好中国故事的最佳素材。事实上，早在2014年，习近平总书记在《当前工作中需要注意的几个问题》一文中对此就有过具体阐述："六十五年来，我们党带领人民成功开创和拓展了中国特色社会主义道路，创造了一个个举世瞩目的中国奇迹。我们六十五年的成就是实打实的，十三亿多中国人民看得见、摸得着，没有人否定得了。中国为什么能？中国共产党为什么能？国内外不少人都在思考这个问题。我们现在有底气、也有必要讲好中国故事，这对激励广大干部群众继续沿着中国道路前进的信心和勇气、对加深国际社会对中国道路的认识至为重要。"[②]通过讲好经济社会发展的故事，中国可以向世界展示其在改革开放、经济发展、脱贫减困等方面

[①] 联合国秘书长古特雷斯致函习近平祝贺中国脱贫攻坚取得重大历史性成就[N].人民日报，2021-03-10(001).

[②] 中共中央文献研究室.习近平关于社会主义文化建设论述摘编[M].北京：中央文献出版社，2017：207-208.

取得的巨大成就，以及党的领导和人民团结奋斗在这一过程中所发挥的重要作用。这有助于纠正西方社会对中国的误解，能够让更多人了解一个真实、立体和全面的中国国家形象。

如果说"西强我弱"的国际舆论现状是促使我国加强对外宣传的外部因素，那么习近平总书记在以上论述中谈及的中国特色社会主义巨大发展成就为我们做好国际传播工作提供了信心和底气，同时也是促使我国进一步开展对外宣传的内在需求。换言之，中国的快速经济发展和不断改善人民生活水平的巨大成就为我国的国际传播工作奠定了坚实的基础。一方面，经济实力的增强使中国在国际舞台上具有更大的影响力和话语权，中国可以更好地参与全球治理，提供符合时代潮流和国际社会需求的方案和思路，倡导构建人类命运共同体。另一方面，中国通过"一带一路"倡议、南南合作、援助发展等方式，帮助其他发展中国家提高基础设施建设和发展水平，对国际社会产生了积极影响。此外，中国还坚定支持多边主义和以联合国为核心的国际体系，维护国际法治和国际关系准则，为维护全球和平、稳定和公正发挥了重要作用。

中国的迅速发展和崛起不仅给14亿中国人民带来了民族振兴、生活幸福的光明前景，而且给世界的和平与发展注入了强大正能量。一方面，中国的经济发展使中国人民享受到了更好的生活质量。随着国家经济的增长，数以亿计的人口脱贫，获得了更多的就业机会和教育资源。这有助于提高人民的生活幸福感，推动了中国的民族振兴，使中国更加自信和强大。另一方面，中国的崛起使其在国际事务中的地位迅速上升，中国积极参与全球事务，提出了一带一路倡议、气候变化协议等重要国际倡议，为解决全球性问题贡献了力量，而且中国在国际组织中发挥着越来越重要的作用，推动多边主义和全球治理。正如习近平总书记所言，"我们国家发展成就那么大、发展势头那么好，我们国家在世界上做了那么多好事，这是做好国际舆论引导工作的最大本钱"[①]。

无论是中国自身发展的巨大成就，还是中国为全球发展作出的重大贡献，都促使我们要进一步切实做好国际传播工作，以我们的主动宣传去扭转不利的国际舆论导向，这也正是新时代我国对外传播理念生成的内在驱动力和出发点。

（三）新时代我国对外传播理念为传播内容明确了清晰的主题框架。

传播内容关涉对外宣传的核心议程。传播学理论认为，通过加强议程设置，可以对受众认知产生舆论导向作用。[②]议程设置是传播学理论的重要概念之一，该理论认为，媒体的选择和强调哪些新闻事件和话题，会直接影响到受众的关注和认知，进而在一定程度上塑造公众对这些事件和话题的看法。就我国的对外传播而言，议程设置理论可以给我们提供两点启示：一是作为传播主体通过外宣媒体对外传播时应围绕哪些核心议程进行自我阐述；二是通过这些核心议程以自塑的方式旨在建构什么样的国家形象。

---

① 中共中央文献研究室.习近平关于社会主义文化建设论述摘编[M].北京：中央文献出版社，2017：208-209.

② 程曼丽.论"议程设置"在国家形象塑造中的舆论导向作用[J]，北京大学学报（哲学社会科学版），2008（2）.

在国际传播的核心议程上,习近平总书记在2013年全国宣传思想工作会议上发表讲话时便提出了四个"讲清楚",即"讲清楚每个国家和民族的历史传统、文化积淀、基本国情不同,其发展道路必然有着自己的特色;讲清楚中华文化积淀着中华民族最深沉的精神追求,是中华民族生生不息、发展壮大的丰厚滋养;讲清楚中华优秀传统文化是中华民族的突出优势,是我们最深厚的文化软实力;讲清楚中国特色社会主义植根于中华文化沃土、反映中国人民意愿、适应中国和时代发展进步要求,有着深厚历史渊源和广泛现实基础"①。显然,新时代我国对外传播理念在四个"讲清楚"的核心议程中重点强调了基于中国文化和中国特色的对外传播主题。在对外传播中,如果能够将中国特色讲清楚,这对于缓解西方社会对中国的疑惑、误解和曲解都将会起到很大的促进作用。

传播议程的设定还包括对中国故事主题框架的明确。五千年的悠久历史给中国故事创造了深厚的文化底蕴和丰富多样的内容载体。因此,"讲好中国故事首先要弄清楚什么是中国故事,哪些是中国好故事,中国好故事的选择标准与价值导向是什么"②。习近平总书记对此做了详细说明:"要讲好中国特色社会主义的故事,讲好中国梦的故事,讲好中国人的故事,讲好中华优秀文化的故事,讲好中国和平发展的故

---

① 习近平. 论坚持党对一切工作的领导[M]. 北京: 中央文献出版社, 2019: 26.
② 黄良奇. 新时代讲好中国故事: 价值引领、议题方略与对外传播意义[J]. 当代传播, 2019(05): 54-60.

事。"①具体阐述如下：

讲好"中国特色社会主义的故事"需要介绍的是中国特色社会主义的基本内涵、发展成就、政策举措和制度建设等方面的故事。强调中国特色社会主义的成功经验、中国共产党的领导地位以及中国人民创造的发展奇迹。

讲好"中国梦的故事"需要讲述的是中国梦的含义、内涵和实现路径，强调中国梦与人类梦想的共通之处。这也包括介绍中国人民追求美好生活、实现国家繁荣富强的个人和集体梦想的真实故事。

讲好"中国人的故事"需要通过介绍中国人民的奋斗故事、创新创业精神、勇于担当和互助团结等正能量的个人和群体故事，展示中国人民在建设现代化国家和实现个人梦想方面发挥的作用。

讲好"中华优秀文化的故事"需要强调中华优秀传统文化的价值观、智慧和贡献，介绍中国古代文化的瑰宝和中华民族的文化传统，促进国际社会对中国文化的认知和欣赏。

讲好"中国和平发展的故事"需要介绍中国坚持走和平发展道路的理念和实践，强调中国对维护世界和平、促进共同发展的贡献和承诺。通过讲述中国倡导的构建人类命运共同体、推动多边主义和国际合作、参与全球治理等方面的故事，向世界展示中国的和平发展形象。这些故事可以帮助国际社会更好地了解中国的历史、文化、发展道路和核心价

---

① 中共中央文献研究室.习近平关于社会主义文化建设论述摘编[M].北京：中央文献出版社，2017：212.

值观，推动国际社会对中国的认知和理解。

讲故事的目的在于塑造国家形象、提升国家文化软实力。对此，习近平总书记曾经从四个维度具体阐述了中国国家形象的自塑目标，即"重点展示中国历史底蕴深厚、各民族多元一体、文化多样和谐的文明大国形象，政治清明、经济发展、文化繁荣、社会稳定、人民团结、山河秀美的东方大国形象，坚持和平发展、促进共同发展、维护国际公平正义、为人类作出贡献的负责任大国形象，对外更加开放、更加具有亲和力、充满希望、充满活力的社会主义大国形象"[①]。

综上所述，关于对外传播内容的框定以及对于国家形象自塑目标的设立，都充分表明了新时代我国对外传播理念对于传播主体在传播过程中积极发挥主观能动性的高度重视，表现出典型的对外传播的主体观特征。

二、受众意识：新时代我国对外传播理念重视目标受众的差异性特征

受众是指报纸、广播、电视等传播媒介的读者、听众和观众。在跨文化传播中，受众具有典型的他者性特征。这里所谓的"他者"，是指不属于本国或本民族文化范围内的其他信息接收个人或群体。当代西方修

---

① 中共中央文献研究室. 习近平关于社会主义文化建设论述摘编[M]. 北京：中央文献出版社，2017: 202.

辞学认为,"任何性质的话语都必须以受众为转移。在某种情况下,得体合适的论辩内容和形式,在其他场合可能会显得滑稽古怪"①。

在国际传播中,为了提高传播效果,传播主体必须把握"受众意识",充分考虑他者在认知需求和思维方式等方面不同于本土受众的差异性特征。新时代我国对外传播理念关照国外受众对中国的认知需求,并以此为基础强调对外传播实践中的创新思维,这充分体现了以他者为关照的"受众意识"。

(一)新时代我国对外传播理念关照目标受众对中国的认知需求。

自新中国成立以来,西方社会一直十分关注这个在社会制度上与他们完全不同的东方大国,而中国在探索特色社会主义道路发展的历史进程中,不但成功抵御了20世纪90年代苏联解体、东欧剧变的挫折,而且战胜了1997年和2008年两次世界性的金融危机,取得了持续稳定的经济发展;加上2008年北京奥运会和2022年北京冬奥会等一系列重大国际体育赛事在中国的成功举办,展示了其承办大型国际活动的能力;通过"一带一路"倡议以及G20峰会等中国主场外交活动,在全球事务中扮演越来越重要的角色;在应对新冠疫情方面,中国采取了积极有效的措施,成功地控制了疫情的传播,并为全球抗击疫情作出了重要贡献。中国经济持续稳定发展、成功举办国际体育赛事、率先战胜疫情以及主场外交的活动,都展示了中国在全球舞台上的影响力和实力,进一步引起

---

① 陈小慰. 对外宣传翻译中的文化自觉与受众意识[J]. 中国翻译,2013,34(02):95-100.

了西方社会的关注和关心。然而，这种关注也伴随着对中国的好奇、争议和质疑，因为中国的社会制度、政治体系与西方社会存在巨大差异。

对此，习近平总书记于2013年12月30日在十八届中央政治局第十二次集体学习时的讲话中指出，"经过长期努力，我国成功走出了一条中国特色社会主义道路，取得举世瞩目的辉煌成就，实践证明我们的道路、理论体系、制度是成功的。世界上越来越多的人开始对当代中国价值观念感兴趣，越来越多的人开始客观看待当代中国价值观念"[1]。2014年10月15日，习近平总书记在全国文艺工作座谈会上发表重要讲话，再次指出，"国际社会对中国的关注度越来越高，他们想了解中国，想知道中国人的世界观、人生观、价值观，想知道中国人对自然、对世界、对历史、对未来的看法，想知道中国人的喜怒哀乐，想知道中国历史传承、风俗习惯、民族特性，等等"[2]。

上述讲话内容充分体现了新时代我国对外传播理念对国外受众认知需求的关照，几乎囊括了他们对中国以及中国人民所有的认知需求和关切点。事实上，西方社会对中国的质疑和误解也往往产生于他们对中国的关注焦点之中。因此，这些联通中外的公共话语区间应成为我国在对外传播中主动加强宣介的重点内容，一方面是为了满足国外受众对中国的"求知欲"，一方面也利于对一些容易产生误解和偏见的敏感问题进行澄清和说明。

---

[1] 中共中央文献研究室.习近平关于社会主义文化建设论述摘编[M].北京:中央文献出版社,2017: 199.

[2] 习近平.在文艺工作座谈会上的讲话[N].人民日报,2015-10-15(002).

（二）新时代我国对外传播理念要求用创新思维开展跨文化传播。

创新是新时代我国对外传播理念的关键词之一。国际传播本质上是跨文化交流，是来自不同文化背景的个体、群体或组织机构之间的信息沟通与人文互动。长期以来，我国的国际传播工作由于缺乏对受众文化差异性的足够重视，忽略传播对象的文化背景。有时候甚至只是采取较为传统的单向度传播模式，缺乏对话意识，囿于自说自话的传播思维，因此传播效果并不尽如人意。[①]对此，党的十八大以来，习近平总书记在多次讲话中均强调"创新"的传播思维。在2013年的全国宣传思想工作会议上，习近平总书记提出"要着力推进国际传播能力建设，创新对外宣传方式，加强话语体系建设，着力打造融通中外的新概念新范畴新表述，讲好中国故事，传播好中国声音，增强在国际上的话语权"[②]。同年度，在十八届中央政治局第十二次集体学习时的讲话中，他又提出"要完善人文交流机制，创新人文交流方式，发挥各地区各部门各方面作用，综合运用大众传播、群体传播、人际传播等多种方式展示中华文化魅力"[③]。在2018年的全国宣传思想工作会议上，习近平总书记则进一步指出，"要完善国际传播工作格局，创新宣传理念、创新运行机制，汇聚更多资源力量"[④]。显然，在全球传播形势深刻变化的背景

[①] 陈力丹.学习贯彻习近平关于国际传播的论述[J],当代传播,2018(5).

[②] 中共中央文献研究室.习近平关于社会主义文化建设论述摘编[M].北京：中央文献出版社,2017：197-198.

[③] 中共中央文献研究室.习近平关于社会主义文化建设论述摘编[M].北京：中央文献出版社,2017：201-202.

[④] 张洋.举旗帜聚民心育新人兴文化展形象 更好完成新形势下宣传思想工作使命任务[N].人民日报,2018-08-23(001).

下，中国要提高国际传播能力和影响力，离不开以创新的路径和方式来加强对外传播能力建设。

2020年，习近平总书记在《求是》杂志发表了《坚持和完善中国特色社会主义制度 推进国家治理体系和治理能力现代化》一文，在文中他又一次提出，"要积极创新话语体系、提升传播能力，面向海内外讲好中国制度的故事，不断增强我国国家制度和国家治理体系的说服力和感召力"①。2022年10月，习近平总书记在中共二十大报告中进一步强调，要"坚守中华文化立场，提炼展示中华文明的精神标识和文化精髓，加快构建中国话语和中国叙事体系，讲好中国故事、传播好中国声音，展现可信、可爱、可敬的中国形象。加强国际传播能力建设，全面提升国际传播效能，形成同我国综合国力和国际地位相匹配的国际话语权。深化文明交流互鉴，推动中华文化更好走向世界"②。对于全面提升我国的国际传播效能，有学者撰文指出，应坚持问题导向，坚持精准施策，解决好对谁说、谁来说、说什么、怎么说的系列问题。③

结合以上论述，可以看出，新时代我国对外传播理念所要求的创新思维体现在多个层面，意在打破传统上不利于实现传播目标的旧思维、旧方式和旧方法，其根本目的则在于从传播理念到宣传方式，从运行机

---

① 习近平.坚持和完善中国特色社会主义制度 推进国家治理体系和治理能力现代化[J].求知，2020(02)：4-9.
② 习近平.高举中国特色社会主义伟大旗帜 为全面建设社会主义现代化国家而团结奋斗[N].人民日报，2022-10-26(001).
③ 张树庭.精准聚焦全面提升国际传播效能[J].红旗文稿，2023(13)：44-47.

制到话语体系等方面都能够与目标受众的文化背景、思维认知、接受维度等"他者性"相对接,从而提高跨文化传播的接受效果。

无论是对目标受众关于了解中国认知需求的关照,还是通过创新思维来引导我国对外传播实践活动,都充分体现了新时代我国对外传播理念的受众意识。

三、方法论:新时代我国对外传播理念指导下的外宣路径与方法

方法论是指以解决现实世界中的实际问题为目标的理论体系。在哲学范畴中,方法论与世界观相对,世界观回答的是"世界是什么"以及"世界怎么样"的问题,而方法论则为解决实际困难而致力于回答"怎么办"的问题。新时代我国对外传播理念不仅在主体观和受众意识两个层面对于指导我国外宣工作具有很强的理论价值,而且它还为如何做好对外传播工作提出了具体的路径与方式,因此具有重要的方法论意义。

(一)新时代我国对外传播理念提出了加强对外话语体系建设的外宣路径。

对外传播的根本目的在于增强我国的国际话语权,因此要做好对外宣传工作,首选路径是加强以"话语"为核心的中国特色对外话语体系建设,而对于如何建设对外话语体系,习近平总书记在2013年的全国宣传思想工作会议上有过明确阐述:"加强话语体系建设,着力打造融通

中外的新概念新范畴新表述,讲好中国故事,传播好中国声音,增强在国际上的话语权。"①在该论述中,"融通中外"是关键词,它既是新概念新范畴新表述的衡量标准,也为对外话语体系建设设立了实践目标。

然而,究竟如何才能做到"融通中外"?2016年2月19日,习近平总书记在党的新闻舆论工作座谈会上对此有过进一步的阐释:"讲故事,是国际传播的最佳方式……要创新对外话语表达方式,研究国外不同受众的习惯和特点,采用融通中外的概念、范畴、表述,把我们想讲的和国外受众想听的结合起来,把'陈情'和'说理'结合起来,把'自己讲'和'别人讲'结合起来,使故事更多为国际社会和海外受众所认同。要用好新闻发布机制,用好高端智库交流渠道,用好重大活动和重要节展赛事平台,用好中华传统节日载体,用好海外文化阵地,用好多种文化形式,让中国故事成为国际舆论关注的话题,让中国声音赢得国际社会理解和认同。②""研究国外不同受众的习惯和特点"是习近平国际传播思想受众意识的进一步体现,而"把我们想讲的和国外受众想听的结合起来,把'陈情'和'说理'结合起来,把'自己讲'和'别人讲'结合起来"的"三个结合",则是打造"融通中外"话语体系的具体方法。事实上,要真正实现"融通中外"的目标,就需要在对外传播中将中国的观点、价值观和文化传递给国际社会,并与国际社会的语境和

---

① 中共中央文献研究室. 习近平关于社会主义文化建设论述摘编[M]. 北京: 中央文献出版社, 2017: 197–198.

② 中共中央文献研究室. 习近平关于社会主义文化建设论述摘编[M]. 北京: 中央文献出版社, 2017: 213.

理解相连接。只有创新方法和途径，加强与国际社会的对话和交流，才能实现"融通中外"，让中国的观点、文化和价值观能够在国际舞台上得到理解、接受和共鸣。

此外，在对外话语体系建设过程中，故事只是话语的外在表现形式，而话语的核心则集中于故事中所蕴含的文化精髓和价值观念。对于如何通过讲故事的方式将中国的文化精髓和价值观念传播出去，习近平总书记强调，"不要为了讲故事而讲故事，要把'道'贯通于故事之中，通过引人入胜的方式启人入'道'，通过循循善诱的方式让人悟'道'"①。因此，我们在传播故事时不应盲目追求表面的内容和形式，而应该以更高的目标来选择和讲述故事。一方面，不仅要考虑故事本身的吸引力，更要思考如何通过故事传递重要的价值观和思想。另一方面，应在故事中贯穿核心的道德、伦理或价值观念，让这些道理和原则贯穿于故事的情节、角色和冲突之中。通过这种方式可以让受众在欣赏故事的过程中接触到更深层次的思考和启发。在很大程度上，这样的传播方式既能够打动受众的情感，又能够激发他们的思考，因此有助于更好地将中国的文化精髓和价值观念传播出去。事实上，在外宣工作中，讲故事是富含叙事技巧的一种自我言说行为。讲好中国故事可以采取多种形式，"但又不能局限于故事本身，而应实现故事形式与故事背后之'道'的完美融合"②。将"道"融于故事讲述之中的论述正是新时代

---

① 中共中央文献研究室.习近平关于社会主义文化建设论述摘编[M].北京：中央文献出版社，2017：213－214.
② 刘亚琼.把"道"贯通于中国故事之中[J].党的文献，2020(1).

我国对外传播理念中，为讲好中国故事提供的应对策略。

（二）新时代我国对外传播理念为传播方式和传播渠道提供了具体方法指导。

传播方式和传播渠道直接影响着对外传播效果。随着信息技术的迅速发展和互联网社交媒体的普及，当今世界承载信息的传播工具越来越多，人们接触信息的渠道也在不断拓宽。舆论生态、媒体格局、传播方式都发生了深刻变化，全媒体时代已经到来。在这种情况下，充分利用有效的传播方式、打通更加顺畅的传播渠道是不断推进我国外宣工作的重要突破口。新时代我国对外传播理念从多个角度为此提供了具体的方法指导。

2013年12月30日，在十八届中央政治局第十二次集体学习的讲话中，习近平总书记提出要"发挥各地区各部门各方面作用，综合运用大众传播、群体传播、人际传播等多种方式展示中华文化魅力"[1]。2014年5月15日，在国际友好大会暨中国人民对外友好协会上，习近平总书记还进一步强调了非政府组织在国际传播中的作用，指出"要重视公共外交，广泛参加国际非政府组织的活动，传播好中国声音，讲好中国故事，向世界展现一个真实的中国、立体的中国、全面的中国"[2]。

此外，习近平总书记还十分重视文艺宣传在对外宣传中的重要作

---

[1] 中共中央文献研究室. 习近平关于社会主义文化建设论述摘编[M]. 北京: 中央文献出版社, 2017: 202.

[2] 习近平. 在中国国际友好大会暨中国人民对外友好协会成立60周年纪念活动上的讲话[N]. 人民日报, 2014-05-16(002).

用。他在2014年10月15日举行的文艺工作座谈会上发表讲话时提出，"文艺是最好的交流方式，在这方面可以发挥不可替代的作用，一部小说，一篇散文，一首诗，一幅画，一张照片，一部电影，一部电视剧，一曲音乐，都能给外国人了解中国提供一个独特的视角，都能以各自的魅力去吸引人、感染人、打动人。京剧、民乐、书法、国画等都是我国文化瑰宝，都是外国人了解中国的重要途径"[1]。习近平总书记还强调，"中华文化既是历史的、也是当代的，既是民族的、也是世界的。只有扎根脚下这块生于斯、长于斯的土地，文艺才能接住地气、增加底气、灌注生气，在世界文化激荡中站稳脚跟。正所谓'落其实者思其树，饮其流者怀其源'。我们要坚持不忘本来、吸收外来、面向未来，在继承中转化，在学习中超越，创作更多体现中华文化精髓、反映中国人审美追求、传播当代中国价值观念、又符合世界进步潮流的优秀作品，让我国文艺以鲜明的中国特色、中国风格、中国气派屹立于世"[2]。

在国际传播渠道上，习近平总书记尤其强调要打造在国际上能够产生重要影响力的外宣媒体，推动中国媒体走向世界。2016年2月19日，他在党的新闻舆论工作座谈会上的讲话中指出："近些年来，我们加强国际传播能力建设，支持中央主要媒体走出去，参与国际传媒市场竞争，取得重要成果。这方面的工作要继续抓下去，优化战略布局，集中

---

[1] 习近平.在文艺工作座谈会上的讲话[N].人民日报,2015-10-15(002).
[2] 习近平.在中国文联十大、中国作协九大开幕式上的讲话[EB/OL].(2016-11-30)[2022-12-11].https://news.12371.cn/2016/11/30/ARTI1480507719327997.shtmlfrom=groupmessage&isappinstalled=0

优势资源，着力打造具有较强国际影响的外宣旗舰媒体。中央主要媒体要强化驻外机构对外传播职能，加快实施本土化战略，成为国际传播生力军。"①

四、结语

"讲好中国故事"和"传播好中国声音"是推动中国话语"走出去"的两条主线，更是增强我国国际话语权、提升国家文化软实力的有效方式，二者关系到我国国际传播能力建设的两大核心议题。以习近平总书记为核心的党和国家领导人就此展开的广泛论述凝聚成新时代指导我国对外传播的重要理念，这些理念蕴含着十分深刻的主体观和受众意识，又具有很强的方法论意义。在当前的国际传播环境中，"西强我弱"的国际舆论格局是摆在我们面前的现实问题。2020年席卷全球的新冠肺炎疫情给国际关系和全球治理带来许多不稳定因素，新一轮的"中国责任论"超乎寻常，给讲好中国故事和传播好中国声音带来前所未有的挑战。在百年未有之大变局的时代语境之下，如何进一步推动中国话语"走出去"关系到我国在国际舞台的话语权和政治地位。

为了更好地做好我国的国际传播工作，2021年5月31日下午，中共中央政治局就加强我国国际传播能力建设进行第三十次集体学习。习

---

① 中共中央文献研究室. 习近平关于社会主义文化建设论述摘编[M]. 北京: 中央文献出版社, 2017: 214.

近平总书记在主持学习时发表讲话，系统阐释了当前加强和改进我国国际传播工作的重要意义、基本目标、核心任务和工作方案，为新时代继续讲好中国故事，传播好中国声音，成功塑造可信、可爱、可敬的中国国家形象，提供了思想指导和根本遵循。因此，我们要进一步深入学习和理解新时代我国对外传播理念的核心要旨，在外宣工作中勇于突破和创新，牢牢把握主体观念，不断增强受众意识，采取更加行之有效的传播路径、策略与方法，真正讲好中国故事，不断推动中国话语"走出去"，更要"走进去"，从根本上扭转不利于我国国家和民族形象建构以及不利于全球和平与发展的国际舆论环境。

第四章

以史为鉴：
延安时期对外话语传播的历史经验与现实启示

十八大以来，针对日渐复杂的国际舆论环境，结合我国对外传播的现实状况，习近平总书记在多个场合均提出要加强对外话语体系建设。对外话语体系建设是增强国际话语权和提升国家文化软实力的重要路径。百年以来，中国共产党一直在不断探索、打造并渐以形成具有中国特色的对外话语体系，积累了许多成功经验。

延安时期是中国共产党建党百年发展历程中的重要历史阶段。在这一时期，中国共产党高举抗日民族统一战线旗帜，制定全面抗战路线，克服敌后作战困难，逐步由弱变强，最终领导新民主主义革命走向全面胜利，为新中国的成立奠定了坚实基础。回顾中国共产党在延安时期的"局部执政"实践，可以发现，为赢得国内外各界人士的理解和支持，中国共产党精心打造了反映特定时代特色的对外话语体系，取得了较好的传播效果，为我国外宣工作积累了宝贵的历史经验。鉴于此，本文以中共在延安时期的外宣实践作为史料，分别从时代语境、话语主题和传播路径三个方面对中共在这一时期的对外话语体系建设活动进行考察，并就其对我国当下对外话语体系建设的现实意义进行探讨。

一、延安时期中共对外话语传播的时代语境

中共中央在延安的13年，对于中国共产党而言是一段特殊的历史时期。1933年，日军大举进犯华北。面对民族危机，以蒋介石为首的国民党政府不仅消极抗日，还推行了"攘外必先安内"的反动政策，对中央苏区发动第五次大规模"围剿"。尽管苏区军民全力应战，但由于各种原因，第五次反"围剿"最终以失败告终，中央红军被迫开始两万五千里长征，中共的革命重心也转移到延安地区。在这里，中共不仅需要应对来自日军和国民党政府的双重军事威胁，还面临新闻封锁和国际猜疑等多重不利的发展环境。

新闻封锁一直以来都是国民党政府最主要的反共政策之一。早在1927年，国民党政府中央宣传部便出台了《检查邮政暂行条例》，文件规定，"在邮件报刊或者图书杂志中含有关于中共及帝国主义宣传者的嫌疑文件，一经核实需要在第一时间接受审查"①。延安时期，国民党实行更加严酷的新闻封锁政策。一方面，通过制定法规制度限制中共报刊和图书的出版发行。1938至1940年间，国民党政府相继颁布了《战时图书杂志原稿审查办法》《抗战期间图书杂志审查标准》《危害民国紧急

---

① 中华民国史档案资料汇编第5辑第1编文化[M]. 南京：江苏古籍出版社，1994: 157.

治罪法》《修正印刷所承印未送审杂志原稿取缔办法草案》和《战时新闻违检惩罚办法》等政策法规,对新闻传播实施极为严格的审查制度。另一方面,国民党政府还以物资紧张为由,断绝边区报纸和图书的纸张来源,并派遣特务想尽一切理由抓捕新闻工作者。1940年9月9日,国民党中央党部直接给各省党部下达取缔中共刊物、捣毁其销售书店的密令:"对共产党书店应派人以群众面目大批收买而后焚之,或冲进书店捣毁之。"①

此外,国民党还在边区周围设立了封锁线,严令禁止外国记者进入边区采访,甚至普通百姓都被禁止与边区民众交往。正像美国记者哈里森·福尔曼所言:"究竟封锁线后面发生了什么?这些共产党果真像政府当局所形容的那样坏吗?他们是不是背叛了中央军?他们可曾拒绝打日本?他们是不是跟南京的汉奸相勾结?他们是不是压迫着人民?"②正是由于国民党对中共的新闻封锁,中共领导下的边区被迫与外界处于隔绝状态,国际社会根本无法了解中共及其领导下的边区实际情况。

与此同时,国民党政府还借助宣传工具极力抹黑中共和边区,导致国际社会对中共充满质疑。一方面,国民党政府除了采用污名化策略将共产党诬陷为"赤匪、强盗、暴徒"之外,还将中共领导人刻画为飞扬跋扈、无才无能的"匪党"之首的形象。在国民党政府主办的报纸上,

---

① 王海军. 抗战时期国共两党在书刊发行领域的博弈[J]. 中共党史研究, 2014 (04): 63–74.
② [美]麦金农. 美国记者与战时中国(1937–1945)民国档案与民国学术会议讨论会论文集[M]. 南京: 南京档案出版社, 1998: 578–579.

中共领导人的照片通常展现的是面黄肌瘦、精神恍惚的样子，这使得国际社会很难相信这样的中共领导人能够带领中国走出困境。另一方面，面对中共领导下的边区在经济和民主建设方面取得的成就，国民党政府将之描述为"虚假宣传"。在国民党政府的歪曲下，国际社会通过国民党的二手资料所了解的是中共领导下的"共产共妻""边区黑暗"的悲惨景象。① 而且，国民党政府还否定中共提出的抗日民族统一战线，不承认八路军和新四军在抗日战争中所发挥的重要作用，这使得不明真相的国际社会怀疑中国共产党领导的军队只会打"游击战"，并不能为抗战作出实质性的贡献。

总之，由于国民党的新闻封锁，加之对中共的大肆污名化和歪曲报道，当时的国际社会对中共领导下的延安地区知之甚少，正如斯诺在《西行漫记》开篇所说："在世界各国中，恐怕没有比红色中国的情况更大的谜，更混乱的传说了。"②

二、延安时期中共对外话语传播的建设主题

面对国民党新闻封锁和国际社会的猜疑等不利环境，为了对外阐明立场，吸引各方关注并寻求话语认同，中共以彼时的世情、国情和党情作为研判基点，在对外话语体系建设中设置了较为鲜明的话语主题。

---

① 于安龙.中国共产党讲述"延安故事"的经验与启示——基于延安时期与外国记者互动的视角[J].党的文献，2019(04)：113-120.
② [美]斯诺·埃德加.红星照耀中国[M].石家庄：河北人民出版社，1992：1.

（一）建立民族统一战线的联合抗日主题

"九一八"事变之后，日本侵略者除了在东北继续扶持"伪满洲国"，又意图侵略中国华北地区，中华民族面临亡国危机。然而，国民党政府却置民族大义于不顾，继续对中央苏区采取经济遏制、政治隔离和军事围剿的全面封锁政策。与之形成鲜明对比的是，尽管中央红军刚刚遭受第五次"反围剿"失败，中共中央依然以民族利益为重，号召停止内战，宣传一致抗日。1935年12月，中国共产党在延安召开瓦窑堡会议，确立了联合抗日统一战线的方针。毛泽东在会上指出："民族统一战线是中国人民抗日救国的根本路线。"①

1937年7月7日，卢沟桥事变爆发。为了尽快促进联合抗日统一战线的成立，周恩来、林伯渠等作为中共代表同国民党在庐山就国共合作宣言中红军的改编、苏区改制等问题进行谈判。9月22日，国民党发布《中共中央为公布国共合作宣言》，宣告国共抗日统一战线正式成立。在此背景下，《群众》和《新华日报》等机关报正式创刊，大力宣传联合抗日主张。《新华日报》在创刊词中宣告："为巩固扩大抗日民族统一战线而努力。"②同年10月18日，《新华日报》还发表了由博古撰写的《论抗日民族统一战线的发展困难及其前途》一文，详细阐释了中共建立联合抗日统一战线的主张，指出抗日民族统一战线是"有其光明远大

---

① 中央档案馆. 中国共产党抗日文件选编[M]. 北京: 中国档案出版社, 1995: 451.

② 张挺、王海勇. 中国红色报刊图史[M]. 太原: 山西出版集团/山西经济出版社, 2011: 97.

的前途的,他不仅能够成为我们战胜日寇的工具,而且能够成为我们完成建国的武器"①。

面向国际社会,中共则从反法西斯主义的视角出发,大力宣传抗日斗争精神,主张联合其他受侵略国家,以获取国际社会的道义支持。毛泽东等中共领导人向外界提出,"中国苏维埃和中国人民因此要同各国、各国人民、各党派和各群众组织团结起来,组成反对日本帝国主义的统一战线"②。为了向外界讲述新四军和八路军英勇抗日的事迹,中共中央还专门成立了国际宣传委员会,宣传中共抗日战争中的英雄人物及其英勇事迹。1939年,中共南方局成立,周恩来任书记,他坚持在"宣传出去,争取过来"的政策中拓展中共话语空间,并进一步利用《群众》和《新华日报》等机关媒体进一步宣传抗日统一战线,弘扬抗战精神。

(二)追求和平正义的对日宣传主题

在全面抗战阶段,除了面向国民党和国际社会宣传联合抗日外,中共还以侵华日军为受众目标,展开了以追求和平正义为主题的对日宣传。这主要体现在以下两个方面:

首先,宣传优待俘虏的政策,以唤醒侵华日军的良知。1937年10月25日,毛泽东在同英国记者贝特兰谈话时指出,八路军政治工作的基本原则有三个,即官兵一致、军民一致以及瓦解敌军和宽待俘虏。在这一

---

① 转引自吴爱玉. 解放战争初期中国共产党宣传话语的转向探析——以《新华日报》为中心的考察[J]. 中国浦东干部学院学报,2023,17(03):91-98+57.
② 毛泽东文集(第1卷)[M]. 北京:人民出版社,1993:390-391.

思想指导下，面向日军的《告日本官兵书》和《告日本陆海空军士兵宣言》两个文件相继颁布，文件中提出了对日优待俘虏的宽厚政策。当时许多人士对中共的这一政策很不理解，认为日军在中国犯下滔天大罪，肆意利用战俘做人体实验，屠杀无辜百姓，理应受到严厉惩罚。然而，中共却对战俘采取优待政策。这事实上是中共采取的"不战而屈人之兵"的政策体现。侵华日军长期以来受到军国主义的腐蚀，对于自身恶行早已麻木，而中共在俘虏他们后仍能优待他们。这一政策无疑有利于唤醒一些日军战俘的良知。1939年，日本士兵觉醒联盟成立，其宗旨是唤醒侵华日军，号召中日团结，该组织还发表了日文刊物《觉醒》，教育日本士兵反对战争。随后，在中共上述政策的影响下，"华北日本士兵觉醒联盟""在华日本人反战同盟"和"日本人民解放联盟"相继成立，由日本战俘组成的反战联盟不断发展，他们当时甚至被称为"日军中的八路军"，为最终的抗战胜利作出了重要贡献。

其次，强调侵华战争的非正义性，利用心理战术瓦解日军的作战决心。在日军狂言三个月内灭亡中国的企图破灭之后，随之而来的是漫长的战争。此时，侵华战争一方面对日本的国力造成了巨大负担，另一方面也使得部分参战士兵出现厌战情绪。面对这种局势，中共及时通过广播、传单和画报等各种渠道，新华社还开办了日语广播，利用日语直接对日军进行新闻播报，甚至通过战场喊话等形式，强调日军侵华战争罪恶的不争事实，加大宣传日本侵华战争的非正义性及其必败的后果；延安的文艺工作者还在艺术作品中注重展现侵华日军在日本的家人的处境，比如木刻作品《日军之家》展现的便是日军的家人盼望他们归国的场景，大大激发了日军的思乡情绪，这些都为进一步瓦解日军的作战决心发挥了一定作用。

（三）基于局部执政的区域治理主题

延安时期，在中共的领导下，延安人民生活安居乐业，边区治理呈现生机勃勃的发展局面。为了向外界展示执政能力，同时也为化解国际社会因为国民党政府歪曲报道所建立起来的"恐怖红色中国"印象，中共在对外话语体系建设中还凸显了以延安区域治理为主题的议程设置特征。

中国共产党到达延安后，在边区围绕经济、政治和文化等采取了一系列有效的治理措施，将边区打造成为一个有活力、有潜力、有吸引力的地方。政治上，中共开展整风运动，提高党内人员的素养，坚持人民民主，保证边区人民的选举权，推行三三制，真正实现人民当家做主；经济上，中共在边区大力发展农业，解决农民的温饱问题，同时还开办各类工商业，自给自足地生产一些生活用品；教育医疗方面，中共组建起了一大批中小学，创办了边区医院等，这些都成为当时中共对外宣传的重要主题。

当以斯诺为代表的外国记者来到延安时，毛泽东等中共领导人不但向他们宣传中共的方针政策，还专门安排他们去前线体验边区人民生活，切身感受边区发展的真实面貌，这为斯诺后期报道和书写延安时提供了第一手的真实素材。斯诺后来在《红星照耀中国》中回忆道："不论他们的生活是多么原始简单，但至少这是一种健康的生活，有运动、新鲜的山间空气、自由、尊严、希望，这一切都有充分发展的余地。①"著名的爱国华侨陈嘉庚在周恩来的邀请下来到延安访问时,看到的也是军民平等和上下团结的情景,在与中共领导的交流中充分感受到领导人的平易近人以及延安地区积极向上的生活氛围。②

通过切身体验的方式使到访的外国记者能够目睹延安地区的发展状况,正是中共以延安区域治理为主题而进行对外宣传的重要表现,这不但有利于通过他者视角并借他者之口对中共领导下的延安地区发展状况进行宣传,更是对中共局部执政能力的直接展示,为赢得国内外各界人士对中共的认可与信赖创造了有利条件。

三、延安时期中共对外话语体系的传播路径

(一)以纸为媒

延安时期,报纸是中共政策宣传的核心阵地,也是动员民众、维护中共形象的战略武器。在这一时期,中共通过培养新闻传播和外语翻译人才,搭建起创办外宣报纸的人才队伍,以纸为媒,构建起中共对外话语传播的纸媒路径。

一方面,机关报、党报蓬勃发展。1931年,陕甘宁边区机关报《红色中华》创刊,1937年,该报在中共中央指示下转为党的第七份中央

---

① [美]斯诺·埃德加. 西行漫记[M]. 北京:生活·读书·新知三联书店,1979:227.
② 黎余. 中共南方局:抗战时期中国共产党的外交窗口[J]. 红岩春秋,2015,(11):8-13.

机关报，更名为《新中华报》，被誉为"全国报纸中最好的一个"①。毛泽东曾在该报发表《强调团结与进步》一文，指出《新中华报》的政治方向就是"强调团结和进步，以反对一切危害抗战的乌烟瘴气，以期抗日事业有进一步的胜利"②。1941年5月16日，《新中华报》与新华社出版的《今日新闻》合并为《解放日报》。中共领导人指出，"一切党的政策，将经过《解放日报》与新华社向全国宣达"，强调其"应作为党内学校内机关部队内的讨论与教育材料，并推广收报机，使各地都能接收，以广宣传，是为至要"③。《解放日报》是抗日根据地第一份大型日报，作为抗日时期的党报，其宗旨就是阐明中国共产党的立场和方针政策，呼吁建设抗日民族统一战线，教育人民，指导革命。

另一方面，中共于抗战时期在国统区创办了著名的《群众》周刊和《新华日报》，一刊一报是当时中国共产党在国统区重要的斗争阵地，它们高举团结民主大旗，素有"中国喉舌"之称。其中，"《群众》以宣传中国共产党抗日救国十大纲领及抗日民族统一战线为宗旨，旗帜鲜明地支持国统区人民的抗日救亡运动，声讨破坏抗日民族统一战线的言行，宣传八路军英勇抗日的丰功伟绩和各抗日民主根据地的情况"④，

---

① 姜小玉. 延安时期党报如何确立为干部必读[J]. 党史博采（下），2020（07）：13-14.
② 中共中央文献研究室编. 建党以来重要文献选编（第17册）[M]. 北京：中央文献出版社，2011：122.
③ 中国社会科学院新闻研究所编. 中国共产党新闻工作文件汇编（上卷）[M]. 北京：新华出版社，1980：97.
④ 张挺、王海勇. 中国红色报刊图史[M]. 太原：山西出版集团/山西经济出版社，2011：97.

《新华日报》则由周恩来直接领导，他对办报的定位是在国统区办报，"不能图一时痛快与他们（国民党）顶牛，顶牛过了，他们就会封你的门。要从长远利益考虑，采用迂回曲折的战术，报纸的调子要低一点，不能过红，既要生存下去，又要持续同他们斗。"①此外，《新华日报》还将部分刊发的文章翻译成英文，分发给各国使馆和记者，对中共政策主张进行宣传。②

除了党报党刊之外，延安时期新华社还承办了由中共主办的第一份外文报纸《中国通讯》，由中宣部部长张闻天直接领导，吴文焘同志负责具体编辑工作。除吴文焘外，参与该刊物编辑的人士主要是部分外籍人士以及懂外文的中共党员，《中国通讯》出版的文章以英文为主，还有俄文和法文两大板块。该报面向国外读者和国外机构，在延安完成印制后通过国外记者分发到国外。从报道内容和角度来看，根据编辑陈庶的回忆，该报主要是将各根据地的通讯材料翻译成英文，有时还会采访报道陕甘宁边区的人物，报道中共领导下的边区状况。③

此外，1946年12月31日，在新华社香港分社工作的乔冠华夫妇在极为艰苦的条件下创立了《中国文摘》，这是中国共产党创办的第一份向海外直接发行的英文期刊。《中国文摘》充分利用香港的环境，向全世界报道国内内战的真相，为海外了解解放战争的真相发挥了重要作

---

① 吴汉民. 20世纪上海文史资料文库（第6辑）[M]. 上海：上海书店出版社，1999：166.
② 南开大学周恩来研究中心. 周恩来与二十世纪的中国和世界：第四届周恩来研究国际学术研讨会论文集（上）[M]. 北京：中央文献出版社，2015：309-310.
③ 万京华. 新华社与抗战对外宣传[J]. 中国出版，2015（15）：29-32.

用，使得在新中国成立前就已经得到了世界的广泛认可。南方局还创办了世界语刊物《中国报道》，通过香港及其他途径向五十余国进行传播。在海外，华侨同胞也纷纷联合起来反抗国际国内对中共实施的新闻封锁，他们先后建立起《救国时报》和《先锋报》等，宣传无产阶级思想，转载国内党报的文章消息，加上由南方局书记周恩来在香港牵头创办的《华商报》和《华侨通讯》等，这些报纸对中共政策主张的宣传不但鼓舞了国内国外华侨的爱国热情，也扩大了中共在海外的影响力和号召力。

（二）开通广播

延安时期，尽管面临设备不足和技术困难等多重限制条件，中共还是想方设法，在边区建立起电台，开通广播。这成为当时中共对外话语传播的重要渠道之二。

1940年12月30日，第一个由中国共产党领导的人民广播，即延安新华广播电台正式成立。1941年12月3日，延安新华广播电台首次以侵华日军为受众对象开始进行日语广播，斥责日本帝国主义对中国发动侵略战争的不争事实，并宣扬中共中央的各项政策和主张，强调抗日战争的正义性和必胜信念。播送的稿件主要源自新华社的新闻稿以及延安的《解放日报》和《参考消息》等。除了在广播的内容上极具针对性之外，新华广播电台的日语广播还结合了心理战术，采用夹叙夹议的叙事方式，尝试从精神层面进一步瓦解日军。这一时期，尽管日军曾利用技术手段对新华广播电台的日语广播进行干扰，但仍然有日军因为听到了广播后而投降。①延安地区的日语广播大概持续了一年，后期因设备故障，发射功率过小等原因被迫暂停。这一阶段的日语广播在当时对于瓦解侵华日军的侵略野心、向世界阐明中共的抗日立场与主张都发挥了重要作用。

1944年，进一步对外宣传的时机更加成熟，中共中央决定开办英文广播。从国际形势来看，世界反法西斯战争胜负局面已定；从国内环境来看，国民党大溃败，而共产党领导的战局开始进入局部反攻。"当时，外界非常希望了解我们解放区的情况和中国共产党的主张，我们也十分需要加强对外宣传。开办英文电讯广播势在必行，中央的决策是很适时的。"②为了展示真实的边区生活，对外传播中共的政策主张，在中共中央的指示下，新华社开始进行英文广播。1944年8月8日，英文广播试播。经历了20多天的试播后，9月1日，新华社英文广播正式开通。英文广播的内容主要源自《解放日报》上刊登的社论文章。在广播的内容来源确定之后，英文广播面临的一个重要问题是如何对话语内容进行翻译。当时，吴文焘担任广播部主任，他通过多方考察，最终物色到曾经同为《中国通讯》做编辑工作的陈庶同志，陈庶同志又推荐了自己的同窗沈建图，三人共同组成了新华社英文广播的翻译小组，同时还邀请到曾在燕山大学任教的英国人林迈可为英文译稿进行润色，以确保对外播

---

① 卫广益. 延安新华广播电台的诞生及初期贡献[J]. 中国记者, 2011(01): 70-72.

② 周树春. 从窑洞走向世界——新华社英文电讯开播五十周年前夕访吴文焘[J]. 中国记者, 1994(08): 38-39.

报的内容在表达方式上便于外国听众理解和接受。当时条件艰苦,广播设备极其简陋,发电设备仅靠一个破旧的火车头引擎,发报机则是周恩来从莫斯科带回来的简易设备。尽管当时广播团队和广播设备都是临时"拼凑"而来,但对外传播的效果十分显著。据前来延安的美军观察组反映,由延安通过定向天线发出的新闻,在美国西部可以收到,有些内容还会在报纸、杂志等刊物上予以登载。①

(三)广邀记者

延安时期,中共对外宣传的另一重要途径是通过外国记者传播其政策主张,为国际社会了解中共打开了重要窗口。

斯诺是第一个受邀访问延安的外国记者,他于1936年在宋庆龄和刘少奇的帮助下,带着两架相机和24个胶卷来到延安。到达延安后他便受到了中共领导人的热情接待。周恩来对他说:"我们欢迎来苏区访问的任何一个记者。阻碍记者来访的不是我们,而是国民党。你可以把看到的一切都写出来,我们将从各方面帮助你了解苏区的情况。②"后来,在周恩来的护送下,斯诺到达中共中央驻地,开始对毛泽东进行采访。在这里,斯诺受到了更加热烈的欢迎。在对延安边区进行为期四个月的考察后,他写下了《红星照耀中国》一书,真实再现了边区的日常生活,让国际社会发出"原来还有另一个中国啊"③的慨叹。从此,中共

---

① 万京华.新华社与抗战对外宣传[J].中国出版,2015(15):29-32.
② 孙国林.红都延安的神秘来宾系列之一:斯诺:《西行漫记》之外的故事[J].党史博采(纪实),2012(05):27-31.
③ 黄华.随斯诺访问陕北和目击红军大会师[J].百年潮,2006(10):4-13.

打通了同国际友人沟通的桥梁。

1937年，美国记者艾格尼丝·史沫特莱受到中共邀请访问延安。这位杰出的女记者在来到延安前，就已经声名远扬。她曾经发表《国民党反动的五年》《中国人的命运》《中国红军在前进》等文章。在西安事变后，史沫特莱曾拖着病躯和来自英国工党机关报《每日先驱报》的特派记者詹姆斯·M.贝特兰开展英文对外广播的任务，向全世界介绍西安事变的真相。在前往边区途中，她还采访了彭德怀、贺龙和左权等中共将领，为她的创作提供了丰富的素材。她一到延安，就受到了毛泽东和朱德的亲自接见。在她的帮助下，斯诺的夫人海伦·斯诺和厄尔·利夫等人也纷纷来到延安考察，海伦·斯诺还撰写了《红色中国内幕》，被认为是对斯诺《西行漫记》的进一步补充。

另外一位受邀来到延安的外国记者是汉斯·希伯，他深受《红星照耀中国》影响，在德国时便已加入共产党，同时也是宋庆龄组建的第一个国际性马列学习小组成员之一。正是由于对马列主义的深入研究，他对斯诺书中的一些观点产生质疑，认为那不是共产主义，因此在中共的邀请下前往延安。在延安，他受到了毛泽东的亲自接见。从延安归来之后，他还陆续采访了周恩来、叶挺和项英等人，积极撰写有关新四军抗日的英勇事迹。还有一位外国记者安娜·路易斯·斯特朗曾六次访问中国，撰写有关中共的文章分别发表于《亚细亚》《环视》《弹琴者》《大西洋》《纽约先驱论坛杂志》等报纸。在她第三次访问中国后，写下了《人类的五分之一》一书，成为当时海外民众了解中国和中共的重要信息来源。

1944年，"延安热"的压力迫使蒋介石不得不允许外国记者进入延安采访。白修德抓住此次机会来到延安，采访了毛泽东、刘少奇和朱德等中共领导人。回到美国后，他与驻华记者贾安娜共同写下了《中国的惊雷》一书，以外国人的视角讲述了中国共产党的故事。同年，由布鲁克斯·阿特金森（《纽约时报》）、哈里森·福尔曼（《泰晤士报》）和伊斯雷尔·爱泼斯坦（《时代》）等21人组成的"中外记者西北参观团"来到延安，可谓是"全世界人民的眼睛"[①]。伊斯雷尔·爱泼斯坦分别向《纽约时报》和《时代》杂志投稿，并撰写了《中国未完成的革命》一书，斯坦因写下《红色中国的挑战》，福尔曼则出版了《来自红色中国的报道》，成为继《红星照耀中国》之后的又一以红色中国为主题的海外报道高峰。延安时期，总计有百余位外国记者到访延安，成为当时中共对外话语传播的第三条重要路径。

四、延安时期中共对外话语传播的现实启示

（一）坚持实事求是的外宣原则

实事求是，是中国共产党的一贯作风与实践标准。延安时期，中共秉承"敞开大门"的对外接待原则，为外国记者创造自由的采访空间。无论是初到延安时，还是在延安访问期间，他们都能切身感受到中共领导人的真挚、热情与亲切。1936年，斯诺到达延安后，便受到了中共领

---

① 孟红.抗战时期中外记者参观团访问西北纪实[J].党史纵览,2008(08):20–25.

导人的亲切接见与招待，还目睹了中共领导人在延安的真实生活状况：毛泽东仅有一卷铺盖、彭德怀穿着用降落伞缝制的背心、林伯渠的耳朵上用线系着断了的眼镜、边区的生活物资尽管匮乏却能够自给自足且生活安稳，如此等等。①外国记者团在延安访问期间，不但可以参观学校、工厂、医院和报社等组织机构，还可以与毛泽东、彭德怀、贺龙、叶剑英等领导人面对面交流，可以自由访谈各类社会群体或个人。这些经由他们亲眼看见、亲身体验的事实情况都为后期报道延安时提供了最真实的素材。中共面对外国记者的开放胸怀以及自信诚恳的态度也给他们留下了深刻印象，成为他们笔下经常重点着墨的叙事内容，取得了较好的外宣效果。

当前，国际舆论形势日渐复杂，误解、歪曲乃至丑化中国国家形象的报道屡见不鲜。面临舆论困境，我们应当坚守实事求是的基本原则，在对外介绍中国的政治制度、经济体制和发展模式时，既宣传成就，也坦承不足，不给国外媒体指责中国在进行所谓的"虚假宣传"以任何口实和发挥空间。中国共产党成立一百年来，领导全国各族人民历经艰苦奋斗，实现了从站起来、富起来到强起来的伟大飞跃，这是中共领导下的中国最大的客观事实，也是最值得对外传播的真实素材。值此建党百年之际，我们应当把握契机，实事求是地对外讲好中国共产党领导中国人民实现革命、建设和改革等一个又一个重大胜利的历史故事。习近平总书记曾指出："实事求是，是马克思主义的根本观点，是中国共

---

① 余远来. 斯诺的视角[J]. 党史文苑, 2016(21): 56.

产党人认识世界、改造世界的根本要求,是我们党的基本思想方法、工作方法、领导方法。①"建设对外话语体系、讲述中国故事和传播中国声音,只有坚持实事求是的根本原则,才能久久为功,成功塑造一个真实、立体、全面的中国和中国共产党形象。中国外文局原局长段连城在其所著《对外传播学初探》一书中也提出,对外传播中的"真实最有说服力"②。

(二)借口传声,培养更多新时代"斯诺"式外国传播人

借助外国传播人之口,讲述中国故事,是增强故事可信度和接受度的有效策略。延安时期,为了突破国民党的重重新闻封锁,将中国共产党的声音及时传递出去,党中央不仅自建外宣媒介,还积极建构多元叙事主体,拓宽传播渠道,调动一切可以调动的资源吸引外国记者来到边区进行采访,其主要目的在于借助外国记者的力量在国际宣传平台上讲述中国共产党的故事。在中共敞开大门、热情欢迎的原则指导下,很多外国记者能够自由地开展实地考察,斯诺、白修德、史沫特莱、外国记者团和美军观察组等均在考察之后将他们在延安的亲身经历写成文章并在海外发表,向外界展示了客观、真实的中共形象,在国际社会引发巨大反响,使外界认定"中国的希望在延安"③。

纵观当今国际舆论环境,法新社、美联社、路透社和合众国际社

---

① 习近平. 在纪念毛泽东同志诞辰120周年座谈会上的讲话[N]. 人民日报,2013-12-27(002).
② 段连城. 对外传播学初探[M]. 北京:中国建设出版社,1988.
③ 王纪刚. 延安时期中国共产党对外宣传工作的历史经验[J]. 中国延安干部学院学报,2019,12(04):81-88.

等四大通讯社在国际媒体独居鳌头，中国媒体的海外影响则相对较弱。更为重要的是，这些海外媒体也是报道中国的核心主体。无论是中共召开各种会议的新闻发布会现场，还是在中国国内发生的各种重大事件中，都可以见到这些媒体中的驻华记者的身影。因此，我们应当积极借助而非排斥这些海外媒体，发现、结交并培养对华友好的新时代"斯诺"式中国故事传播人，给他们创造更宽广、更自由的采访空间，并主动向他们提供信息来源，为其全面了解并客观报道中国的实际情况创造条件。

此外，当下中国拥有庞大的外国友人群体，世界五百强公司中有98%都在中国进行投资，在华留学生超过50万人，中国已同世界上130多个国家缔结了2500多对友好城市（省、州）关系。因此，我们还应当积极挖掘此类外国传播人，构建多元化的叙事主体，借助这些见证中国发展的国外亲历者和观察者之口，讲述中国和中国共产党的故事，还可以主动邀请他们走访中国各地，深入了解中国共产党人民至上的执政理念和实效，激活目前在华留学生、企业外籍员工的传声筒作用，充分利用他们对外讲述中国共产党和中国人民的故事，有效发挥其辐射传播作用，使他们成为行走的中国故事传播使者。

（三）主动设置对外传播议题，从小切口讲大故事

议题设置是对外话语体系建设的关键一环，通过对话语主题和话语内容进行有效设定，凸显部分对外宣介内容，能够在国家形象塑造中对读者产生积极的认知导向作用。延安时期，面对国民党的新闻封锁和污蔑宣传，中国并非被动地采用"污蔑—回应—再污蔑—再回应"的应对

方式，①而是主动出击，积极设置话语主题内容，取得了较好的主题话语传播效果。

当前，以美国为首的西方世界借助其在国际传播领域的话语优势，长期处于中国国家形象话语建构和议题设置的主导地位。然而，由于受到意识形态、国家利益和政治权衡等因素的影响，西方主流媒体议程设置下所建构的中国形象与70年来中国所发生的巨大变化存在较大差距，他塑主体的话语行为根本无法也不愿塑造一个全面、真实、客观的中国国家形象。因此，要突破西方世界长期以来的"偏见式"报道和"丑化式"描写等行为，中国作为形象自塑主体必须加强对外话语体系建设中的议题设置工作，逐步增强中国特色话语对于世界话语的议题设置能力。

在加强对外话语体系议题设置能力建设中，应遵循从小切口讲大故事的原则，以"平凡"铸就"伟大"。延安时期，毛泽东等中共领导人常常与斯诺等外国记者彻夜长谈，他们从抗日政策谈到边区治理，从毛泽东少时求学谈到领导中国革命，这些后来都成为斯诺笔下对外讲述的重要内容，引起西方读者的极大兴趣，产生了较好的故事"共情"效果。当前，对外话语体系建设也应当立足于讲好中国共产党党员的一个个小故事，既要讲关键党员的故事，也要讲好普通共产党人的故事。以习近平总书记为核心的领导人是中国共产党的典型代表，是中国共产党故事的关键主角。我们一方面应当以习近平总书记等关键党员的故事作

---

① 杨云成.党在延安时期的对外宣传[N].学习时报,2021-07-30(005).

为小切口，除了通过《习近平治国理政》等党政文献对外讲述中国共产党的执政理念之外，还可聚焦他在梁家河、正定、厦门和上海等地与普通民众的互动中留下的小故事。与此同时，我们还要讲好普通共产党员的故事，疫情中机场"大白"冒着生命危险更换空气滤芯的故事、东滩护鸟人18年来的默默坚守等，都是塑造可敬、可信和可爱的中国和中国共产党员形象的生动案例和最佳素材。

五、结语

加强对外话语体系建设是增强中国国际话语权和文化软实力的重要路径。新中国成立70年来，与世界关系发生了历史性变化，和平崛起的中国逐渐走向世界舞台中心，引起各国广泛关注。随着国际格局的演变和中国国际地位的提升，国际社会越来越希望听到中国的声音。然而，在对外阐释中国特色理论、发展道路和实践模式上，还存在"有理说不出、说了传不开"①的传播困境。这一方面固然与以美国为首的西方舆论霸权有关，同时也说明中国对外话语体系建设依然存在较大的提升空间。

回顾百年发展历程，中共在延安13年局部执政时期的对外交往与传播实践给我们留下诸多启示。在彼时的时代背景下，中共在对外话语体

---

① 习近平. 在哲学社会科学工作座谈会上的讲话[N]. 人民日报, 2016-05-19(002).

系建设中不但对外宣主题做了精心设定与宣传，还充分运用并拓展了纸媒、广播和外国记者等多重传播路径，取得了较好的传播效果，为打破国民党的新闻封锁、树立积极正面的中共形象、化解国际社会的质疑都发挥了重要作用，为中国革命事业的成功创造了良好的舆论空间和外部环境。当前，对外讲好中国故事、传播好中国声音是时代之需，也是实现中华民族伟大复兴中国梦的重要一环。为此，我们需要以史为鉴，继续秉持实事求是的外宣原则，巧妙设置对外传播议题，凝聚多元叙事主体合力，借口传声，融合多媒介传播渠道，不断增强中国共产党在国际社会的公信力、亲和力、感召力和影响力。

第五章

形象建构：
基于海外媒体署名文章的中国话语传播新模式

近年来，国家形象建构逐渐成为学界研究的重要课题之一，并取得了较为丰富的研究成果，尤其在国家形象的内涵、建构意义和建构路径等问题上，学界认知愈加明晰。关于国家形象的内涵和建构意义，许多学者均发表了个人见解。其中，管文虎认为"国家形象是一个综合体，它是国家的外部公众和内部公众对国家本身、国家行为、国家的各项活动及其成果所给予的总的评价和认定。国家形象具有极大的影响力、凝聚力，是一个国家整体实力的体现"[1]。也有学者将国家形象上升到文化软实力的高度，指出国家形象是"国家结构的外在形态，是国家质量及其信誉的总尺度，更是国家软权力的最高层次"[2]。对于国家形象的塑造路径，学界越来越关注国家形象建构与对外话语传播之间的关系。有研究者甚至认为"构建中国国际话语权是中国国际形象自塑的决定性

---

[1] 管文虎. 国家形象论[M]. 成都：电子科技大学出版社，2000：23.
[2] 王家福，徐萍. 国际战略学[M]. 北京：高等教育出版社，2005：106.

因素，提升中国的国际话语权，需要实现对外传播创新，对外传播创新需要话语创新，话语创新需要话语内容和话语翻译创新"[1]。

毋庸置疑，话语是形象建构的重要媒介和物质载体，对于中国国家形象而言，"无论是何种中国特色的理念、方案，都必须首先运用语言这一载体进行传播，离开对语言的深入分析，就可能忽略最为基础、最为本质的东西"[2]。因此，建构一个真实、立体、全面的国家形象离不开对外话语体系的建设，也需要一个权威的传播平台和高效的传播模式，以此确保在国家形象建构过程中充分发挥对外话语体系的积极作用。为了讲好中国故事和传播好中国声音，习近平总书记等党和国家领导人利用海外出访和参加国际论坛等时机，通过主旨发言、接受外媒采访和发表署名文章等多种渠道积极发声，这些均构成了中国特色对外话语传播的重要模式。本文即以党和国家领导人在海外媒体发表的部分署名文章作为具体案例，探讨这一话语"走出去"模式在域外的传播样态和效果，以期为新时代建设有中国特色对外话语体系以及建构和提升中国国家形象提供些许参考。

一、中国国家形象建构：双重塑造路径的角力

"形象"与"形象建构"等学术概念多源自比较文学。根据法国比

---

[1] 谢莉，王银泉.中国国家形象建构视域的政治话语翻译研究[J].外语教学，2018(5)：7–11.

[2] 文秋芳.拟人隐喻"人类命运共同体"的概念、人际和语篇功能—评析习近平第70届联合国大会一般性辩论中的演讲[J].外语学刊，2017(3)：1–2.

较文学家达尼埃尔-亨利·巴柔的观点,"形象就是对一个文化现实的描述,通过这种描述,制造了(或赞同、宣传)这个形象的个人或群体,显示或表达他们乐于置身其中的那个社会的、文化的、意识形态的、虚构的空间"①。从形成过程来看,形象往往产生于自我与他者的辩证关系之中,无论是通过文学作品对他者民族形象的折射,还是借助报纸、杂志和网络等现当代新闻媒介对他国形象的解读,都离不开形象建构主体的自塑和他塑行为。"国家形象其实是'自塑'与'他塑'相互博弈的结果,取决于自塑力与他塑力各自作用的方向与力量的大小。"②

自从新中国成立以来,中国国家形象便一直处于自塑和他塑双重路径的角力之中。以美国为代表的西方国家在经济、科技和传媒领域等方面占据着全球的领先地位。这些国家掌握着国际话语体系中的主导权,通过西方话语体系的运作,他们有时甚至能够操控国际舆论场的走向。因此,对于中国在国际社会中的形象塑造来说,这些西方国家发挥着较为重要的作用和影响力。具体而言,通过借助其强大的经济实力和先进的科技水平,这些西方国家在国际舞台上能够更加积极地推动自己的观点和利益,并且吸引广泛的关注和认同,而且他们在传媒领域的霸主地位使得他们能够有效地影响国际舆论的走向,包括借助国际主流媒体对中国国家形象进行塑造。此外,在西方话语体系的运作之下,这些国家

---

① 孟华主编. 达尼埃尔-亨利·巴柔. 形象. 比较文学形象学[M]. 北京: 北京大学出版社, 2001: 156.
② 李群山. 中国国家形象塑造的困境及其应对之策[J]. 吉首大学学报(社会科学版),2018(04): 92-98.

能够主导国际舆论场的讨论内容和框架,从而对中国的国家形象产生深远的影响。他们不仅能够通过媒体渠道传播自己的价值观和观点,还能够以这种方式对中国进行评价和解读。由于这种主导性的作用,中国在国际民众心目中的形象也在很大程度上由这些西方国家所决定。

从话语来源看,国际上对中国国家形象进行他塑的行为主体主要包括西方社会的政界、学界和媒体。然而,鉴于意识形态、文化传统和价值观念差异性的影响,加上政治目的的考量,西方话语体系并没有对中国国家形象给予全面、客观的塑造,"'中国崛起'经常被赋予挑战美国、挑战当前国际秩序的威胁性"[1]这一舆论标签,上述三类国家形象的他塑主体"妖魔化"中国以至扭曲和丑化中国国家形象的行为从未间断。[2] 早在新中国成立之初,以麦克阿瑟为代表的美国政客甚至公开辱骂中国为"共产主义黄祸"[3],视新中国为巨大威胁;冷战结束以后,以美国和日本为首的资本主义国家一方面大肆鼓吹"中国威胁论",恶意夸大中国的军事实力,同时也借助全球金融危机,质疑中国的经济实力,宣扬"中国崩溃论"。进入21世纪以来,随着中国开放程度的进一步深化,西方媒体能够更加直接地接触和报道中国。然而,他们却总是以人权问题为借口,对中国国内的一些突发性事件进行选择性报道,甚至歪曲事实真相,大肆宣传中国人权倒退论。总之,西方话语体系主导

---

[1] 孙吉胜.话语、国家形象与对外宣传:以"中国崛起"话语为例[J].国际论坛,2016,18(01):1-7+79.
[2] 李希光,刘康等.妖魔化中国的背后[M].中国社会科学出版社,1996.
[3] 中华网.美国费钱费力抹黑中国的真相,都在这部纪录片里[EB/OL].(2018-11-27)[2022-11-11].https://news.china.com/international/1000/20161215/30080181.html.

下的政客、学界和媒体等他塑主体在中国国家形象建构的过程中，很大程度上发挥着消极的负面作用。他们"戴着有色眼镜来观察中国，以西方的思维方式来思考中国，以西方的话语逻辑来裁剪中国"①，这严重损害了中国在国际舞台上的国家形象。西方话语体系"一语独霸"的他塑方式俨然成为西方民众了解真实中国镜像的一道话语屏障。

毋庸置疑，西方社会对中国国家形象的他塑行为是有失偏颇的，其话语体系下的中国镜像与真实的中国国家形象存在较大反差。因此，中国需要更加积极地与西方国家进行交流和互动，以便在国际舆论场中有更多的发言权。只有通过主动参与全球话语体系的构建和塑造，中国才能够更好地展示自己的价值观和利益，并改变国际民众对中国的认知和看法。同时，中国也应该加强自身的科技创新和传媒影响力，提升自己在国际舞台上的话语权，以实现在国际社会中更加公正、客观的国家和民族形象建构。

事实上，为了扭转西方"独语"而中方"失语"的局面，中国作为自塑主体，一直以来也在通过各种方式，通过构建中国话语体系进行形象自塑，以此消弭西方话语对中国国家形象所产生的负面影响。新中国成立伊始，中国首任国务院总理周恩来在会见印度代表团时便提出了中国外交的"和平共处五项原则"；邓小平、江泽民、胡锦涛三代领导也均以"和平发展"为话语核心，利用外交场合向世界宣明中国的外交立场和政治主张，强调中国坚持走和平发展的道路。为了更加透明和全面

---

① 陈曙光. 让世界知道中国[J]. 理论导报, 2016(08): 20-23.

地向世界说明自我，中国自1991年起便以"中国政府白皮书"的形式，向世界介绍中国的民主政治建设、法治建设、政党制度、人权状况、军控、国防、宗教问题、人口问题、能源、环境问题、知识产权问题、食品药品安全、互联网以及西藏和新疆等内容，这已经成为国际社会了解和认识中国的一个重要渠道。除了以书面形式向世界介绍中国，自20世纪80年代起，中国政府在两会期间实行新闻发布会制度，通过国家领导人与国内外新闻媒体的直接接触和交流，介绍中国情况，传达中国声音。

党的十八大以来，以习近平总书记为核心的党中央高度重视中国特色话语体系建设和国家形象塑造工作。2013年8月19日，在全国宣传思想工作会议上，习近平总书记提出"要精心做好对外宣传工作，创新对外宣传方式，着力打造融通中外的新概念新范畴新表述"[①]；2013年11月，在中国中央政治局第十二次集体学习时，习近平总书记强调，"提高国家文化软实力，要努力提高国际话语权，要加强国际传播能力建设，精心构建对外话语体系，发挥好新兴媒体作用，增强对外话语的创造力、感召力、公信力，讲好中国故事，传播好中国声音，阐释好中国特色"[②]。为此，中国积极参与国际事务，不断为国家形象的自塑搭建平台。从2014北京APEC峰会，到2016G20杭州峰会，再到2017首届

[①] 共产党员网. 全国宣传思想工作会议[EB/OL]. (2013-08-21)[2022-11-11]. https://news.12371.cn/2013/08/21/ARTI1377027196674576.shtml

[②] 《习近平总书记系列重要讲话读本》：创造中华文化新的辉煌[EB/OL]. (2014-07-09)[2022-11-17]. https://china.huanqiu.com/article/9CaKrnJFd3U

"'一带一路'国际合作高峰论坛"和金砖国家领导人厦门会晤,以及2018上海首届中国国际进口博览会和2023年首届中国—中亚峰会的胜利召开,无不彰显中国进一步扩大开放、参与全球治理并贡献中国智慧的东方大国形象。与此同时,为了更好地对外讲述中国故事,传播中国声音,表达中国观点,以习近平同志为核心的党和国家领导人也打破传统工作惯例,利用海外出访时机,在受访国当地权威媒体发表署名文章,讲述中国故事,这已成为中国国家形象海外建构的重要话语传播模式。

二、海外媒体署名文章:国家形象自塑的对外话语传播新模式

2014年3月23日,习近平总书记借参加第三届核安全峰会时机,在荷兰媒体《新鹿特丹商业报》发表署名文章《打开欧洲之门 携手共创繁荣》,开创了中国国家最高领导人在海外报刊等媒体上发表文章的先例。据统计,党的十八大以来,以习近平总书记为核心的党和国家领导利用出访时机,在受访国近百家主流媒体上发表了数十篇署名文章,为中国国家形象海外自塑创造了对外话语传播的新模式。在传统上,中国国家领导人海外出访时多是接受受访国媒体的联合采访。但是,相比较而言,通过在对象国的主流媒体平台发表署名文章,以书面体的形式向海外民众传播中国声音,在话语的传播内容上更加充分立体,在渠道上也更加直接高效,因此传播效果更佳,更利于国家形象的自我建构。这构成了基于海外媒体传播平台,进行国家形象自塑的中国特色对外话语

传播新模式，这种新模式的特点主要体现在以下几个方面：

（一）以话语内容为载体，展现中国"四位一体"之形象

国家形象是一种文化软实力，它直接影响到一国在国际舞台上的地位和国际事务中的话语权。以习近平总书记为核心的党和国家领导人不但高度重视中国国家形象的塑造，而且对于塑造何种国家形象有着明确的定位和目标，即把中国塑造成一个有着深厚文化底蕴的文明大国、一个健康发展的东方大国、一个坚持和平发展的负责任大国和一个充满活力更加开放的社会主义大国。[①]

上述目标四位一体，为塑造一个真实、全面、立体的中国国家形象指明了方向，且在习近平总书记海外发表的署名文章里面均有相应的话语内容载体。习近平总书记在马尔代夫《今晚报》和太阳在线网、斯里兰卡《每日新闻》、沙特阿拉伯《利雅得报》、孟加拉国《每日星报》和《曙光报》以及柬埔寨《柬埔寨之光》等媒体发表的署名文章里均谈到中国明代航海家郑和下西洋的"宏伟壮举"，在塔吉克斯坦的《人民报》和"霍瓦尔"国家通讯社以及乌兹别克斯坦《人民言论报》和"扎洪"通讯社网站的署名文章里也都讲述了中国汉代外交家张骞出使西域的历史故事。习近平总书记还用"丝路上驼铃清脆、马蹄声声，承载着友谊和合作的使团商队往来不绝"和"2000多年前，古丝绸之路上，往来于双方的驼队络绎不绝"[②]等意象式话语，向读者展示中国深厚的文化底

[①] 刘明. 当代中国国家形象定位与传播[M]. 北京：外文出版社，2007：前言.

[②] 本文所直接引用的习近平海外发表署名文章中的内容均来自中国外交部网站，不再逐一单独标注。

蕴以及中外文明交流的悠久历史。

此外，为了向受访国民众说明中国的现状和发展目标，习近平总书记在署名文章中还多次用到"中国正在……"这个直陈式话语结构，直陈内容包括"全面深化改革和扩大开放""推进依法治国""实施创新驱动发展战略""调整优化经济结构""推动经济实现高质量发展""推动人民生活水平和质量不断得到改善""完善和发展中国特色社会主义制度""推进国家治理体系和治理能力现代化"和"中国人民正在为实现'两个一百年'奋斗目标、实现中华民族伟大复兴的中国梦而努力奋斗"等主要内容。据统计，"命运共同体""一带一路""互利"和"共赢"等关键词在47篇署名文章中分别出现了34次、67次、82次和77次，这说明几乎在所有的海外署名文章中都提到了这几个蕴含中国形象元素的核心话语。

为了易于读者接受话语内容，在表达上署名文章还采用了赞赏对方以寻求共识的话语表达方式，如习近平总书记在德国《法兰克福汇报》发表的文章里称"中国和德国分处亚欧大陆两端，是东西方两大文明杰出代表。两国数不尽的先贤哲人、深邃的思想哲理、丰富的文学艺术，是双方互学互鉴、交流合作取之不尽、用之不竭的智慧源泉"；在埃及《金字塔报》上发表的文章里说"中国和埃及同为文明古国，两国人民友好交往追溯久远"。无论是内涵丰富的话语内容和直陈的话语结构，还是高频使用的核心关键词以及通过赞他而自褒的表达方式，都有利于拉近与受访国读者之间的心理距离，也能够为他们勾勒出一个追求健康发展、和平发展并以与世界各国互利共赢为己任的负责任的社会主义东方大国形象。

（二）以当地主流媒体为传播平台，疏通中国国家形象建构之渠道

习近平总书记等党和国家领导人在海外发表署名文章，其目的在于讲述中国故事和传播中国声音，为海外民众认知中国提供信息来源，促进中国国家形象海外塑造。然而，这些信息能否顺利被海外民众接收，在很大程度上取决于其流传渠道是否畅通。传播学受众理论[1]认为，传播渠道是影响传播效果的重要变量因素之一。传播渠道不仅是信息传递的媒介，也是目标受众获取信息所依赖的关键平台。此外，传播渠道具有多样性和广泛性的特点，包括传统媒体（如电视、广播、报纸）和新兴媒体（如互联网、社交媒体）。不同的传播渠道在传播效果和影响力方面存在差异，因此选择适合的传播渠道对于传达信息和实现预期效果至关重要。更为重要的是，传播渠道不仅仅是将信息传递给受众的工具，还会对受众的接收、解读和反应产生一定程度的影响，这主要是因为不同的受众可能具有不同的媒体偏好和使用习惯，因此了解目标受众的特征和行为可以帮助选取和确定最有效的传播渠道。随着科技的发展和信息通信技术的普及，新媒体平台的兴起为传播渠道提供了更加灵活和个性化的选择。这些新兴媒体平台不仅可以实现即时的信息传递，还能够通过互动和参与促进受众的参与感和忠诚度。

总之，在信息传播过程中，传播内容、传播渠道和目标受众三者形

---

[1] 丹尼斯·麦奎尔. 受众分析[M]. 刘燕南等, 译. 北京: 中国人民大学出版社, 2006.

成互动统一关系，信息传播的内容只有借助畅通、可靠的传播渠道才能顺利抵达所要影响的目标受众，引起他们的关注、理解并产生认知、形成印象，从而产生传播效果。因此，了解传播渠道的特点、受众的需求和偏好以及选择适合目标受众的传播渠道是有效传播的关键。通过合理选择和运用传播渠道，可以最大程度地提高信息的传达效果，并实现对目标受众的准确和有针对性的影响。

根据当代中国与世界研究院课题组的调查，"海外受众主要通过当地媒体、当地新媒体和使用中国产品来获取信息"[①]。因此，习近平总书记在海外发表署名文章所产生的较大传播影响力，促进中国国家形象建构，在很大程度上得益于这些文章所发表的渠道，即当地有影响力的主流媒体，包括普通媒体和新媒体。这些媒体创办历史悠久，日发行量大，且读者群体广泛。例如，2014年3月在法国发表习近平总书记署名文章的《费加罗报》既是法国历史最悠久，也是法国国内发行量最大的报纸，多年来发行量一直保持在每日30万份以上，读者以文化水平较高的商界人士和高级职员为主，该报以权威性和严肃性的质报形象著称，因此其报道及言论具有较高公信力和参考价值。同期发表习近平总书记署名文章的德国《法兰克福汇报》于1949年创刊，日均发行量近40万份，读者以中产阶级知识分子为主。2014年7月在韩国同时发表习近平总书记署名文章的《朝鲜日报》《中央日报》和《东亚日报》并称"韩

---

① 当代中国与世界研究院课题组,于运全,张楠等. 2016—2017年中国国家形象全球调查分析报告[J]. 对外传播, 2018(02): 18-21.

国三大报业集团",这三家报纸不但创刊历史悠久,日发行量均达到200万以上,受众群体广泛,是韩国读者心目中最有影响力和最喜欢的三大报纸。2015年5月在俄罗斯发表习近平总书记署名文章的《俄罗斯报》是俄罗斯国家政府机关报纸,在俄罗斯日发行量近20万份,其受众群体主要为受过良好教育且具有一定社会影响力的读者。事实上,除上述列举的6家海外媒体之外,其他发表习近平总书记署名文章的57家媒体,如澳大利亚的《澳金融评论报》、新西兰的《新西兰先驱报》、越南的《人民报》和哈萨克斯坦的《哈萨克斯坦真理报》等均为当地的权威新闻媒介,在此不再一一赘述。

党和国家领导人的海外署名文章除了在新闻报纸这一传统媒介进行发表之外,还借助互联网等新媒体平台进行传播。在本文统计的习近平总书记海外发表文章中,有多篇在报纸上发表的同时也刊发在了受访国的权威网站上,为更多的海外民众获取有关中国的信息提供了便利。例如,习近平总书记在蒙古国《日报》《今日报》《世纪新闻报》《民族邮报》四家报纸同时发表的署名文章也刊登在了蒙古新闻网网站上。在马尔代夫《今晚报》上的文章也在马尔代夫的太阳在线网同时发表。在乌兹别克斯坦《人民言论报》上发表的文章也同时出现在"扎洪"通讯社网站上。纵观习近平总书记海外署名文章所发表的渠道,无论是传统的报纸媒体,还是以互联网为代表的新媒体,在受访国都是当地民众赖以获取信息的重要渠道和直接来源,以这种传播渠道讲述中国故事和传播中国声音,其传播路径明显更为畅通,因此有助于中国国家形象在海外民众心目中的形成。

（三）以融通中外为话语策略，提升中国国家形象建构之效果

国家形象的成功建构离不开话语体系的不断完善和有效传播。在话语体系建设和传播过程中，为了确保受众能够理解、认同和接受该话语体系，除了需要明确的话语内容、畅通的传播渠道，还需要有效的话语策略，这些策略旨在确保受众能够理解、认同和接受所传达的话语体系，这样才能在受众群体中产生影响力，提升国家形象的建构效果。一方面，在话语体系的建构过程中，选择适当的语言和表达方式是一项重要的话语策略。通过使用简单明了、易于理解的语言，能够使话语内容更具吸引力和可读性，从而增加受众的参与度和共鸣。此外，根据目标受众的文化背景和价值观念，进行针对性的语言调整和归化，可以更好地融入受众的思维和认知方式。另一方面，采用故事性和情感化的传播手法也是一种有效的话语策略。通过讲述真实、生动的故事或引发情感共鸣的方式，能够更好地吸引受众的注意力和兴趣，并激发他们对话语内容的共鸣和情感投入。同时，利用积极的情感元素和形象塑造，能够增强话语体系的亲和力和可信度，从而提升受众对该话语体系的接受程度。此外，与受众进行积极的互动和参与也是一项重要的话语策略。通过倾听受众的声音、解答他们的疑问和关注他们的需求，能够建立良好的双向沟通机制，增强受众对话语体系的认同感和参与度。这种互动性的传播过程不仅可以实现话语的有效传递，还能够建立长期的信任关系，并为国家形象的建构提供更加稳固的基础。

总之，有效的话语策略是确保受众理解、认同和接受话语体系的关

键因素之一。通过选择适当的语言和表达方式、采用故事性和情感化的传播手法以及与受众进行积极的互动和参与，可以在受众群体中产生更大的影响力，提高国家形象建构的效果。对此，习近平总书记在全国宣传思想工作会议上曾多次强调加强中国对外话语体系建设需要着力打造融通中外的新概念、新范畴和新表述。新概念、新范畴和新表述是话语内容，融通中外是话语策略。融通中外的话语策略要求中国对外话语体系能够"立足中国国情、植根中国文化"，"以开放包容的姿态"，"多反映中国与外部世界的话语共同点、利益交汇点"，"多贴近外国受众的思维习惯和语言习惯"，"使中外话语体系更好地相融相通"[①]。

习近平总书记不但是融通中外话语策略的倡导者，更是践行者，在其海外发表的署名文章中，对融通中外话语策略的使用十分普遍。一方面，署名文章多善于引用在中国和受访国文化中具有共同内涵的谚语、俗语和格言。谚语与格言是语言精华，不但行文精辟简练，而且哲理寓意丰富，带有典型的民族特色和文化烙印。因此，引用双方文化融通的炼语精华以讲述中国故事更易引起受众的共鸣，利于话语传播，促成中国国家形象在受众脑海中的建构。例如，习近平总书记于2017年11月在老挝三家报纸发表的文章上就同时引用了老挝人常说的"一根柴棍烧不成旺火，一根木棍围不成篱笆"和中国人常讲的"众志成城"和"众人拾柴火焰高"，借以祝愿中国和老挝两国友好关系不断向前发展；同期在

---

① 王晓辉. 构建融通中外的话语体系 开辟中国和世界交流对话新境界[EB/OL].(2016-04-07)[2022-11-17]. http://www.xinhuanet.com/politics/2016-04-07/c_128873074.htm.

越南媒体发表的文章中，习近平总书记也同时引用了中越双方的俗语，分别是越南的"莫见浪头高，放下手中桨"和中国的"艰难困苦，玉汝于成"，以鼓励中越双方都能勇于面对国际和地区形势风云变幻所带来的困难和挑战；习近平总书记于2018年11月在文莱达鲁萨兰国四家媒体上发表的文章中分别引用了文莱的谚语"没有相互了解，就不能建立深厚情谊"和中国人常讲的"人之相识，贵在相知"，以此表达对中国同文莱以诚相待、携手发展的良好愿望。

此外，基于海外媒体发表的署名文章还善于运用隐喻的修辞手法，用中外双方受众均熟知的具体事物来解释复杂的概念，化抽象为具体。这种策略一方面有助于化解中外双方因文化传统、意识形态和思维方式差异带来的理解困难，同时也有助于源语在翻译成受访国语言的过程中不失真、不变形，从而确保对外话语中的中国国家形象能够原汁原味地被呈现在受众面前。例如，习近平总书记于2015年4月在巴基斯坦两份报纸上同时发表的文章中就将中巴友谊比喻成"一颗茁壮成长的大树，根深叶茂"；2016年1月在埃及《金字塔报》上发表的文章中称"在双方共同努力下，中埃友谊、中阿友好也一定会像尼罗河水般奔涌向前"；2016年11月在秘鲁《商报》上发表的署名文章中还用"鞋子合不合脚，只有自己知道"这一形象的说法，来说明中秘双方都应坚持走符合本国国情的发展道路；2018年11月在菲律宾三家报纸《菲律宾星报》《马尼拉公报》《每日论坛报》上用"两国关系经历风雨后，又见彩虹"来比喻中国和菲律宾两国关系不断向前发展的良好态势。

除了大量引用熟语和使用隐喻修辞手法之外，融通中外的话语策略还体现在海外媒体署名文章的创作过程上。国家领导人海外署名文章一般是为配合领导人访问他国而撰写，目的在于与更多的受访国民众进行直接的交流。因此，在创作过程中会由专门班底起草，领导人参与提出个人想法和意见，而且"会考虑对方国家的语言特点和思维习惯，让文字容易被接受"[①]。正是在此类融通中外的话语策略助推之下，党和国家领导人在海外媒体平台发表的署名文章才能够更加顺利地走进受访国的读者世界，为他们了解中国提供了直接的话语来源，因此有利于进一步提升中国国家形象建构的话语传播效果。

三、海外媒体署名文章：助力稳中有升的中国国家形象建构

根据当代中国与世界研究院与知名的调查机构凯度华通明略[1]联合完成并于2018年1月5日在北京发布的《中国国家形象全球调查报告2016—2017》，"海外对中国整体形象好感度稳中有升""海外年轻人对中国内政外交表现评价更高""中国对全球治理的贡献和国内治理的表现赢得海外好评，尤其是科技和经济领域参与全球治理的表现得到更多认可""'一带一路'倡议的海外认知度逐年提升，在印尼、印度等沿线国家的认知度达到四成以上"[②]。中国国家形象稳中有升是多重因素合

---

① 人民网. 盘点中国领导人在海外发表署名文章[EB/OL].（2014-03-27）[2022-11-17]. http://politics.people.com.cn/n/2014/0327/c1001-24747148.html.

② 《中国国家形象全球调查报告2016—2017》发布[EB/OL].（2018-01-06）[2022-08-09]. https://www.gov.cn/xinwen/2018-01/06/content_5253734.htm

力的建构效果，既离不开中国改革开放四十年来在经济、政治、文化、社会等领域所取得的重大成就，也得益于中国在国际事务和全球治理中所发挥的越来越重要的作用。这些因素构成了国家形象赖以形成的客观存在，如何将这些客观存在如实地传达出去便成为对外话语传播的重要任务。

事实上，对外话语传播的过程就是国家形象建构的过程。在这一过程中，政府机构、社会精英、政党集团、新闻媒体、普通大众等均是对外话语传播和国家形象建构的行为主体，他们直接或间接地承担着对外话语传播和国家形象建构的重要使命。作为中国国家最高领导人，习近平总书记是中国国家形象建构主体之一的政府代表，他在与外界进行接触和沟通时所发表的言论为中国国家形象的建构提供了丰富的语言载体，而且在建构效果上"比普通民众更具有代表性，对国家形象的建构也更具有核心的意义"①。通过细读习近平总书记借助海外媒体发表的署名文章，我们可以发现，这些文章在主题上主要包括"中国与受访国双边关系的过去、现状和未来""中国对外交往的理念与政策""中国的发展路径以及在各领域所取得的成果""中国在国际事务中的角色和在全球治理中所提出的中国方案"等，这些主题构成了中国国家形象在海外民众心目中构建的镜像要素，为海外民众进一步了解和认知中国提供了信息来源，从而促成中国国家形象的产生。

除了在主题上为中国国家形象建构提供话语载体，海外发表署名

---

① 刘明. 当代中国国家形象定位与传播[M]. 北京: 外文出版社, 2007: 66.

文章这一话语传播模式对于国家形象建构和提升所产生的效果还体现在文章发表后当地民众的回应和评价上。以习近平总书记于2016年1月21日在伊朗的《伊朗报》发表的《共创中伊关系美好明天》、于2017年11月13日在老挝三家媒体上同时发表的《携手打造中老具有战略意义的命运共同体》、于2018年11月19日在菲律宾三家媒体上同时发表的《共同开辟中菲关系新未来》以及于2018年11月28日在阿根廷共和国的《号角报》发表了四篇署名文章为例，这几篇文章在受访国媒体发表之后，均在当地民众中"引发热议"[①]。其中，伊朗的迈赫尔通讯社国际部主任古拉姆扎德接受新华社记者采访时表示"在过去伊朗受到西方经济制裁、被国际社会孤立的几年中，中国并未抛弃老朋友，对伊朗在政治、经济、文化等各领域施以援手。伊朗人民永远不会忘记患难时候的友谊"[②]。习近平总书记的署名文章在老挝媒体发表之后，中国中铁二局中老铁路项目部的老挝员工胡阿旺高兴地与工友分享文章里有关铁路建设的具体内容，并表示："习总书记访问老挝，我非常高兴！老挝和中国关系好，我们的工作机会就会更多。中老铁路通车以后，我们离中国也就更近了。"[③]另外，习近平主席在老挝发表的署名文章中指出，"在

---

① 人民政协网. 众人拾柴 开创中老更加美好的明天——习近平署名文章在老挝引发热议［EB/OL］.（2017-11-13）［2022-11-17］. https://www.rmzxb.com.cn/c/2017-11-13/1868599.shtml.

② 人民政协网. 难忘患难情谊 期待未来发展——伊朗各界热议习总书记署名文章［EB/OL］.（2016-01-22）［2022-11-17］. https://www.rmzxb.com.cn/c/2016-01-22/678924.shtml.

③ 人民政协网. 众人拾柴 开创中老更加美好的明天——习近平署名文章在老挝引发热议［EB/OL］.（2017-11-13）［2022-11-17］. https://www.rmzxb.com.cn/c/2017-11-13/1868599.shtml.

建设有本国特色社会主义的伟大征程中，中老两国'志同而气和'"。对此，老挝老中友好协会秘书长西昆·本伟莱表示，"同样的使命、共同的梦想，让我们的命运紧紧相连。打造这样的一个命运共同体不仅对老挝和中国有利，也对整个区域的繁荣发展有益"[①]。习近平总书记在阿根廷《号角报》发表署名文章之后，他在文章中所阐述的有关两国全面战略伙伴关系、人文交流、进出口贸易和"百年梦想"合建工程的具体内容均"引发阿根廷各界热烈反响"[②]。其中，阿根廷天主教大学教授、阿中研究中心主任帕特里西奥·朱斯托表示，"他认为当前中国在世界舞台上占有重要地位，并坚持多边主义原则，在此基础上，二十国集团等机制将继续稳固发展，国际合作也将更有成效"[③]。

四、结语

国家形象是国内外民众对一国的总体认知与评价，国家形象的最终成型是形象建构主体自塑和他塑之间相互角力的结果。在中国国家形

---

① 人民政协网. 众人拾柴 开创中老更加美好的明天——习近平署名文章在老挝引发热议[EB/OL].(2017-11-13)[2022-11-17]. https://www.rmzxb.com.cn/c/2017-11-13/1868599.shtml.

② 人民政协网. 期待习近平访问为阿根廷带来更多发展机遇——阿根廷各界热议习近平署名文章[EB/OL].(2018-11-29)[2022-11-17]. https://www.rmzxb.com.cn/c/2018-11-29/2230294.shtml

③ 人民政协网. 期待习近平访问为阿根廷带来更多发展机遇——阿根廷各界热议习近平署名文章[EB/OL].(2018-11-29)[2022-11-17]. https://www.rmzxb.com.cn/c/2018-11-29/2230294.shtml

象建构过程中，明显存在自塑力和他塑力不相匹配的失衡局面。长期以来，西方话语占主导地位，其丑化中国形象的行为从未间断。换言之，"目前中国国家形象多由西方人来描述和塑造，更多的是'他塑'而非自塑，他人强加给我们的成分居多，中国国家形象的创造主体是西方人而不是中国人，中国人对自身形象塑造的话语权是缺场而不是在场的"①。然而，以西方为主导的话语体系在意识形态、文化差异、政治权衡等因素的影响下无法客观、完整地塑造一个真实的中国国家形象，这严重影响到作为软实力的中国国家形象的提升，也不利于中国在参与全球治理的国际事务中发挥与其经济地位相匹配的作用。

为了扭转这一局面，以习近平总书记为核心的党和国家领导人不但高度重视中国对外宣传和国家形象自塑工作，更是打破传统工作惯例，不断创新中国特色对外话语传播模式，在海外媒体发表署名文章便是其中推动中国话语"走出去"的重要方式之一。纵观党和国家领导人借助海外媒体发表的署名文章，从话语内容到话语形式，从传播渠道到言语策略，都呈现出个性鲜明的语言风格和特点。这种融传统中国文化和当代中国智慧于朴实、易懂的语言之中，借助西方权威的主流媒体向海外民众讲述中国故事、传播中国声音的对外话语传播模式，不但有利于中国国家形象的提升，更是中国在世界多元发展的大格局中发出中国强音的有力表现。

---

① 朱伊革.《习近平谈治国理政》英译与中国国家形象在海外的传播[J].西安外国语大学学报,2018(2):89-93.

随着全球化的深入发展，全球文化传播正逐渐进入一个更加开放和多元化的时代，这一时代语境为跨文化交流和互动提供了更为广阔的平台，促使各种文化能够在全球范围内相互交融、影响和借鉴。更为重要的是，在全球化时代，不同国家和地区的文化之间不再是孤立的存在，而是逐渐融合和互相渗透的互动过程。各国人们对其他文化的接受度和理解力也在不断增强，因此形成了一种更加包容和开放的态度，这样的变化为全球文化传播带来了新的挑战和机遇。对于我国来讲，在多元文化共存共荣的时代语境之下，我们应当把握时代契机，探索对外话语传播多模式路径，进一步加强中国对外话语体系建设，切实推动中国话语走向世界，不断提高中国国家形象建构中的自我塑造能力，彻底打破西方话语体系一语独霸的不利局面，为实现中华民族伟大复兴的中国梦创造有利的外部条件，为全世界的和平和发展共享源自东方大国的智慧和力量，这方为推动中国话语"走出去"的追求和理想。

第六章

跨域书写：
中国文化"走出去"的非传统译介模式

随着中国经济实力的增强和国际地位的提高，为赢得与国家综合实力相匹配的国际话语权，推动中国文化"走出去"以提升国家文化软实力逐至被上升到国家战略的高度。在这一时代语境下，译界关注的焦点问题之一是如何将作为中国文化重要组成部分的文学作品有效地译介出去。通过图书翻译促使中国文化"走出去"的传统译介模式一直是国家层面的努力方向。从20世纪80年代的"熊猫"丛书和90年代的"大中华文库"到21世纪的"中国图书对外推广计划""中国当代文学百部精品对外译介工程""经典中国出版工程""中国文化著作翻译出版工程"和"国家社会科学基金中华学术外译项目"等，无不彰显了中华民族想要走向全球、融入世界的美好愿景。

有学者认为，既熟悉中国文学的历史和现状，又了解海外读者的阅读需求与阅读习惯，还能熟练使用母语进行文学翻译，并善于与国际出版机构、新闻媒体以及学术研究界沟通的西方汉学家群体，是中国文学"走出去"最理想的译者模式选择和翻译群体[①]。然而,单纯以西方汉学家作为中国文学"走出去"的译者群体,在文本选择与翻译环节就必然受到其个人喜好及研究专长等主观因素的限制[②]。因此,也有学者认为,"指望西方汉学家去完成我们'走出去'的文化使命,怕是不太现实"[③]。然而,无论是以中国政府为主导、中国译者为主体的翻译工程,还是以海外汉学家为"接生婆"的译介路径均未取得让人满意的文化传播效果。中国文学作品在"走出去"的过程中困难重重,"译入"和"译出"出现严重失衡的尴尬局面,一厢情愿的"命题式推销"和"拱手相送"在国外遭受冷遇,"尤其是中国当代文学的世界化进程却始终步履蹒跚"[④]。事实上,促使中国文化"走出去"的翻译不仅是简单的文字翻译,而是一种译介和文化传播行为。"译即翻译,介的重要内容是传播,翻译文本的产生只是传播的开始,在它之前还有选择译什么的问题。"[⑤]尤其是在"西方尚未形成像我们国家这样一个对外来文化、文学有强烈需求的接受环境"[⑥]的背景下,"加强对译介主体、内容、途径、受众和效果的研究、探索中国文化'走出去'最佳译介模式

---

① 胡安江. 中国文学"走出去"之译者模式及翻译策略研究——以美国汉学家葛浩文为例[J]. 中国翻译, 2010, 31(06): 10—16+92.
② 胡安江,胡晨飞. 再论中国文学"走出去"之译者模式及翻译策略——以寒山诗在英语世界的传播为例[J]. 外语教学理论与实践, 2012(04): 55—61+54.
③ 孙艺风. 翻译与跨文化交际策略[J]. 中国翻译, 2012, 33(01): 16—23+122.
④ 吴赟,顾忆青. 困境与出路:中国当代文学译介探讨[J]. 中国外语, 2012(5): 90—95.
⑤ 鲍晓英. 中国文化"走出去"之译介模式探索——中国外文局副局长兼总编辑黄友义访谈录[J]. 中国翻译, 2013(5): 62—65.
⑥ 谢天振. 中国文学走出去:问题与实质[J]. 中国比较文学, 2014(01): 1—10.

是重要的研究课题和任务,在国家大力寻求文化'走出去'提高我国文化软实力的今天,完成该任务显得尤为紧迫"①。

众所周知,在中西文化交流中,一直活跃着一批特殊的作家群体,有的是工作生活在中国的外国人,有的是旅居或移民海外的华人精英。在职业生涯中,他们以中国社会语境为创作背景,用英语直接创作(而非翻译)了大量关于中国人和中国事的作品,这种非母语或非本土写作的文学创作行为构成了一种独特的文化译介模式和海外传播路径,在译介主体、内容、途径上均不同于传统译介模式,而且在译介效果上往往优于传统译介模式。本文从翻译再认识出发,对跨域书写这一特殊的译介模式进行讨论,旨在探索更利于推动中国文化"走出去"的翻译与传播路径。

一、翻译再认识:写作亦翻译

在推动中国文化"走出去"的呼声越来越高的时代背景下,尤其是在2012年莫言获得诺贝尔文学奖之后,译学界便兴起了文学翻译研究的热潮。这与文学作品在文化传播方面所承载的重要使命休戚相关。语言是文学作品的生命和精髓,更是文化的载体,不同文化间的交流和传播离不开翻译。但事实和研究均证明,传统意义上以语言转换为主要手段

---

① 鲍晓英.中国文化"走出去"之译介模式探索——中国外文局副局长兼总编辑黄友义访谈录[J].中国翻译,2013(5):62—65.

的文本翻译很难顺利完成这一时代使命。因此，在探讨更利于推动中国文化"走出去"的译介模式与传播路径之前，鉴于翻译在其中发挥着不可或缺的重要桥梁作用，非常有必要对翻译进行再次思考与阐释。

究竟何谓翻译？通俗来讲，翻译就是将一种语言的文字、口头表达或符号系统转化为另一种语言的过程，以保持原始信息的意义、语法结构和风格的准确性。翻译可以涵盖多种形式，包括书面翻译和口译以及从一种语言到另一种语言的文本、音频或视频的转化。自从有了翻译实践活动以来，随着人们对这一跨文化、跨种族、跨区域的交际行为的认知不断加深，古今中外的学者都曾对翻译的概念发表过自己的观点。例如，提出了"动态对等理论"的美国著名翻译学家尤金·奈达就曾指出，"翻译就是用接受语言复制出与原语信息最接近的自然等值体——首先是就意义而言，其次是就风格而言"[1]；俄国语言学家罗曼·雅各布森将翻译定义为"用另一种语言解释原文的语言符号"[2]；德国汉堡大学名誉教授朱莉安·豪斯认为"翻译是用语义和语用对等的译语文本代替原语文本"[3]；英国学者卡特福德从普通语言学理论的角度把翻译定义为"将一种语言（源语）文本材料替换成等值的另一种语言（目标

---

[1] Nida E A, Taber C R. The Theory and Practice of Translation[M]. Leiden: E. J. Brill, 1982: 12.

[2] Jakobson, R. On Linguistic Aspects of Translation[A] // Venuti, L. The Translation Studies Reader[C], London&New York: Routledge, 2000: 113–118.

[3] 转引自吴长青. "何为翻译"的哲学审视——兼论本雅明对"翻译"定义的贡献[J]. 湖北大学学报（哲学社会科学版），2021, 48(03): 133-142+177.

语）文本材料"①；在英国学者纽马克看来，翻译是"把一段语言或一个语言单位，即整个文本或文本一部分的意义由一种语言转换成另一种语言"②。显然，从上述这些定义可以看出，国外学者们对于翻译的概念界定始终离不开语言转换的认知和解读范式。

在国内，2015年3月28日至29日，由《中国翻译》和《东方翻译》两家杂志联合发起的关于"何为翻译——翻译的重新定位与定义"的大讨论掀起了学界对翻译内涵和实质的再思考。国内学界之所以会以此为主题，对翻译的定义进行再次讨论，这在许钧教授看来，其主要原因在于，"当今时代，随着世界化进程的加快与科学技术的迅猛发展，翻译活动不仅形式更为多样，而且内涵更为丰富，对我们传统的翻译认识提出了挑战"③。同时，他还指出，"翻译是主导世界文化发展的一种重大力量，对翻译的定位与定义应站在跨文化交流的角度进行思考，以维护文化多样性为目标来考察翻译活动的丰富性、复杂性与创造性"④。对此，谢天振教授认为："如何结合当下的历史语境，对翻译进行重新定位和定义，从而让我们的翻译行为和翻译活动为促进中外文化之间切实有效的交际作出贡献，正是当前时代赋予我们的历史使命。认真思考翻

---

① Catford, J. C. A Linguistic Theory of Translation[M]. London: Oxford University Press, 1965.
② Newmark, P. About Translation[M]. Beijing: Foreign Language Teaching and Research Press, 2006.
③ 许钧. 关于新时期翻译与翻译问题的思考[J]. 中国翻译, 2015, 36(03): 8-9.
④ 许钧. 关于新时期翻译与翻译问题的思考[J]. 中国翻译, 2015, 36(03): 8-9.

译的重新定位与定义，是时候了！"①

此次讨论会上的其他与会专家也都分别发表了自己的看法，在很大程度上代表了当前国内翻译学界的主流思想。例如，穆雷教授指出，"翻译是语言服务的一种重要形式，是通过各种介质的转换传达包括语言在内的各种符号信息的活动"②；仲伟合教授认为，"对翻译进行重新定义与定位应当了解翻译的本质，翻译的本质就是'符号转换与意义再生'"③。从这两个定义可以看出，翻译活动依然离不开"符号"或者"介质"在其中的参与和作用。王宁教授则用七个"作为"对翻译进行了界定和描述，即"作为一种同一语言内从古代形式向现代形式的转换；作为一种跨越语言界限的两种文字文本的转换；作为一种由符码到文字的破译和解释；作为一种跨语言、跨文化的图像阐释；作为一种跨越语言界限的形象与语言的转换；作为一种由阅读的文字文本到演出的影视戏剧脚本的改编和再创作；作为一种以语言为主要媒介的跨媒介阐释"④。显然，王宁教授对翻译的定义更加多维，对于我们走出"语言中心主义"对翻译重新进行界定具有较强的启发意义。

此外，蓝红军教授在会议上还指出，"本次论坛的召开并非要寻找

---

① 谢天振.现行翻译定义已落后于时代的发展——对重新定位和定义翻译的几点反思[J].中国翻译, 2015, 36(03): 14-15.
② 穆雷, 邹兵.翻译的定义及理论研究：现状、问题与思考[J].中国翻译, 2015, 36(03): 18-24+128.
③ 仲伟合.对翻译重新定位与定义应该考虑的几个因素[J].中国翻译, 2015, 36(03): 10-11.
④ 王宁.全球化时代的翻译及翻译研究：定义、功能及未来走向[J].外语教学, 2016, 37(03): 88-93.

一个放之四海而皆准、历经万世而不破的翻译定义,更不是试图将新的阶段性的认识装点成毫无破绽的完美的'真理'去规定所有人对翻译的理解和阐释,而是希望通过从各种不同角度切入对翻译本质、功能和在新形势下翻译形态的变化的讨论,来触发译学界对翻译基本问题的深入思考,引导人们深化对翻译的发展性、复杂性和历史性的认识,进而调整当今社会的翻译理念和翻译教学理念,回应翻译现实发展对翻译研究所提出的描写和解释新的翻译现象的需要,拓展翻译认识的维度,延伸译学理论的发展空间"①。

从此次研讨会讨论的结果以及综合国内外学者的观点来看,我们基本上可以得出以下认识:随着时代的发展,翻译的语境、翻译的对象、翻译的方式、翻译的工具以及翻译的手段都发生了深刻变化,我们对翻译的认知、理解和界定应是动态的而非静止的,应是多维的,而非单一的,因为"无论是从翻译史的角度,还是从翻译现实的角度,翻译都是一个发展的概念……翻译的发展性决定了要给出一个恒定不变的翻译定义是不切实际的"②,而且"世界在变,对翻译的定义及定位也会一直在变"③。因此,准确定位和定义翻译除了需要历史的思维和发展的观念,更需要多元的视角和宽容的态度。

---

① 蓝红军.翻译本质的追寻与发现——"何为翻译?——翻译的重新定位与定义"高层论坛综述[J].东方翻译,2015(02):92-95.
② 蓝红军.何为翻译:定义翻译的第三维思考[J].中国翻译,2015(3):25—30+128.
③ 仲伟合.对翻译重新定位与定义应该考虑的几个因素[J].中国翻译,2015(3):10—11.

前文亦有论及，在中西文化交流的历史长河中，一直存在一种特殊的文学创作现象，即非母语写作或非本土写作。所谓"非母语写作"，是指作家在创作过程中，不是利用其母语进行故事书写，而是借助另外一种语言，但其书写的却是自己母语文化语境下的人、物或事；所谓"非本土写作"，即不在本土进行创作，是指作者离开了母语文化语境，根据自己所在生活语境的所见所闻，利用母语对自己所处语境的人、物或事进行书写。从对"非母语写作"和"非本土写作"的阐释可以看出，这两种创作行为都具有明显的跨域特征，或是作者书写语言的跨域，或是作者所处物理空间的跨域。

那么，上述所谓特殊的跨域文学创作行为能否算得上是翻译的一种形式呢？换言之，写作与翻译之间究竟存在何种内在关联？首先，虽然翻译和写作属于不同的文本生产形式，但是在文本生产过程中都存在一个"转换"的环节，传统翻译形式中的"转换"是从一种语言到另一种语言的转换，而写作涉及的转换是作者思想和观点从无形到有形的文字化转换，即抽象思维到语言文字的转化。从这一视角来看，写作可以被看成是一种内部翻译，而翻译可以被视为一种外部写作。其次，在翻译与写作的关系上，也有学者指出："随着翻译研究学科的不断发展，翻译概念界定的不断扩充，翻译与写作之间的界限渐趋模糊，西方一些从事翻译研究的学者开始关注部分传统意义上的写作文本中隐含的翻译现象。"[①]就本文所讨论的跨域写作来说，从文本的呈现形式来看，上述

---

① 刘芳.翻译与文化身份[M].上海:上海交通大学出版社,2010:前言.

两种写作均是以目标读者受众的母语为语言载体,因此没有传统翻译概念中的原文本的存在。事实上,即便如此,我们也无法否认跨域创作行为中所隐藏的翻译行为。更为重要的是,从创作意图来看,在跨域书写中,以中国社会为创作图景或者以中国故事为叙述主题的海外书写的主要目的就是向目标读者群传播中国文化,建构中国的民族和文化形象,最终实现满足向目标读者介绍与传播中国文化的创作初心。

因此,本文认为,在全新的时代语境之下,中国故事的海外书写不再是传统意义上纯粹的文学创作行为,而是一种特殊的翻译实践活动。更准确地说,跨域书写不同于传统上从源语到目的语的语言形式转换,而是原文本缺席的特殊翻译行为,下文即对此展开进一步的讨论。

二、跨域书写:非传统的文化译介模式

从语言、思维和翻译三者之间的关系来看,"翻译是两种语言或符号之间的转换,这种转换依赖于翻译主体即译者的思维活动"[1]。在传统的翻译过程中,译者思维活动的对象是文本,文本的内容是语言符号,语言符号描述的是某种文化世界的客观存在。因此,从根本上讲,译者思维活动的终极对象是某文化世界的客观存在。在传统译介模式中,首先是作者通过思维活动创作以A文化世界客观存在为蓝本的原作,然后经由译者的思维活动将原作的语言转换成B文化世界的语言,

---

[1] 许钧.思维·语言·翻译[J].语言与翻译,1994(3):80—87.

从而构成全新的作品形式即译作,最后译作在B文化世界的读者群中得以流传,从而实现A文化元素在B文化世界的交流和传播,如图1所示。

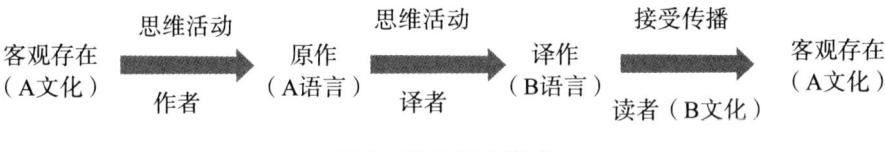

图1 传统译介模式

然而,在现实中,拥有双语写作能力的作家往往出于特殊目的(通常是主观上为了促进跨文化传播和交流)的考量而采用第二语言(外语)书写本族文化世界的客观存在(如林语堂),或用其第一语言(母语)书写异域文化世界的客观存在(如赛珍珠 Pearl S. Buck)。在该写作过程中,作者的思维活动对象可能是本族文化世界的客观存在,也可能是异域文化世界的客观存在,但二者的共同特点都是用一种文化世界的语言直接书写另一文化世界的故事。这种由某一文化世界的客观存在向另一文化世界语言符号的直接转变从本质上讲具有明显的翻译性质,属于发展的多元的翻译解读范畴。

由此,本文进一步提出以下观点:用母语以本民族文化世界中的客观存在为对象进行思维活动和书写的创作行为是单纯的文学创作行为,而用他者语言对本民族文化世界的客观存在进行的思维创作活动或用母语对异域文化世界的客观存在进行的思维创作活动就不再是一种纯粹的文学创作行为。从其功能来看,这更是一种有目的的主观文化译介和传播行为,而且该译介传播行为的主体构建了一种全新的译者身份——文化译者。文化译者在思维活动中跳过语言符号的媒介物——原文本，直接用他者语言书写以本族语言为载体的文化世界的客观存在，或用本族语言书写以他者语言为载体的文化世界的客观存在。该译介路径构成了一种特殊的社会传播结构，即文化译介模式，如图2所示。

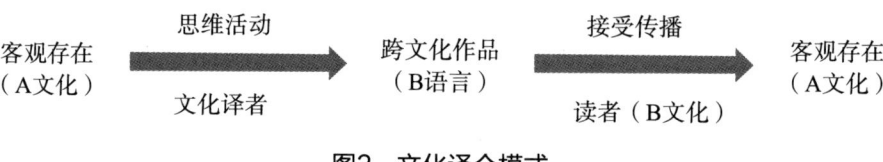

图2　文化译介模式

通过对上面两种译介模式进行比较，我们可以看出：在传统译介模式下，由于原作的产出是作者基于母语而进行的思维活动的产物（创作），其目标读者是本族文化者，在创作过程中，作者无须或未曾考虑异域文化读者的阅读诉求。因此，如果要想将原作通过翻译的手段传播给异域读者，译者在面对充满异域文化元素和诗学特征的原作时，需要通过"改写、删减、增补"等归化策略，或是通过"音译、加注、解释"等异化策略对原作进行翻译。然而，在这种翻译模式下，由归化带来的文化特征丧失和由异化导致的可读性差都可能会使得译作在异域文化读者群中难以有效地传播原作中的文化内涵。

根据图2，我们可以发现，文化译介模式下的原文本处于缺席状态，译介内容是某种文化世界的客观存在，文化译者通过思维活动直接创作了以他者语言符号为存在依据的跨文化文本。在这一创作过程中，作者和译者合二为一的身份使其成功摆脱了原作的束缚，而且其目标读者也是十分明确的。因此，在跨域创作（翻译）过程中，文化译者只需忠实于自己，服务于读者，因而成为真正意义上的"自由舞者"，而非戴着镣铐跳舞。另外，在文化译介模式下创作出来的作品也不同于传统译介模式下的翻译类作品，既不会因翻译策略选择问题导致文化信息丢失，也没有因翻译痕迹过重而给读者带来阅读障碍。因此，此类作品更容易受到目标读者的欢迎和接受，文化的传播和吸收过程也因此更加直接顺畅，更容易促进文化的交流和传播。

与传统译介模式相比，文化译者基于异域文化的母语写作或基于本族文化的非母语写作在文化传播中构建了一种原作文本缺席的隐形翻译，是典型的"一种自我翻译形式"[①]。相较于作者和译者的身份，他们更具有向目标读者传播异域文化的使者特征。更为重要的是，在自我翻译过程中，"文学的生产（写作）和传播（翻译）具有同时性"，"翻译也具有了生产性和原创性，原因就在于作者和翻译者的同一性，写作与翻译的共时性"[②]。在这种译介模式下，最具代表性的行为主体莫过于长期身居中国的离散作家，他们以其在居住地生活多年和融入当地文化的背景优势，能够"使用中国人的语言表达方式……使用全知的叙事视角……为了吸引读者而渲染中国民俗与所谓的民族性"，使"读者在阅读时产生体验中国文化'本真性'的幻觉"[③]。

英国著名戏剧家、小说家威廉·萨默赛特·毛姆在20世纪20年代

---

① 刘伟.非母语写作与文化翻译[J].民族文学研究,2011(2):5—12.
② 刘伟.非母语写作与文化翻译[J].民族文学研究,2011(2):5—12.
③ 朱骅.美国东方主义的"中国话语"[M].上海:复旦大学出版社,2012.

游历中国时,就曾经把他在中国所见到的风土人情记录了下来,并在国外出版了散文集游记《在中国的屏风上》。该散文集不仅在国外深受读者欢迎,其中两篇文章《负重的牲口》和《河之歌》还被列入了《西南联大英文课》课本中。在这两篇文章中,毛姆通过观察当时的中国人民(主要是劳动人民)的生产和生活状态,以一种怜悯的旁观者身份对其进行描述和记录。例如,他在《负重的牲口》一文中写道:"他们那种疲于奔命的努力让你感到压抑,内心充满怜悯,但又什么忙都帮不上。"[1]在那样的年代,毛姆以这种不掺杂歧视的目光去观察中国劳动人民,并用朴实的文字记录下他们在艰苦的生活和劳作中所表现出来的坚韧和乐观等精神状态,表现出了对异域文明的一种尊重,也是对中华文化的创造主体——中国人民的尊重。

毛姆用英语记录和描述中国人民生活的游记,就是本文论述的文化译介模式下的代表性作品。除了《在中国的屏风上》,毛姆当时还以中国为背景创作了长篇小说《面纱》。作为当时在西方国家极负盛名的作家,毛姆通过母语英语将自己在中国这个异域世界亲身经历的所见所闻著录成书,对那些和他有着同样文化背景的英语受众来说具有较大的说服力和可信任度,因此能够真实有效地助其在英语世界中传播中国文化,推动了当时并不开放的中国与外部世界之间的跨文化交流。毛姆的这一案例就充分证明了跨域书写作为文化译介模式下的文化传播活动,不仅能为国外受众提供原汁原味的异域世界的客观存在文化,更能发挥

---

[1] 陈福田,胡晓凯. 西南联大英文课[M]. 中译出版社,2018:17.

跨文化传播活动中作为本族语作者的影响力，从而促进多元文化之间的顺畅沟通和交流。

除了毛姆之外，还有许多其他外国作家，同样也是通过跨域书写的方式推动了中国文化在英语世界的传播，另一典型代表人物为美国著名作家赛珍珠。赛珍珠从童年开始便被父母带到中国，在中国共生活了近40年。在其著于《原配夫人和其他故事》一书中的《贫瘠的春天》文章里，赛珍珠以非常真实、细腻、生动的语言表达描述了当时中国传统农村农民的生活之艰辛，同样也是用英语向读者直接展现了中国大地上劳动人民辛苦劳作的生动画面和真实场景，向读者塑造了中国劳动人民朴实勤劳、默默奉献、坚韧不屈的形象。

在文化译介的跨域书写模式下，担任文化传播使命的"文化译者"还包括那些远赴国外生活、求学或工作的华人精英，他们多为精通英汉双语的知识分子。一方面，他们致力于翻译中国传统经典以传播和弘扬中华文化。另一方面，为了扭转西方民众心目中关于中国的负面印象，他们也会用英语直接书写和阐释中国元素，肩负着作者和译者二者合一的双重责任。在中西文明交流史上，一直活跃着这样一群以民族大义为己任的文化使者。例如，在20世纪将中国古代文化推向世界的第一人辜鸿铭便是其中最具代表性的人物之一。辜鸿铭曾将中国文化经典"四书"中的《论语》《中庸》和《大学》翻译成英文，还"穷其毕生精力致力于向西方传播中国文化，其主要著作大多以英文著成"[1]。《中国

---

[1] 田怡俊，包通法. 辜鸿铭译者文化身份与翻译思想初探[J]. 上海翻译，2010（1）：61—65.

的牛津运动》(The Story of a Chinese Oxford Movement)(原名《清流传》)和《中国人的精神》(The Spirit of Chinese People)(原名《春秋大义》)便是其最具代表性的英文作品。在该书的"前言"中，辜鸿铭开篇明旨，指出"本书宗旨在于尝试诠释中华文明之精神及展现中华文明之价值观"①。

此外，将中国京剧搬上英美舞台的戏剧翻译家熊式一将中国文化经典戏剧《王宝钏》推向西方国家的舞台时，也体现了文化译者的身份特征。熊式一是著名的戏剧翻译家，以其在戏剧领域的翻译工作而享誉全球。他曾翻译了许多国际知名的戏剧作品，将它们引入中国，为中国观众呈现了世界各地的戏剧文化和艺术，同时他还翻译了许多中国戏剧作品，如汤显祖的《汉宫秋》、曹禺的《雷雨》、老舍的《骆驼祥子》以及郭小川的《献血》和《喜宴》等，使它们能够在国际上演出，促进了中外戏剧的文化交流，这对于中国戏剧的国际传播和推广具有重要意义。1934年，熊式一将中国传统剧目《红鬃烈马》改编为英语戏剧《王宝钏》，在伦敦连续上演了900场。1935年，他成为第一位登上百老汇舞台的中国导演，被《纽约时报》誉为"中国莎士比亚"。②

对于熊式一的戏剧翻译活动，有学者认为，"他的翻译没有拘泥于原作，而是带有很大的创作性成分"，"一是便于西方人接受剧本内容而进行的剧情上的改写，二是为了使剧本更适合舞台演出而作出的语言上

---

① 辜鸿铭.中国人的精神[M].北京:外语教学与研究出版社,2013:前言.
② "中国莎士比亚"熊式一[EB/OL].(2023-07-26)[2022-11-13]. https://epaper.gmw.cn/zhdsb/html/2023-07/26/nw.D110000zhdsb_20230726_4-06.htm

的调整"①。因此,从本质上讲,熊式一的这种译介行为也不属于传统意义上的"忠实翻译",而是英语语境下的再创作,其目的显然也是为了更好地在异域文化中传播中国文化。据熊式一回忆,由其亲自指导的英文话剧《王宝钏》(*Lady Precious Dream*)"从一九三四年十一月开幕至一九三六年十二月,前后演了九百多场,还搬了两三次戏院"②。除了在英国一度风靡之外,熊式一创译的英文话剧《王宝钏》还在美国纽约等地和其他国家"都受到了戏迷的热捧和文学评论家的欢迎",甚至一度"引发了国际上的中国戏剧热潮"③。

"脚踏中西文化、评说宇宙文章"的林语堂是20世纪推动中国文化走向世界的另一华人典范。林语堂除了翻译《老子的智慧》和《孔子的智慧》等一系列中国文化经典以及《浮生六记》《兰亭序集》等散文名篇之外,还用英文直接书写了《吾国吾民》(*My Country and My People*)、《京华烟云》(*Moment in Peking*)和《生活的艺术》(*The Art of Life*)等作品。其中,《吾国吾民》在海外出版时,还得到了好友赛珍珠的大力推荐,短短4个月内便重印了七版。对于林语堂的这种创作行为,有学者指出:"林语堂的书写形式既非传统意义上严格的翻译,也不是纯粹的创作,而是编辑、创作与翻译的融通与整合,即编译。""作为一种编译互动、创译一体的传播策略,这使得林语堂的

---

① 马会娟,张奂瑶. 被遗忘的戏剧翻译家: 熊式一翻译研究[J]. 解放军外国语学院学报,2016,39(01): 1-8+158.
② 熊式一. 八十回忆[M]. 北京: 海豚出版社,2010: 40.
③ 马会娟,张奂瑶. 被遗忘的戏剧翻译家: 熊式一翻译研究[J]. 解放军外国语学院学报,2016,39(01): 1-8+158.

著译活动成为中学西渐中典型的成功个案。"①从传播和接受效果上来看，林语堂的作品在国外非常受欢迎，"有的被选为美国大学教材，有的被政府高层当作了解中国必读，一直被视为阐述东方文化的权威著作"②。

综上所述，无论是旅居中国多年、以在中国所见所闻为创作主题的西方作家，还是为弘扬中华文化而用英语直接进行文学创作的华人精英，他们不仅是成功的作家和翻译家，更是了不起的文化传播使者。他们不仅翻译了大量的中国文化和文学经典，而且用更易于西方读者接受的语言和创作手法，以中国为背景直接书写了中国故事，以一种独特的方式成功地将中国文化译介出去，在中国文化"走出去"的历史进程中留下了宝贵的财富。

三、文化译介实质：传播异域文化

再回到翻译的定义来看，唐代贾公彦在其所撰《周礼义疏》中对翻译所下的定义为：译即易，谓换易言语使相解也。该定义除了指明翻译的实质内容是"换易言语"，更强调了翻译的目的性，即"使相解也"。德国功能学派翻译理论认为翻译是"目的性行为"③。在本文所论述的

---

① 冯智强,朱一凡.编辑出版家林语堂的编译行为研究[J].中国翻译,2011,32(05):27-33+96.

② 卞建华.对林语堂"文化变译"的再思考[J].上海翻译,2005(1):47—50.

③ CHRISTIANE N. Translating as a purposeful activity—functionalist approaches explained[M]. Shanghai: Shanghai Foreign Language Education Press, 2006: 27—31.

文化译介模式下，无论是通过他者语言对本民族文化世界的客观存在进行文学创作，还是用母语对异域文化世界的客观存在进行文学创作，其目标读者是十分明确的，创作目的也是清晰的，因此属于典型的"目的性行为"。换言之，用英语直接书写中国故事的文化译介行为目的就是向英语世界传播中国文化。

我们知道，文学是文化的重要组成部分，在跨文化交际中，"文学的交流与互动，是人类文化交流与发展的重要动力，而文学的译介与传播，是中国文学走向世界的必经之路"[①]，中国文学走向世界必将推动中国文化在全球范围内的交流和传播。然而，当前关于中国文学在西方世界的译介和传播领域的研究结果表明，这"译"路走来并非一帆风顺，甚至出现了中国文学作品在西方世界遭到"冷遇"的不争事实。通过翻译中国文学作品以推动中国文化"走出去"可以说是举步维艰。事实上，通过翻译走进西方世界的中国文学作品要想在异域文化中获得广泛的阅读群体，其首要条件是作品要符合异域读者的审美习惯和阅读情趣，在题材上要符合异域读者的阅读需求，内容应是他们无法亲身体验却又渴望了解的他者文化，语言上应避免因翻译带来的佶屈聱牙或阅读障碍。因此，无论是从作品创作的源头来看，还是从作者写作的目的进行分析，文化译介模式下的跨域书写实质上是异域文化的传播行为。

---

① 高方,许钧. 现状、问题与建议——关于中国文学走出去的思考[J]. 中国翻译, 2010, 31(06): 5-9+92.

文化译介模式下集"作者"和"译者"身份为一体的文化译者肩负着文化传播的使命，在传播效果上有着得天独厚的优势，因此传播效果更佳。他们均有在中国的生活见闻、阅历、体验和以中国社会为背景进行文学创作的经历，其"中国话语"的生产方式更能雅俗共赏。"这些小说完全不同于中译英的翻译小说，读者感觉不到英语表达的生硬感，所有可能造成理解困难的文化障碍都被策略性地清除。"[①]此外，从文学视角来看，"文化译者"多具有离散作家的特征，其作品亦符合离散文学的特点。始于19世纪并于20世纪后半期达到高潮的全球性大移民造就了一批从一个国家移居到另一个国家的作家群体，其中在中西文化交流史上的这批作家部分是指不远万里来到中国生活或工作的欧美人士，被称为"帝国流散者"（imperial diaspora）[②]。与传统作家相比，流散作家往往表现出不同的身份特征和文学风格。一方面，流散作家因其长期居于异国他乡，甚至在多个不同的国家和文化语境下生活，因此其通常拥有较为复杂多样的跨文化身份特征。另一方面，正是由于其跨文化的身份特征，使得流散作家对于旅居地的政治、人文、地理都有着深刻的切身体验，因此在创作视角上往往会从一个局外人的眼光去洞观所在地的文化元素。

此外，单从写作特点上来看，有学者认为，离散作家的"作品在叙事上又融合了美国读者的阅读期盼和阅读习惯，不动声色地采用了美

---

① 朱骅. 美国东方主义的"中国话语"[M]. 上海: 复旦大学出版社, 2012.
② COHEN R. Global diasporas: an introduction[M]. London and New York: Routledge, 2008: 68.

国的价值视角,他们的书写就有了一种采用放大镜细看中国的效果。作者的华人种族身份、文化背景等使他们的作品传达的中国话语更具有本真的幻觉"①。这对于在西方世界传播中国文化的效果是显而易见的。帝国流散作家除了用母语直接书写本族文化和翻译中国作品以外,他们还以中国社会为图景,用母语进行创作。前文论及的美国女作家赛珍珠除了翻译中国四大名著之一的《水浒传》之外,她还依据其个人在中国的生活经历,借助自己对中国社会和文化有着深刻了解的优势,创作了许多以中国社会为背景和以中国故事为主题的英文作品,如《大地》（*The Good Earth*）。在《大地》这部作品中,"赛珍珠以满怀激情的笔触,描写了以王龙和阿兰为代表的普通中国农民的情感生活,表现了他们的喜怒哀乐、悲欢离合,向西方世界艺术地再现了中国传统乡村社会的原貌,架起了一座世人了解中国的桥梁,改变了西方人心目中的中国人形象,为传播中国文化作出了巨大贡献"②。该书于1931年在纽约出版之后"立刻成为畅销书,当年就销售了180万册,并连续22个月荣登畅销书排行榜首位"③,由此可见,其传播效果确实非同一般。更为重要的是,《大地》不但在美国赢得了普利策小说奖,这在美国是一项极具声望的荣誉,还使她成为1938年诺贝尔文学奖的获得者。两大重量级文学奖项的获得无疑又会进一步吸引更多读者阅读此部作品,进而促进

---

① 朱骅. 美国东方主义的"中国话语"[M]. 上海: 复旦大学出版社, 2012.
② 钟再强. 赛珍珠《大地》对中国文化的展示和传播[J]. 南通大学学报(社会科学版), 2008(6): 68—72.
③ 钟再强. 赛珍珠《大地》对中国文化的展示和传播[J]. 南通大学学报(社会科学版), 2008(6): 68—72.

中国主题故事的域外传播。

由此而知，不论是帝国流散作家用自己的母语以中国社会为图景进行的文学创作，还是同样"流散"在异域他乡并用他者语言讲述中国故事的华人精英，他们都在文化译介模式下本真地向异域世界传播中国土地上客观存在的优秀文化。而相比由创作主体到译者再到客观受体的传统译介模式，这样的文化译介模式在跨文化传播效果上有着相当的优势。这就好比直接经验与间接经验的对比，人们通常为了更清楚直观地了解某件事物，毫无疑问一般更倾向于获得关于它的第一手资料，即直接经验；而精通英语的华人正是在用受众的语言直接讲述他们在中国生活的直接经验和直观感受，这就是上文提过的"本真"感受，帝国流散作家同样地用受众本身的语言描述和传播自身在中国土地上的直观见闻和直接经验，更有利于异域世界的受众信服和理解他们在其作品中所描述的中国文化，有利于中国文化更立体生动地、更清晰直观地、更流畅自然地"走出去"。

进一步讲，这样的文化译介模式是译者或者创作者传播目标文化、维护文化多样性的重要方式，能更加有效地促进多元文化之间的交流和融合。同理，"维护文化多样性，翻译需要做的首先就是积极彰显其沟通'自我'与'他者'的交流心态，发扬其助力不同文明相互理解、共同发展的开放精神。在这个意义上，翻译的精神与中国文化'走出去'的价值追求'具有内在的一致性'"[①]。

---

① 刘云虹. 对话与共生——试析许钧关于中华文化译介的思考[J]. 外国语（上海外国语大学学报），2022，45（04）：72-80.

综合上文所述，当创作者和译者合二为一，即'自我'与'他者'具备同一性时，此时传播者（创作者和译者融为一体）与异域世界的受众处在同一文化环境。毋庸置疑，这样的译介模式能够更加有效地推动异质文明之间的沟通和对话。事实上，文化的多元化是世界多样性的表征之一，"文化多元化与民族文化译介的加速本身就是一个互动性的、求同存异的过程。它们使翻译出现了转向，即跨越了过去纯文本翻译的局限，而是在两种文化之间进行转换。这样对译者和研究者都提出了更高的要求"①。因此，应运而生的文化译介模式应当更自然地承担起这一历史使命，鼓励和支持更多流散创作者传播中国优秀文化也将成为助力中国文化"走出去"的不可忽视的关键路径之一。

四、结语

众所周知，推动中国文化"走出去"不仅是国家战略，也是时代需求，是全球化背景下中外文明互通互鉴的重要方式。在中西文明交流史上，活跃着一群特殊的跨域作家群体，他们用英语直接书写中国故事，在西方世界产生过巨大影响，为推动中学西传作出了重要贡献。这种用他者语言对本族文化世界的客观存在或用母语对异域文化世界的客观存在进行的跨域创作活动在广义的翻译定义里被称为一种特殊的翻

---

① 吴斐，杨永和，罗胜杰. 少数民族文化走出去译介模式研究——以湘西民族文化为案例[J]. 西南民族大学学报（人文社科版），2015, 36(10): 39-43.

译路径——文化译介模式，其本质特点是异域文化传播。文化译介模式下的活动主体具有作者和译者双重身份，是文化使者。他们跨域的生活阅历、独特的观察视角以及迎合西方读者审美情趣和阅读习惯的创作手法，在推动中国文化走进西方读者阅读世界方面具有不可替代的优势。在当前借中国文学译介之力推动中国文化"走出去"的各种努力遭遇困境的现实面前，研究跨域书写的文化译介模式具有十分重要的参考价值。

在全新的世界文化格局中，世界关注中国，中国走向世界，多元文化共生、共存、共发展成为时代主题。推动中国文化"走出去"，使中国文化融入全球文化，让世界认识和了解中国，是多元、共存文化格局逐步建立和健康发展的必经之路。然而，文化具有排他性，文化传播也须遵循一定的客观规律。通常情况下，"文化总是从强势文化向弱势文化译介，而且总是由弱势文化语境里的译者主动地把强势文化译入自己的文化语境"[①]。当前中国文化依然处于弱势地位，仅仅通过翻译中国作家的文学作品以推动中国文化走向西方世界很难达到预期效果。事实上，推动中国文化"走出去"需要多层面、多渠道的合力。在新的历史背景下，推动中国文化"走出去"，提高中国文化在海外的传播效果和中国文化软实力，不仅需要高水平的传统译者，更需要精通双语、深谙异域文化且能用外语对本族文化或能用母语直接书写异域文化的跨文化译者。建构以中国故事的跨域书写为行为特征的文化译介模式，为推动

---

① 谢天振.中国文学走出去:问题与实质[J].中国比较文学,2014(01):1-10.

中国文化的海外传播打开了又一扇窗，对该模式实质的分析进一步丰富了译介主体的内容。然而，文化译者又有自身局限性，其书写过程或多或少地囿于自身所处的文化体系的价值标准，或无法完全客观地再现他者文化，或带有民族主义情绪的烙印，二者不同程度地会对文化的传播交流产生不利影响。因此，文化译介模式并非完美的文化传播路径。目前，国外和国内学界对跨域创作的翻译特性研究尚显单薄，本文旨在抛砖引玉，期待学界能就此展开更深层次的交流和讨论。

第七章

隐而化显：
《中国政府工作报告》的英译逻辑建构

《中国政府工作报告》属于我国重要的政府文件，通常是由国务院总理每年向全国人民代表大会所作的重要政府工作总结和工作计划报告。自1979年开始，这一报告已经成为中国政府向全国人民展示国家发展状况和未来发展方向的重要文件。在话语主题上，《中国政府工作报告》主要包含以下几个方面的核心内容：（1）"国家发展总体情况"：对中国国内经济、社会和政治状况进行总体介绍，包括经济增长情况、就业形势、社会发展等；（2）"重点工作回顾"：回顾过去一年政府的主要工作，强调取得的成绩和取得成就的关键因素；（3）"面临的挑战和问题"：指出当前国家面临的主要挑战和存在的问题，包括经济结构调整、环境保护、社会公平等；（4）"下一阶段工作目标"：明确未来一年政府的工作目标和主要任务，包括经济增长目标和就业目标等；（5）"经济政策"：介绍政府部门的经济政策，包括宏观经济调控、投资政策、金融政策等；（6）"社会改革和民生保障"：涵盖社会改革措施和民生保障政策，包括教育、医疗、养老等方面的改革和保障措施；（7）

"生态环境保护":介绍政府的生态环境保护政策和措施,强调生态文明建设;(8)"对外开放和外交政策":主要涉及中国的对外开放政策和外交政策,包括推进"一带一路"等全球治理之中国方案等;(9)"政府机构改革":介绍政府机构改革的进展和计划,以提高政府治理效能;(10)"政府预算和财政政策":涵盖政府预算和财政政策,包括财政收支情况和重点支出计划;(11)"社会治理和法治建设":介绍社会治理和法治建设方面的工作;(12)其他重要议题,报告有时候还会包含其他重要议题,如军队建设、科技创新、反腐败等。

从《中国政府工作报告》的核心内容来看,其反映的是中国政府过去一年的工作情况和未来一年的发展工作计划,代表的是中国政府在国家治理方面的话语,因此也是外界了解中国政府工作的重要信息来源。为了增进国际社会对中国政府治国理政相关内容的认知和了解,国务院新闻办公室在每年"两会"期间都会对外翻译和发布《中国政府工作报告》的多语种版本,以便更好地向国际社会传播中国的发展政策、发展目标和政府工作计划等,旨在促进国际社会对中国政府工作的了解,以进一步加强国际交流与合作,提升中国在全球的国家形象和影响力。

然而,《中国政府工作报告》有着特有的语言风格,尤其在行文逻辑上明显区别于英文版。为了将代表中国政府在国家治理领域的话语体系更好地传播出去,《中国政府工作报告》的译者必须以读者认知和阅读习惯为重要的考量要素,切实采取行之有效的翻译策略,确保其英译本能够完全准确地被目标受众所理解和接受。下文即以《中国政府工作报告》英文版为例,基于中英文之间句式逻辑关系所呈现的差异性特征，从提升读者阅读感受这一视角，重点探讨《中国政府工作报告》从中文版到英文版这一翻译过程中的英译逻辑建构特征。

一、《中国政府工作报告》的语言特征

众所周知，汉语隶属汉藏语系，而英文属于印欧语系。作为植根于不同文化土壤的两种语言，汉语和英语之间存在较大差异，其中最为典型的莫过于二者在语意表达上对意合和形合的不同重视程度。其中，汉语重意合，而英语重形合。所谓"重意合"，指的是中文注重通过语境以及词语和句子的含义来传达信息。在中文中，一个汉字往往包含了较丰富的含义，同一个词语可以有多种解释，中文句子通常是通过词语的搭配和语序来表达复杂的含义，使得中文在表达时能够准确、简洁地传递信息。所谓"重形合"，指的是英文注重通过词语和句子的形式和结构来传达信息。英文中的词汇较独立，词义相对单一，而英文句子通常通过词序和语法结构的变化来表达不同的含义，使得英文在表达时更加注重句子的结构和形式。

这两种语言在表达方式上的差异反映了它们各自的文化传统和思维方式。中文在传统文化中强调修辞和隐喻，倾向于把重要的信息隐藏在字里行间，读者需要借助一定的语境和背景信息方能更好地理解原文意蕴；而英文则注重逻辑和条理，在信息传递上更加直截了当，使得读者更易理解和接受。

就《中国政府工作报告》而言，在语言上它不但具有汉语重意合的

普遍特征，更为重要的是，作为中国政府在国家治理领域的权威话语传播载体，《中国政府工作报告》也有其固有的文本语言特征，这主要表现在以下几个方面。

用词正式。作为一份政府文件，《中国政府工作报告》在用词上非常正式，这体现了它的权威性、规范性和严肃性。例如，在描述政府工作的系统性上，经常会使用"全面"一词，如"全面从严治党""全面推进改革""全面深化供给侧结构性改革""全面落实义务教育教师工资待遇""全面贯彻党的侨务政策"，等等，其他正式用词还包括"加大、深化、推进、加强、深入、优化、确保、提高、加快"等一系列动词在《中国政府工作报告》中被经常反复地使用。

委婉表达。除了严肃、规范的正式用词，《中国政府工作报告》还会采用一些委婉表达来避免过于直接或冲突的言辞。这些委婉的表达诸如"加大力度、进一步、不断提高、优化、谨慎推进、逐步实现、着力解决、积极稳妥"等。这些委婉表达使得《中国政府工作报告》更具客观性，避免主观色彩过重或绝对化，因此也更加符合政府的官方形象和话语文体特征。

术语繁多。在《中国政府工作报告》中，通常会使用大量的专业术语，用以描述国家发展、经济社会情况，以及方针、政策和措施等。按照主题划分，这些术语主要包括经济发展类术语（如就业率、通货膨胀率、投资增速、减税降负）、社会事务类术语（如教育公平、医疗卫生体系、养老保险、扶贫攻坚）、环境保护类术语（如节能减排、生态修复）、外交类术语（如独立自主、非传统安全威胁、世界多极化、多边合作、"一带一路")等。

数据支撑。为了增强报告内容的客观性和说服力,《中国政府工作报告》会使用大量的具体数据来支撑相关政策、措施及其结果。这些数据主要来自中国国家统计局和其他相关政府部门的数据统计和发布,包括经济发展数据、就业数据、财政数据、教育数据、医疗卫生数据、环境数据和扶贫数据等。

善用排比句式。《中国政府工作报告》通常会运用各种修辞手法,其中排比句是最为常见的修辞手法之一。《中国政府工作报告》使用排比句的主要目的在于强调和修饰,突出系列政策的重要性和连贯性,彰显工作成果。例如,"坚持稳中求进工作总基调,坚持新发展理念,坚持以供给侧结构性改革为主线,坚持以改革开放为动力推动高质量发展"①。这句话是连续使用了四个"坚持"开头的排比句,一方面是对政府所坚持的一系列工作总基调和发展理念的列举,更是对政府重点工作的突出和强调,这种表达方式有助于让读者更加清晰地理解政府的工作重点。

逻辑严密。作为正式的官方文件,《中国政府工作报告》在行文叙事上具有严密的逻辑性。一方面,《中国政府工作报告》通常是按照时间顺序或主题分块的方式展开,从回顾过去一年的工作和成就开始,逐步展示当前的形势和问题,并提出未来的目标和计划。这种时间或主题的分块结构使得报告的逻辑顺序清晰明了。此外,在论述国家发展过

---

① 李克强. 政府工作报告[N]. 人民日报, 2020-05-30(001).

程中的困难时,《中国政府工作报告》会对当前经济社会面临的问题进行全面分析和梳理,对存在的挑战进行客观地剖析。同时,针对问题,报告还会进一步提出具体的解决办法和政策措施,使得逻辑连贯且具体明确。

然而,尽管《中国政府工作报告》具有严密的逻辑话语风格,但是鉴于中文在句式结构上的意合性特征,很多情况下《中国政府工作报告》行文中的叙事逻辑是隐藏于语境之下或字里行间的,并没有具体的语言外化载体。换言之,《中国政府工作报告》中的行文逻辑是隐形的,而非明示的,下文即对此展开论述。

二、《中国政府工作报告》原文本的隐形逻辑

根据上文对于中英两种语言之间差异以及《中国政府工作报告》语言特征的分析,可以发现《中国政府工作报告》虽然具备逻辑严密的特征,但其逻辑关系的呈现却处隐形状态。通过对比《中国政府工作报告》的中英文版本,可以发现其原文本隐形的逻辑关系主要表现在以下几个方面。

其一,逻辑主语的隐形。在《中国政府工作报告》中,一系列方针政策的规划实施以及相关发展成就的取得等都具有明确的施动主体,即"逻辑主语",这些主体通常包括"人民""国家""政府""中国共产党"等,但在实际的行文叙事中,《中国政府工作报告》中的这些施动主体往往处于隐身状态,而非明示于字里行间,这主要是为了行文简洁

的目的。同时，当同一句话中多个不同施动主体频繁交替转换时，主语也往往会被省略，处于隐身状态。尽管这些施动主体偶尔也会通过使用"我们"这一代词来表示，但是该表达在指代对象上相对模糊，是概括性较强且所指较为笼统的施动主体，也是主语隐形的一种表现。因此，总体来看，主语的隐形是《中国政府工作报告》原文本隐性逻辑关系的首要表现。例如：

例1："面对突如其来的新冠肺炎疫情、世界经济深度衰退等多重严重冲击，在以习近平同志为核心的党中央坚强领导下，全国各族人民顽强拼搏，疫情防控取得重大战略成果，在全球主要经济体中唯一实现经济正增长，脱贫攻坚战取得全面胜利，决胜全面建成小康社会取得决定性成就，交出一份人民满意、世界瞩目、可以载入史册的答卷。"[①]

例2："改革创新环境治理方式，对企业既依法依规监管，又重视合理诉求、加强帮扶指导，对需要达标整改的给予合理过渡期，避免处置措施简单粗暴、一关了之。"[②]

例3："建立健全门诊共济保障机制，逐步将门诊费用纳入统筹基金报销，完善短缺药品保供稳价机制，采取把更多慢性病、常见病药品和高值医用耗材纳入集中带量采购等办法，进一步明显降低患者医药负担。"[③]

例4："新增高速铁路运营里程4100公里，新建改建高速公路6000多

---

① 李克强. 政府工作报告[N]. 人民日报, 2021-03-13(001).
② 李克强. 政府工作报告[N]. 人民日报, 2019-03-17(001).
③ 李克强. 政府工作报告[N]. 人民日报, 2021-03-13(001).

公里、农村公路30多万公里。城乡区域发展协调性持续增强。"①

在例1中，前面部分所提到的"党中央"和"全国各族人民"都是该句的施动主语。但在后文中，随着文本信息的增加，"唯一实现经济正增长"和"交出一份人民满意、世界瞩目、可以载入史册的答卷"这两个动作在原文中均没有明示的主语出现，施动主体处于隐形状态。在例2中，整个句子都是通过动作叙事的方式阐述如何对企业这一污染防治主体实施有效管理以达到促使他们履行环保责任的目的，无论是改革创新的主体还是对企业监管的施动主体在原文中都没有呈现出来，主语同样处于隐身状态。

与例2类似，例3和例4中的"建立健全""纳入""完善""新增""新建"等动词前均没有出现明确的主语表达。

其二，关系连接词的省略。关系连接词是语句逻辑脉络的标志性表达，无论是在汉语还是在英语中，都存在大量的关系连接词。例如，在汉语中，表示转折关系的连接词有"虽然、但是、然而、不过"等，表示因果关系的连接词有"因为、由于、以便、因此、所以、以致"等，表示假设关系的连接词有"如果、假如、只要、假使、倘若、假若、要是"等，表示递进关系的连接词有"不但、不仅、而且、并且"等，表示目的关系的连接词有"以便、以免、为了"等，还有许多表示其他逻辑关系的连接词，在此不再一一罗列。尽管汉语中包含非常多的逻辑关系词，但是在《中国政府工作报告》的中文原文本中，这些关系词如同

---

① 李克强. 政府工作报告[N]. 人民日报, 2019-03-17(001).

前文所述的逻辑主语一样，并非处于明示状态，而是隐匿于字里行间，语句之间的逻辑关系往往不是通过具体的连接词进行明示，而是需要通过上下文的叙事语境进行逻辑建构。这是《中国政府工作报告》原文本隐性逻辑关系的另一重要表现。例如：

例1："经济增速是综合性指标，今年预期目标设定为6%以上，考虑了经济运行恢复情况，有利于引导各方面集中精力推进改革创新、推动高质量发展。"[1]

例2："全面深化改革取得重大突破，供给侧结构性改革持续推进，'放管服'改革不断深入，营商环境持续改善。"[2]

例3："过去一年，我国经济发展遇到疫情等国内外多重超预期因素冲击。在党中央坚强领导下，我们高效统筹疫情防控和经济社会发展，根据病毒变化和防疫形势，优化调整疫情防控措施。"[3]

例4："持续推进政府职能转变。完成国务院及地方政府机构改革。加快建设全国统一大市场，建设高标准市场体系，营造市场化法治化国际化营商环境。大道至简，政简易行。持之以恒推进触动政府自身利益的改革。"[4]

在例1中，通过上下文的叙事语境可以得知，将经济增长的目标速度设定为"6%以上"是后文"考虑了经济运行恢复情况"这一原因带

---

[1] 李克强.政府工作报告[N].人民日报，2021-03-13(001).
[2] 李克强.政府工作报告[N].人民日报，2021-03-13(001).
[3] 李克强.政府工作报告[N].人民日报，2023-03-15(001).
[4] 李克强.政府工作报告[N].人民日报，2023-03-15(001).

第七章　隐而化显：《中国政府工作报告》的英译逻辑建构

来的结果，二者之间是因果关系，而"有利于引导各方面集中精力推进改革创新、推动高质量发展"则是设定该目标的目的，前后文又存在一定的目的关系，但是全文中并没有任何显性关系连接词的出现。

例2中对于"全面深化改革""供给侧结构性改革""放管服改革""营商环境"四个层面所取得的成就叙事之间存在着一定程度的递进关系，但是该逻辑关系也没有通过具体的连接词来实现，关系连接词同样处于隐身状态。

在例3中，一共有两个独立的句子，第一句讲的是过去一年中我国经济发展所面临的不利条件，第二句讲的是在上一句不利背景下的具体举措，根据上下文的语境可以判断出二者之间存在转折关系，但是在行文中并没有出现诸如"但是""虽然""然而"等任何明示的转折关系连接词，这便说明原文的逻辑关系处于隐形状态。例4谈的是关于转变政府职能的话题，后半部分论及推行政府机构改革时提及要"持之以恒推进触动政府自身利益的改革"，这是一句表面上看似矛盾的表达，其让人费解之处在于既然触动政府自身利益，为何还要进行改革，因此如果按照字面直接翻译成英文也很容易造成读者理解困难。事实上，这句话暗含的逻辑关系是"即使有些改革与政府利益不符也要实施"，这是更为典型的逻辑隐形现象。

其三，承前归纳式表述的缺席。所谓"承前归纳式表述"，是指在一段话语中，前后之间存在推导式的因果关系，在前因叙述之后，继而叙述结果时先对前文叙述对象进行概括性表达。在《中国政府工作报告》中，虽然推导式的因果逻辑关系普遍存在，但是"承前归纳式表述"往往处于缺席状态。以下面一段话为例：

"今年将召开中国共产党第二十次全国代表大会，是党和国家事业发展进程中十分重要的一年。做好政府工作，要在以习近平同志为核心的党中央坚强领导下，以习近平新时代中国特色社会主义思想为指导，全面贯彻落实党的十九大和十九届历次全会精神，弘扬伟大建党精神，坚持稳中求进工作总基调，完整、准确、全面贯彻新发展理念，加快构建新发展格局，全面深化改革开放，坚持创新驱动发展，推动高质量发展，坚持以供给侧结构性改革为主线，统筹疫情防控和经济社会发展，统筹发展和安全，继续做好'六稳'、'六保'工作，持续改善民生，着力稳定宏观经济大盘，保持经济运行在合理区间，保持社会大局稳定，迎接党的二十大胜利召开。"①

在这段话中，第一句是领起句，它强调了今年对于中共二十大召开的重要性，随后是从政府工作的视角提出了十六个方面的具体举措，最后指出这些举措是为了迎接中共二十大的胜利召开，整个段落的脉络是"总—分—总"的逻辑关系。然而，在最后总结时，"迎接党的二十大胜利召开"虽然是十六项措施的目的和结果，也是对该段落第一句的呼应，但是并未单独成句，原文在行文中并未将该表述与前文断开，中间也没有使用任何承前归纳式表述，因此前后之间的推导式因果逻辑关系并不明朗。对于此类结构，如果直接按照原文语序进行翻译而不进行逻辑显化建构的话，则很容易让读者产生误解，甚至不理解"迎接党的

---

① 李克强. 政府工作报告[N]. 人民日报, 2022-03-13(001).

二十大胜利召开"与前文自"要在以习近平同志为核心的党中央坚强领导下"至"保持社会大局稳定"系列举措之间的关联。

再看下面一例：

"防范化解重大风险。继续按照稳定大局、统筹协调、分类施策、精准拆弹的基本方针，做好经济金融领域风险防范和处置工作。压实地方属地责任、部门监管责任和企业主体责任，加强风险预警、防控机制和能力建设，设立金融稳定保障基金，发挥存款保险制度和行业保障基金的作用，运用市场化、法治化方式化解风险隐患，有效应对外部冲击，牢牢守住不发生系统性风险的底线。"①

在该例中，同样存在"总—分—总"的逻辑结构。第一个"总"即第一句话"防范化解重大风险"，"分"的内容自第二句开始一直到"有效应对外部冲击"，第二个"总"即"牢牢守住不发生系统性风险的底线"。同样，"牢牢守住不发生系统性风险的底线"是对"防范化解重大风险"的呼应，但它与前文之间并未断开，更没有单独成句，前后之前也没有诸如"这些举措"之类的承前归纳式表述用来概括前文的内容。这种行文叙事模式对于本土的中文读者来说，根据上下文的语境理解其中的逻辑关系并不太难，却不宜按照原文语序直接翻译成英文，这也不符合英文的句式结构特征。

无论是主语的隐形，还是关系连接词的省略，抑或是承前归纳式表述的缺席，都反映出《中国政府工作报告》在行文叙事上的逻辑隐形特

---

① 李克强. 政府工作报告[N]. 人民日报，2022-03-13(001).

征。针对这种语言现象，为了照顾目标读者的阅读感受，提升译文的可读性、可理解性和可接受度，译者需要根据译入语的句法特征，采用恰当的翻译策略，确保译文的逻辑脉络清晰，符合读者的认知模式和阅读习惯，才能达到较好的国际传播效果。

三、《中国政府工作报告》英译本的逻辑建构策略

如同前文所述，《中国政府工作报告》代表的是中国政府在国家治理方面的话语，将其翻译成不同语种的版本有利于促进中国话语的国际传播。在其英译本中，鉴于中英两种语言之间的句法差异，为了能够更加准确有效地传递原文信息，译者需要在英译本中对原文的信息进行逻辑建构甚至重构，以提升英译本的可读性，促进话语的对外传播、理解与接受。事实上，译文的可读性直接关系到信息传递的效果。一篇具有良好可读性的译文能够帮助读者快速、准确地理解原文的含义，确保信息传递的准确性、及时性和可接受性。相反，一篇在逻辑关系上容易造成读者理解困难的译文则很可能导致信息失真乃至产生误读或误解。

通过对《中国政府工作报告》英译本进行文本细读和分析，可以发现为了提升其可读性和可接受性，译者主要采取了明示施动主体、补充关系连接词和添加概括性信息等策略对译文进行逻辑关系建构，具体阐述如下：

第一，明示施动主体。前文已述，主语缺失或隐形是《中国政府工作报告》原文本在句式逻辑上的首要特征。对于这种现象，译者在英译

文中通常是通过采用明示施动主体的方式对译文进行逻辑建构，这可以使译文的句子结构更加完整，也更加符合英语的句法特征。

译例1原文：面对经济新的下行压力，果断应对、及时调控，动用近年储备的政策工具，靠前实施既定政策举措，坚定不移推进供给侧结构性改革，出台实施稳经济一揽子政策和接续措施，部署稳住经济大盘工作，加强对地方落实政策的督导服务，支持各地挖掘政策潜力，支持经济大省勇挑大梁，突出稳增长稳就业稳物价，推动经济企稳回升。①

英译文：Confronted with new downward pressure on the economy, we acted decisively and made timely adjustments. // We made use of the policy tools kept in reserve over recent years, front-loaded the implementation of adopted policies, and remained firm in advancing supply-side structural reform. // We unveiled and implemented a full range of policies and follow-up measures to stabilize the economy.②

在译例1的中文原文中，一共包含12个并列的动作，构成的是一个完整的句子，这些动作包括"面对、应对、调控、动用、实施、推进、出台实施、部署稳住、加强、支持、突出、推动"。显然，这些动作在原文中均缺乏明示的施动主体。通过对比其英文译本可以发现，英译文是将原文的信息进行重组，将原文重新组织并翻译成了三个独立的句

---

① 李克强.政府工作报告[N].人民日报，2023-03-15（001）.
② Report on the Work of the Government.[EB/OL].（2023-03-15）[2023-07-19].http://english.www.gov.cn/news/topnews/202303/15/content_WS64110ba2c6d0f528699db479.html

子，而且在每个句子中都明示了一个统一的施动主体，即"we"。事实上，添加"we"以明示施动主体是《中国政府工作报告》英译本中最为常见的主语建构方式。尽管"we"在其指代对象上较为笼统，但是《中国政府工作报告》是由国务院总理向全国人民代表大会所作的报告，因此该词代表的是整个中国政府机构。

又如下面一例：

译例2原文：针对有效需求不足的突出矛盾，多措并举扩投资促消费稳外贸。去年终端消费直接受到冲击，投资也受到影响。提前实施部分"十四五"规划重大工程项目，加快地方政府专项债券发行使用，依法盘活用好专项债务结存限额，分两期投放政策性开发性金融工具7400亿元，为重大项目建设补充资本金。运用专项再贷款、财政贴息等政策，支持重点领域设备更新改造。采取联合办公、地方承诺等办法，提高项目审批效率。①

英译文：To address lack of effective demand, we adopted a combination of measures to expand investment, stimulate consumption, and stabilize foreign trade. Consumer spending was hit hard last year, and investment also suffered. In response, we launched several major projects set out in the 14th Five-Year Plan ahead of schedule, expedited the processes of issuing and utilizing local government special-purpose bonds, made better use of carryover quotas for special-purpose bonds in accordance

---

① 李克强.政府工作报告[N].人民日报，2023-03-15(001).

with the law, and issued development and policy-backed financial instruments in two batches totaling 740 billion yuan to replenish the capital for major projects. We used targeted re-lending, loan interest subsidies, and other policies to support key sectors in upgrading equipment. To speed up project screening, different government departments established joint offices and a commitment-based approval system was adopted for local governments.①

与译例1一样，译例2中同样存在很多没有明示主语的动词短语式句子结构，英文译文也同样为所有动作都添加了概括性主语"we"。此外，在最后一句话中，英译文则是添加了"采取联合办公、地方承诺等办法"的主语"different government departments"，进一步明示了该动作的施动主体。

除了在指代对象上相对较为笼统的主语"we"之外，在《中国政府工作报告》中另一经常添加的施动主体是"China"，如下面一例：

译例3原文：共建"一带一路"扎实推进。推动区域全面经济伙伴关系协定（RCEP）生效实施，建成全球最大自由贸易区。货物进出口总额年均增长8.6%，突破40万亿元、连续多年居世界首位，吸引外资和对外投资居世界前列。②

---

① Report on the Work of the Government. [EB/OL].(2023-03-15) [2023-07-19]. http://english.www.gov.cn/news/topnews/202303/15/content_WS64110ba2c6d0f528699db479.html

② 李克强.政府工作报告[N].人民日报,2022-03-13(001).

英译文：Joint efforts to advance the Belt and Road Initiative (BRI) made solid headway. China played its part for the entry into force of the Regional Comprehensive Economic Partnership (RCEP) agreement, which has created the world's largest free trade zone. China's total volume of trade in goods exceeded 40 trillion yuan, registering an annual growth rate of 8.6 percent. It has thus been the top global trader for many years running. China is now both a major destination for foreign investment and a leading global outbound investor.①

在译例3的中文原文中，"推动区域全面经济伙伴关系协定"的施动主体和"货物进出口总额"的主语均没有明示出来，但是根据语境，这里所论及的措施及其取得的成绩都是以中国作为行为主体，在英译文中这些主体都被明确地表示出来，体现出英译文显性的逻辑建构特征。

第二，补充关系连接词。除了语境之外，语句之间的逻辑关系主要是通过关系连接词予以体现，但是如同前文所述，关系连接词的隐形是《中国政府工作报告》行文中的常见现象。对于此类现象，译者采用的也是明晰化的策略，即通过添加关系连接词的方式，将原文各语句之间的逻辑关系明示在读者面前。举例如下：

译例1原文：经过多年精心筹办，成功举办了简约、安全、精彩的北京冬奥会、冬残奥会，为促进奥林匹克运动发展、促进世界人民团结

---

① Report on the Work of the Government. [EB/OL].(2022-03-13) [2023-07-19]. http://english.www.gov.cn/premier/news/202103/13/content_WS604b9030c6d0719374afac02.html

友谊作出重要贡献。①

英译文：After many years of meticulous preparation, we successfully presented the world with streamlined, safe, and splendid 2022 Winter Olympic and Paralympic Games, thus making great contributions to promoting the Olympic movement as well as solidarity and friendship among the peoples of all countries.②

在译例1中，"多年精心筹备"与"成功举办了简约、安全、精彩的北京冬奥会、冬残奥会"之间构成条件关系，而"成功举办了简约、安全、精彩的北京冬奥会、冬残奥会"与"为促进奥林匹克运动发展、促进世界人民团结友谊作出重要贡献"之间构成因果关系。这些逻辑关系在该译例的中文原文中并没有具体的关系连接词，而在英译文中，译者则是通过添加"thus"这一表示结果的英文连词来表示第二组的因果关系。事实上，在中文原文中，有时并不适宜使用非常明确的关系连接词来将其中的因果关系明示出来，否则会让原文的行文显得呆板、机械，但在英译文中如果不将其中的逻辑关系明示出来，则很可能会造成读者理解困难，因此译者通过添加表示其中逻辑关系的连接词无疑是一种提升译文可读性的有效策略。

又如下面两例：

---

① 李克强.政府工作报告[N].人民日报,2023-03-15(001).
② Report on the Work of the Government.[EB/OL].(2023-03-15)[2023-07-19]. http://english.www.gov.cn/news/topnews/202303/15/content_WS64110ba2c6d0f528699db479.html

译例2原文：餐饮、住宿、零售、文化、旅游、客运等行业就业容量大、受疫情影响重，各项帮扶政策都要予以倾斜，支持这些行业企业挺得住、过难关、有奔头。①

英译文：Catering, hospitality, retail, culture, tourism, and passenger transport sectors have a large capacity for employment. However, they have been severely affected by Covid-19. Support policies will be weighted more heavily toward enterprises in these sectors to help them stay afloat and get through challenging times with bright prospects.

译例3原文：上述主要预期目标，体现了推动高质量发展要求，符合我国发展实际，与全面建成小康社会目标相衔接，是积极稳妥的。实现这些目标，需要付出艰苦努力。

英译文：The above projected targets are ambitious but realistic—they represent our aim of promoting high-quality development, are in keeping with the current realities of China's development, and are aligned with the goal of completing the building of a moderately prosperous society in all respects. But to realize these goals we need to redouble our efforts.

在译例2中，中文原文讨论的是部分行业发展的问题，原文将餐饮、住宿、零售、文化、旅游、客运等行业就业容量大的优势与这些行业受到疫情影响严重的劣势并列一起，而事实上这是同一事物的两个不同方面，二者之间是转折的逻辑关系，只是原文并未将这一转折关系通

---

① 李克强. 政府工作报告[N]. 人民日报, 2023-03-15(001).

过连接词明示出来。为了将这一逻辑关系呈现给读者，译者在译文中增添了表示转折关系的连接词"however"，这使得原文的逻辑脉络更加清晰，有利于读者理解和接受原文所要传达的话语内涵。与译例2相类似，译例3中第一句话和第二句话之间隐形的转折关系是通过另一个英文中常见的转折关系连接词"but"来进行明示的，这同样可以达到提升译文可读性和可接受性的译介与传播效果。

第三，添加概括性信息。如果说明示逻辑主语和补充逻辑关系词是《中国政府工作报告》英译逻辑建构的两大常见显化策略，那么补充信息则是《中国政府工作报告》英译本中更为巧妙的逻辑建构方式。通过补充信息，可以有效弥补上下文之间以及前后句之间并不明晰的逻辑关系，从而实现增强译本可读性的目的。举例如下：

译例1原文：生态文明建设持续推进。污染防治攻坚战深入开展，主要污染物排放量继续下降，地级及以上城市细颗粒物（PM2.5）平均浓度下降9.1%。第一批国家公园正式设立。生态环境质量明显改善。[1]

英译文：Ecological conservation was enhanced. Thanks to further steps taken to prevent and control pollution, the discharge of major pollutants continued to fall and the average concentration of fine particulate matter (PM2.5) dropped by 9.1 percent in cities at and above the prefecture level. The first group of national parks were officially established. Significant

---

[1] 李克强. 政府工作报告[N]. 人民日报，2022-03-13(001).

improvements were made in the quality of the environment.①

在译例1中，在语句之间的逻辑关系上，显而易见的是，"污染防治攻坚战深入开展"是"因"，而后文中"主要污染物排放量继续下降"与"地级及以上城市细颗粒物平均浓度下降"等一系列成果的取得则是前"因"之"果"。通过对比英译文可以发现，译者除了通过补充关系连接词"thanks to"之外，还添加了"further steps"这一信息，借以表示"攻坚战"的内涵，较为巧妙地传达了原文所要传达的"措施"与"成绩"之间的逻辑关系。

译例2原文：疫情防控成果持续巩固。落实常态化防控举措，疫苗全程接种覆盖率超过85%，及时有效处置局部地区聚集性疫情，保障了人民生命安全和身体健康，维护了正常生产生活秩序。②

英译文：Our gains in Covid-19 response were consolidated. Implementation of control measures became routine, and over 85 percent of the population received a full course of vaccination. Local outbreaks were suppressed in an effective and quick manner. By making these efforts, we ensured the health and safety of the people and maintained normal order in work and life.③

---

① Report on the Work of the Government. [EB/OL]. (2022-03-13) [2023-07-19]. http://english.www.gov.cn/premier/news/202203/12/content_WS622c96d7c6d09c94e48a68ff.html

② 李克强. 政府工作报告[N]. 人民日报, 2022-03-13(001).

③ Report on the Work of the Government. [EB/OL]. (2022-03-13) [2023-07-19]. http://english.www.gov.cn/premier/news/202203/12/content_WS622c96d7c6d09c94e48a68ff.html

如果说上述译例1中的"further steps"尚有对"攻坚战"一词的意译之嫌，那么译例2中的"by making these efforts"则更能说明《中国政府工作报告》英译本中的"添加概括性信息"这一逻辑建构策略。在译例2中，"落实常态化防控举措，疫苗全程接种覆盖率超过85%，及时有效处置局部地区聚集性疫情"都是具体的举措，而"保障了人民生命安全和身体健康"和"维护了正常生产生活秩序"则是这些举措实施后的效果，二者之间同样存在前因后果的关系，译者在译文中处理这种逻辑关系时通过添加"by making these efforts"这一信息，同样巧妙地将原文隐形的逻辑关系明示出来。

再看下面一例：

译例3原文：加强生态环境分区管控，科学开展国土绿化，统筹山水林田湖草沙系统治理，保护生物多样性，推进以国家公园为主体的自然保护地体系建设，要让我们生活的家园更绿更美。①

英译文：We will adopt a more region-specific approach to environmental management, launch greening programs in a well-conceived manner, and conduct in a coordinated way the conservation of mountain, river, forest, farmland, lake, grassland, and desert ecosystems. We will protect biodiversity and advance the development of the national park-based nature reserve system. With these efforts, we will make our common home

---

① 李克强.政府工作报告[N].人民日报，2022-03-13（001）.

greener and more beautiful.①

与译例2类似，译例3同样采用了"efforts"这一具有归纳总结性意义的词语，用以概括该段落前半部分提及的"加强生态环境分区管控，科学开展国土绿化，统筹山水林田湖草沙系统治理，保护生物多样性，推进以国家公园为主体的自然保护地体系建设"等一系列环保举措，从而使得原文的逻辑关系在译文中更加明晰。

四、结语

中英两种语言植根于不同的民族与文化土壤，有着各自不同的行文叙事方式和话语风格。《中国政府工作报告》作为我国政府在国家治理领域的权威话语传播载体，其英译文本的质量势必影响到原文信息在英语世界目标读者群中的传播和接受效果。本文从《中国政府工作报告》的语言特征出发，基于其原文本逻辑关系隐形的现象，重点研究了译者在翻译处理此类现象时所采取的逻辑显性化建构策略。毋庸置疑，在英译本中通过采用恰当的翻译策略，将原文本的隐形逻辑关系予以显现，这对于提升译本的可读性和可理解度具有重要意义。通过逻辑关系显性建构有利于准确传递原文信息，避免歧义和误解。事实上，只有那些逻辑脉络清晰的文本才能够给读者带来愉快的阅读体验。如果文本在行文

---

① Report on the Work of the Government. [EB/OL].(2022-03-13) [2023-07-19]. http://english.www.gov.cn/premier/news/202203/12/content_WS622c96d7c6d09c94e48a68ff.html

叙事上杂乱无序，逻辑不通，读者则很难阅读下去，理解和接受更是无从谈起。如果读者能够轻松理解翻译的内容，则可以大大降低目标读者对译文的理解困难，更不易产生误读或误解的现象。

就隐形逻辑显性建构的翻译策略而言，《中国政府工作报告》英译本无疑是较为成功的典范之一。《中国政府工作报告》英译本有助于让国际社会更好地了解中国政府的政策、发展和改革举措，因此英译《中国政府工作报告》也是推动中国话语"走出去"的重要组成部分。通过采用恰当的翻译策略，促进《中国政府工作报告》在目标读者群中的有效传播，有利于增进国际社会对中国的了解和认知，切实推动中国话语"走出去"且"走进去"，使之成为提高中国在国际舞台影响力以及建构全面客观中国政府形象的另一有效路径。

总而言之，通过高质量英译《中国政府工作报告》，中国话语可以更加全面、深入地走向世界，吸引国际社会对中国的关注，提升目标读者对中国的认知、理解和接受。同时，这也有利于中国在全球舞台上发挥更积极、负责任的大国作用，为促进世界各国之间的交流合作作出积极贡献。

第八章

编译合一：
中国时政新闻话语"走出去"的书写模式
——以《北京周报》为例

自新中国成立以来,党和国家一直高度重视我国的对外宣传工作,中共中央曾明确指出,"积极做好对外宣传工作,扩大我国在国际上的影响,增进世界人民对我国的了解,以赢得更广泛的同情、支持与合作"①。在新中国成立之初,为了打破帝国主义对中国的新闻封锁和话语遏制,专门成立了负责对外宣传新闻报道和出版工作的国家机构,即中央人民政府新闻总署国际新闻局,现为中国外文出版发行事业局(中国外文局),对外称为中国国际传播集团。成立70年来,中国外文局主要承担着党和国家书刊的对外译介与传播任务,创立并发展了包括《北京周报》《今日中国》《中国文学》《中国与非洲》《人民中国》《中国画报》等在内的几十个外文期刊,为对外讲述中国故事和传播中国声音发挥了重要作用。其中,《北京周报》自1958年创刊以来,作为中国唯一的时政新闻英文周刊,"肩负向世界说明中国的使命,以新闻立刊,以

---

① 杨正泉. 发挥两个优势 搞好对外书刊宣传[J]. 对外大传播,1996(06):5-8.

言论见长，以传播中国声音为己任，客观报道中国的最新发展，公正评述国际重大事件"①。在其60余年的发展进程中，《北京周报》形成了具有典型"编译合一"特色的中国时政新闻话语书写模式，下文即从其创设背景、议题设置、写编译策略、传播路径和传播效果等维度对其进行剖析。

一、《北京周报》的创设背景

《北京周报》是我国最早的英文外宣刊物之一，也是目前国内唯一的英文时政新闻周刊，创办于1958年，是在周恩来总理的亲自关怀下创办的。②毛泽东、周恩来、邓小平、江泽民、胡锦涛等党和国家领导人都曾给《北京周报》作出重要指示或题词。2015年12月，习近平总书记还专门为北京周报社的中非合作论坛约翰内斯堡峰会专刊发表贺词。

从创设背景来看，《北京周报》的诞生与新中国成立初期我国政治、经济和社会的发展密切相关，也受到了当时国际整体环境的影响。

1958年，我国正值社会主义建设与改革的初期阶段，中国刚刚度过新中国成立后的艰苦岁月，逐步进入社会主义建设的新阶段。此时，

---

① 北京周报社简介［EB/OL］.（2020-11-06）［2023-01-28］http://www.beijingreview.com.cn/advertisement/202011/t20201106_800226183.html

② 袁亮.周恩来关心对外新闻出版工作纪事（二）［J］.出版发行研究，2001（02）：71-73.

中国政府希望能够向国际社会展示新中国成立以来在政治、经济和文化等领域的发展成就，以增进国际社会对中国的进一步了解并助推中外合作。《北京周报》作为新中国的第一份英文周报，正是在这一背景下应运而生。

此外，当时的国际环境也为《北京周报》的创办提供了契机。1950年至1960年，正值美苏之间的冷战时期，国际社会广泛关注新中国，尤其是关注这一东方大国在当时国际时局中的角色变化和国际影响。在此背景下，《北京周报》的出现恰好迎合了国际社会对新中国的了解需求，为国际社会认知中国提供了一个更为直接的信息窗口，使外部世界能够更加深入地获取当时关于中国的政治、经济、文化和外交信息。同一时期，新中国成立以后，中国与许多国家之间的外交关系逐渐恢复，外国驻华使馆和外交官的人数也在不断增加，来华之后他们也迫切需要了解中国的各项新闻动态与国家政策走向，而《北京周报》作为一份英文媒体，恰好满足了当时各国驻华使馆及其外交官了解中国的现实需求，填补了我国对外信息传播的话语空白。

从创办目的来看，当时创办《北京周报》的目标之一就是向国际读者传达有关中国的政治、经济和文化信息，因此《北京周报》在内容上提供了关于中国在各个领域和层面的报道和深度分析，从外交、政治、经济到文化、社会和教育，都准确地反映了当时中国社会的发展动态。正如《北京周报》在其创刊词中所言，"《北京周报》作为新中国的第一份英语周刊，将及时准确地提供关于中国经济、政治和文化发展的一手信息，并报道新中国与世界其他国家和地区之间的关系"①。

更为重要的是，创办《北京周报》还为中国提供了一个对外传播自身观点和发声的平台。在冷战时期，西方媒体普遍戴着有色眼镜看中国，关于中国的报道往往带有偏见和误解。《北京周报》的创办为中国提供了一个对外发声的机会，通过自己的时政话语媒体平台，传播中国声音，表达中国观点，与国际社会展开对话，这有利于促进国际社会更加客观、全面地认识和解读新中国。

综上所述，《北京周报》的创办是在一定的时代背景和国际环境下的一项重要外宣举措，是时代发展的需要，它为国际读者提供了一个深入了解中国的窗口，对于对外传播中国的政治、经济、文化和外交等各领域的信息都具有重要意义，有利于促进国际社会对中国的深入了解并推动国内外在多领域开展广泛合作。事实上，正是通过这一对外传播的话语渠道，中国在世界舞台上表达了自己的声音和观点，增进了与世界其他国家和地区之间的交流和互动。《北京周报》创办至今不仅已经发展成为中国时政话语传播的重要平台，在中国话语的对外传播史上亦具有重要的里程碑价值。

因此，非常有必要对具有65年成长历史的《北京周报》做一探讨，尤其是应深入考察《北京周报》作为我国唯一时政话语英文周刊在议题设置、编译模式、传播渠道和接受效果等方面的特点，以期能够为新时代推动中国时政新闻话语"走出去"，并进一步做好我国的对外话语传

---

① Introducing Peking Review[J], Peking Review, 1958(01): 3.

播工作有所启发。

二、《北京周报》的议题设置

议题设置又被称为"议程设置"(agenda-setting),这一概念兴起于20世纪六七十年代的美国大众传媒研究领域,是一种以传播效果为研究对象而提出的带有一定假设性推演性质的传播学理论。科恩(Cohen)在其《新闻媒介与外交政策》(*The Press and Foreign Policy*)一书中明确提出,"多数情况下,媒体在告诉读者如何思考这一方面未必奏效,但在告知读者思考什么内容方面却惊人地成功"[①]。"告知读者思考什么内容"正是对议程设置效果的直接表达。

为了进一步验证科恩所提出的信息告知这一传播效果,美国传播学家马尔科姆·麦库姆斯(Maxwell E. McCombs)和唐纳德·肖(Donald L. Shaw)于1968年实施的教堂山镇(Chapel Hill)实证研究结果表明"大众媒介对不同竞选议题的强调程度,不仅在很大程度上反映了竞选者对重要议题的强调程度,而且与选民对各种竞选议题重要性的判断之间存在极高的相关性"[②]。总而言之,对于媒体而言,恰当的议题设置对于促进话语的有效传播具有重要作用,不但会对读者的思考内容产生

---

① Cohen B C. The Press and Foreign Policy[M]. Princeton: Princeton University Press, 1963: 13.
② McCombs M E, Shaw D L. The Agenda-Setting Function of Mass Media[J]. Public Opinion Quarterly, 1972, 36(2): 181.

影响，而且有利于借助话语传播建构国家和民族形象。

对于《北京周报》来说，作为我国最早的英文报刊之一，其议题设置具有鲜明的时政新闻话语特征。这些议题直接关系到《北京周报》在国际舞台上的话语定位和传播影响力。总体来看，《北京周报》的议题设置正如在其官方网站的"自我简介"中所述："对国家社会、政治、经济、文化事务、政策变化和最新发展进行报告和评论。它还提供对重大区域和国际事件的深入分析，并提供咨询和信息服务。"①

具体来说，《北京周报》的议题设置特征主要体现在它的栏目设置及其各个栏目下所选、所编和所译的主题内容上。在《北京周报》60多年的办刊历史中，其栏目设置和主题文稿的编选方针共经历过三次较大的调整，从"着重介绍我国社会主义建设成就和经验"到"以论述国际问题为主"，再到"增进国外对我国国内形势和对外政策的了解"。②下文即以第三次调整后的《北京周报》栏目设置为例对其议题设置特征进行考察。目前，《北京周报》常设的栏目主要包括"Editor's Desk""This Week""Cover Story""Opinion""Features""Culture""Expat's Eye""Forum"。

"Editor's Desk"是《北京周报》一直以来的传统栏目，由北京周报社编辑部就近期某一社会热点问题发表相关社论，篇幅相对较短，论述简单有力，代表着北京周报社的立场和观点。例如，2022年第51期的

---

① Introducing Peking Review[J]. Peking Review, 1958(01): 3.
② 柴如瑾. 向世界说明中国[N]. 光明日报, 2018-10-05(001).

《北京周报》出版于2022年12月底，当时恰逢中国在新冠肺炎疫情防控政策做出较大调整的阶段，这一期的"Editor's Desk"便以此为讨论对象，以"A Fresh Start"为标题和主线，对中国疫情防控政策调整之后的经济发展思路、策略和前景进行了讨论。

"This Week"栏目也曾被命名为"Round the Week"，这与《北京周报》的出版周期是相一致的，即该栏目会就一周以来国内外发生的重大新闻事件进行简讯式报道。为了在主题上更加明确清晰地报道国内外新闻事件，"This Week"栏目下有时候又细分为"Society""Economy""World""People and Points"。"This Week"栏目具有两个较为明显的特点。其一，子栏目"Economy"下除了提供中国近期发布的经济发展政策之外，还会提供相关的经济数据，呈现一段时期内中国的经济发展状况；其二，"People and Points"子栏目下除了介绍一周关键人物之外，还会摘选其他媒体的核心观点。

"Cover Story""Opinion""Features"三个栏目下都是篇幅相对较长的主题文章，构成了《北京周报》的主体部分。虽然这些主题文章被分别排版在上面三个不同的栏目之下，但事实上他们的报道主题具有很多相似之处，基本上都是由《北京周报》的记者编写的各类主题文章，这些文章的报道视角和撰写模式在很大程度上是以西方新闻的写作规范为参照的，其主要目的是为了更好地满足目的语读者的阅读需求，增强对外话语传播的实际效果，下文会从编写译的视角对此展开详细阐述。

除了上述栏目之外，非常值得一提的是《北京周报》的另外一个常规栏目，即"Expat's Eye"栏目。在该栏目下，许多旅居中国的外籍人士会就某一议题内容撰写文章并发表他们的意见,尤其是会讲述他们通过个人在中国的所见所闻而获取的亲身体验。这种借助外籍人士之口讲述的中国故事,有时候对于讲好中国故事和传达好中国声音而言会更具说服力,这如同当年美国记者埃德加·斯诺在延安采访之后写成的《红星照耀中国》一书一样,会在目的语读者群中形成认知共鸣,对于推动中国话语"走出去"具有更好的传播效果。

最后,除了上述主要栏目之外,每一期的《北京周报》还会刊载中国政府文件的翻译版本,下文在论述《北京周报》的翻译策略时会对此展述,此处暂不赘言。

以上是从栏目安排的角度对《北京周报》的议题设置特征进行介绍。从另外一个更为宏观的角度来看,《北京周报》的议题主要包括政治、经济、文化、社会等主题。政治议题通常涵盖国家政策、对外交往、决策过程和领导层动态等诸多层面的内容。例如,报道中国对外政策的调整、中共中央的重要会议和领导人的讲话等。通过这些报道,《北京周报》向外界传递了中国政府的政策立场和发展方向,能够帮助国际读者更好地了解中国的政治体制和决策机制。

在经济议题上,作为世界第二大经济体,中国的经济发展一直是全球关注的焦点之一,为了满足国际社会对于中国经济发展政策的信息需求,《北京周报》在该议题上发挥了重要的对外话语传播作用。它不但定期报道中国的经济发展成就,还会就中国的经济改革、市场开放、产业发展和国际合作等方面提供深度报道,其中包括中国的宏观经济政策、金融市场动态、外商投资环境和对外贸易等重要议题。通过对这些议题的深入报道和分析，《北京周报》向国际读者传递了有关中国经济的现状、发展趋势和挑战，为海外投资者、企业和政策制定者提供了具有重要参考价值的信息和观点。

在文化议题上，上文亦有论及，《北京周报》设有专门的"Culture"栏目用于刊发该类主题的文章。众所周知，中国拥有悠久的历史和丰富的文化传统，《北京周报》在文化议题上呈现和对外传播中国文化独特魅力上也发挥了重要的作用。这一主题主要涉及中国的文学、艺术、电影、音乐、传统节日等各个层面的内容。通过这些文化报道和特写，《北京周报》向国际读者展示了中国的文化遗产、现代艺术创作和流行文化趋势，这有助于国际读者更好地了解中国的文化特色和创意产业，促进跨文化的交流和合作。

最后，在社会议题上，中国社会的发展和变革一直是《北京周报》对外报道和传播的重要议题之一。社会议题可能涉及中国的教育体制、社会福利、就业状况、城乡发展差距、环境保护等各个方面。通过深入的报道和人物特写，《北京周报》揭示了中国社会面临的机遇、挑战和改革进展，传递了人民群众的声音和关切。这有助于国际读者更全面地了解中国社会的现状和变化，加深对中国人民生活和社会问题的全面认知。

总之，无论在栏目设置上，还是从更为宏观的议题视角来看，《北京周报》在议题设置方面力求全面、多样化，旨在通过政治、经济、文化和社会等议题传递中国的声音和观点，推动中国时政话语"走出去"。这些议题的选择和报道反映了中国的发展重点和政策导向，同时也体现了该周报作为国际传媒的责任和使命。正是通过这样的议题设置，《北京周报》在国际舞台上扮演着重要角色，为国际社会提供了一个深入了解中国的平台和窗口，促进了中外之间的信息交流与互动。

三、《北京周报》的写、编、译策略

作为中国唯一的时政新闻英文周刊，《北京周报》的文稿内容在写作和翻译方面均采取了一系列的有效策略，体现了"编译合一"的对外话语体系建构特征，大大提高了文稿内容的可读性，有利于推动中国时政话语在目的语读者中的"无障碍"阅读。

（一）以西方新闻写作范式为遵循的新闻稿撰写模式

如前文所述，《北京周报》是一份时政新闻类杂志，所以新闻稿占据了杂志的大部分版面。事实上，自1958年创刊以来，《北京周报》一直保持着与时俱进的新闻稿创作特征，几乎每一期都会设有专门的"Round the Week"或者"This Week"板块，回顾式报道一周以来的国内外新闻事件。即便是"Features"和"Opinion"等栏目下的文章也多是与当下时政主题相结合而展开的论述。

对于《北京周报》而言，在其新闻稿的撰写上，一直是以服务目标读者为宗旨，照顾受众的阅读习惯和思维特征。根据北京周报社社长李雅芳所言："《北京周报》一贯注重贴近外国读者的信息需求和阅读习惯，选择目标读者感兴趣的选题和角度，按西方新闻写作规范直接用英文创作新闻稿，同时兼顾灵活性与原则性的有机统一。"①

下文即以新闻稿的标题为例，分析《北京周报》在时政话语创作方面的语言特征。

首先，英语新闻稿多是采用名词短语作为文章标题，这体现了新闻稿标题"浓缩式"的语言特征。《北京周报》新闻稿标题的撰写便非常注重采用准确、简明的英文表达方式，避免复杂的句子结构和晦涩难懂的词汇，体现了简洁、清晰、明了的语言风格，达到了"先声夺人"的标题效果，有利于吸引读者进一步关注标题下的新闻内容。以2020年第52期的《北京周报》为例，"This Week"栏目下的近30个一周新闻简报中，标题的字数平均不超过三个，大多都是两个名词构成的短语结构。

其次，在时态上，为体现新闻的即时性和新鲜感，尽管所报道的事件均是发生在不久的过去，按照英语语法理应采用一般过去时，但是英语新闻稿基本上都会违背这一语法规则，而是采用一般现在时用于新闻标题之中。《北京周报》新闻稿的标题均具备这一语法特征。同样以《北京周报》2020年第52期为例，在报道中科院外籍院士叶军获得2020年度"墨子量子奖"时，其新闻标题为"*CAS Academician Wins Quantum Prize*"，采用的便是一般现在时，报道刚刚发生的新闻事件。

第三，英语新闻标题往往会采用比喻、押韵、双关、夸张、设问等多种修辞手法，以增强新闻标题的音形美或者达到增强标题吸引力的

---

① 李雅芳.如何实现国际传播中的"无障碍"阅读——以北京周报社的传播实践为例[J].中国翻译，2015，36（05）：11-12.

目的。《北京周报》各个栏目下的标题通常会具备这方面的语言修辞特征。以2023年第22期为例,"Features"下的一篇文章其标题为"*Beauty Mark or Mole?*"。这篇专题文章主要讲述了国内出台政策以加强对美容行业管理的相关信息。就该标题来说,它不但在标题中加上问号采用了设问的修辞手法,这有助于引起读者对这一话题的注意和思考,而且采用了押首韵的方式,在增强语言美感的同时,还可以起到突出重点、加深印象的信息传达效果。

第四,在报道风格上,时政新闻类话语最为显著的特点是客观性和权威性。《北京周报》的报道风格通常是以事实为基础,注重刊载信息来源准确、权威的内容。它不但力求客观中立式报道,而且会采用多角度的报道方式,基于详细的背景介绍和数据统计,注重对重大新闻事件的全面追踪和深入分析,通过专题类系列报道、人物访谈、专家评论等方式,为读者提供更加全面和深入的信息,避免片面和偏颇的观点。这种报道策略因此使得《北京周报》的报道更具权威性和可信度,有助于读者获得更全面的信息,形成独立的判断和看法。

(二)以目的语读者理解和接受为关照的编译策略

"向世界说明中国"不但是当年周恩来总理关心和支持创办《北京周报》的初心,更是过去和当下《北京周报》所担负的对外传播中国话语的重大使命。因此,除了以英文作为第一语言直接书写的方式编辑创作新闻稿和专题报道之外,《北京周报》还一直担负着翻译和出版中国政府文件的工作,每一期都会为读者提供近期重要政府文件的译本,既包括早在《北京周报》首期就刊载的1958年2月19日由周恩来总理和金日成共同签署的《中朝联合声明》英译稿，也包括2023年5月习近平总书记在"中国—中亚峰会"上的主旨讲话"携手建设守望相助、共同发展、普遍安全、世代友好的中国—中亚命运共同体"。

为了更好地向世界介绍和阐释中国，《北京周报》在翻译政府文件的策略上与原中央编译局、中国外交部翻译室略有不同。虽然三者同属我国的国家级翻译机构，但在翻译理念和策略上存在一定差异。其中，原中央编译局和中国外交部翻译室的翻译相对来说更加传统，在一定程度上体现了逐字逐句翻译的特点，最为明显的表现之一就是会在英译文中完全保留中文原文中经常出现的大量修饰性话语，而修饰性话语往往带有浓厚的主观色彩，不符合目的语读者的认知模式和思维特征，因此有时候很难达到预期的传播效果。

与之相对比，《北京周报》的文稿在翻译策略上就显得更加灵活。这首先体现在其文稿的"原创性"上，即如同上文所论，《北京周报》的新闻稿基本上都是以英语作为第一语言进行的直接创作和书写，中间没有明显的从中文原文向英文转化的翻译环节，这种隐性的翻译符合源语文本缺席的翻译模式特征。关于此点，可进一步参考本书第六章关于跨域书写的讨论。

此外，《北京周报》灵活的翻译策略更加体现在它对中国政府文件的翻译，彰显出更为鲜明的"编译合一"的对外话语生产模式特征。为了更好地"向世界说明中国"，《北京周报》除了按照惯例每期都会翻译和出版中国政府文件之外，还曾经和澳大利亚悉尼大学中国研究中心、中国外文局对外传播研究中心和伦敦国王学院等机构开展合作翻译项目,围绕国外读者对于中国的关注重点,将一些中国政府文件先是"大刀阔斧做减法,去除冗余信息,让巨型文件瘦身"①,然后再翻译成英文,以实现在目的语读者中的"无障碍阅读"。

下文即以《北京周报》与其他机构合作共同翻译的部分国家领导人演讲或中国政府文件为例,详述《北京周报》在翻译中国政府文件方面"编译合一"的策略特征。

2019年4月26日,习近平总书记在第二届"一带一路"国际合作高峰论坛开幕式上发表主旨演讲,全文共计4324字。"一带一路"国际合作高峰论坛是由中国政府主办的高规格的国际论坛活动,势必引起全球媒体的广泛关注,习近平总书记主旨演讲中所要传达的信息自然也是国际社会关注的重点。为了满足读者对于其中核心信息的理解需求,《北京周报》和伦敦国王学院合作编译了这一主旨演讲。他们先是从该主旨演讲中提炼出"目标与成果""增强互联互通""扩大改革开放""创新与知识产权保护"四个关键主题,然后在四个主题下又摘取了最为核心的主题金句,最后将这些金句翻译成英文,这体现了典型的"译前编辑"的对外话语文本生产特征,译前编辑后的文本共计1041字,约是原文的四分之一。

就"译前编辑"而言,更为典型的是2015年的《中国政府工作报告》(简写本)及其英译本。为了更加及时、高效地将中国政府的声音

---

① 李雅芳. 如何实现国际传播中的"无障碍"阅读——以北京周报社的传播实践为例[J]. 中国翻译, 2015, 36(05): 11-12.

传递出去,《北京周报》和澳大利亚悉尼大学中国研究中心以及中国外文局对外传播研究中心开展合作,先是将共计18164字的政府工作报告按照"总基调、新常态、强法治、重社会、拓外交"五个主题将其编辑成一篇仅有3607字的简写本,然后再翻译成英文版。

从翻译策略上来看,通过对比国家领导人讲话或中国政府文件和由《北京周报》翻译的英译版可以发现,《北京周报》始终秉承的是以读者为中心的翻译理念,将读者对原文核心思想和意义的准确理解与接受作为翻译策略选择的重要考量。具体举例如下:

译例1原文:要着眼于保持中高速增长和迈向中高端水平"双目标",坚持稳政策稳预期和促改革调结构"双结合",打造大众创业、万众创新和增加公共产品、公共服务"双引擎",推动发展调速不减势、量增质更优,实现中国经济提质增效升级。①

译文1:China is committed to maintaining a medium-to-high growth rate and level of development. It needs to maintain stable expectations through focusing on policy continuity while moving forward with reforms and structural adjustments. Development needs to be driven through the twin engines of (1) entrepreneurship and innovation and (2) an increased supply of public goods and services. This will ensure that China's growth rate can be adjusted without weakening the economy's momentum. It will also achieve a

---

① 李克强.政府工作报告[N].人民日报,2015-03-17(001).

higher-quality, more efficient and upgraded economy.①

通过对比译例1原文和译文1可以发现，译例1的英译文并不是对原文"亦步亦趋"式的翻译，而是对中文原文在英文中的"再创作"或"编译"。这主要体现在两个方面：其一，英译文在第二句和第三句分别通过补充主语It 和Development，对原文结构进行了调整，厘清了中文原文中所隐藏的内在逻辑关系，即"中高速增长"和"中高端水平"是目标，而"双结合"与"双引擎"是手段，最后的"提质增效升级"是结果；其二，中文原文可谓字斟句酌，用词和语句都十分简练但意义又非常丰富，而且使用了"双目标""双结合""双引擎"这样概括性的表达，三个"双"字符合押头韵的行文特征，而且"双引擎"还属于比喻的修辞手法，这些对于中文读者来说理解起来并非难事，但如果将它们直译成英文，则会大大降低原文信息的传递效果，造成目的语读者理解上的困难。对此，《北京周报》的处理办法并非完全不顾原文中的修辞手法，只是先将原文中所要表达的中心思想翻译出来，同时还保留了"双引擎"这一比喻修辞，可谓"妙译"。

译例2原文：继续实施积极的财政政策和稳健的货币政策，更加注重预调微调，更加注重定向调控，用好增量，盘活存量。以微观活力支撑宏观稳定，以供给创新带动需求扩大，以结构调整促进总量平衡，确

---

① Highlights of 2015 Government Work Report[EB/OL].(2017-03-21)[2023-8-11] http://www.bjreview.com/Beijing_Review_and_Kings_College_London_Joint_Translation_Project/2015/201703/t20170321_800091801.html

保经济运行在合理区间。①

译文2：China will continue to implement a proactive fiscal policy in increasing fiscal spending to stimulate domestic consumption, spur private investment and expand exports. It will also conduct prudent monetary policy in closely watching economic fluctuations and responding accordingly. Under such policies, China will place greater focus on implementing anticipatory adjustments, fine-tuning and targeting regulation, at the same time as putting existing and additional financial resources to better use. Additionally, it will support its micro-economy to become more dynamic as a way of underpinning macroeconomic stability, and explore new methods of improving the quality of supply to boost domestic demand. It will also work to balance total supply and demand through structural adjustments to ensure the economy grows at an annual rate of around 7 percent.②

通过对比译例2原文及其译文2，首先可以发现二者之间存在较大的字数差，中文字数为96，英文字数为125，这显然不符合中英文互译之间的字数对比关系，说明英译文是在原文的基础上补充了一些信息，符合"厚译"的翻译策略特征。进一步细读原文和译文可以得知，译文在处理"积极的财政政策"和"稳健的货币政策"两个概念时，

---

① 李克强. 政府工作报告[N]. 人民日报, 2015-03-17(001).
② Highlights of 2015 Government Work Report[EB/OL].(2017-03-21)[2023-8-11] http://www.bjreview.com/Beijing_Review_and_Kings_College_London_Joint_Translation_Project/2015/201703/t20170321_800091801.htm

都分别在两个概念对应的英译文"proactive fiscal policy"和"prudent monetary policy"后面补充了两个概念作为国家宏观经济政策的背景信息，其目的在于帮助读者更好地理解这两个概念。此外，如同译例1一样，译例2的英译文同样通过增补连接成分（例如，under such policies, additionally）或者主语以及调整句序结构等策略，使得原文信息在译文中的逻辑脉络更加清晰。

四、《北京周报》的传播路径

在对外传播的过程中，《北京周报》通过多种途径和渠道实现其话语内容的高效传播。这些传播渠道既包括传统的纸质印刷版，也包括网络电子版以及新兴的社交媒体平台，还包括通过国际合作的借船出海式传播。

（一）印刷版传播

纸质印刷版是《北京周报》最主要的传播方式之一，自其创刊以来一直保持使用这一传统的传播路径和方式。早在《北京周报》创刊初期，即便当时的印刷条件有限，《北京周报》的封面依然采用的是彩色印刷形式，且每期之间交替使用不同颜色的封面。如今，《北京周报》自21世纪以来一直保持全彩色印刷，为读者提供了美好的阅读体验。

纸质版的传播优势主要包括两个方面。其一，纸质印刷版可以通过各类报摊、书店和订阅渠道分发给读者，这种传统的印刷版形式使得刊物能够覆盖更加广泛的读者群体，特别是那些偏好纸质阅读体验的人士；其二，纸质印刷版还可以在全球范围内发行，然后通过订阅服务，以邮递方式送达特定用户手中。更为重要的是，在大型国际会议和跨文化交流活动中，纸质版的话语传播载体可以为现场的受众群体提供阅读便利。此外，纸质印刷版的《北京周报》还可以通过赠阅的方式，送给各国驻华使馆和跨国公司，扩大其话语传播的受众范围。

事实上，国外很多大型图书馆都订阅了《北京周报》纸质版，甚至还收藏有创刊初期的《北京周报》。例如，在美国国会图书馆的亚洲主题图书阅览室里就收藏着《北京周报》自创刊以来的所有合订本，经常吸引来自世界不同国家和地区的读者。①

（二）网络电子版传播

随着信息技术的发展，网络电子版成为《北京周报》对外传播的重要方式之一。从历史发展和演变轨迹来看，《北京周报》自1958年创刊之后，除了英文版之外，还曾拥有过法语、日语、德语和西班牙语四个语种的版本，为世界上不同语种国家和地区的读者阅读中国提供了重要的多语种平台。

自2001年开始，北京周报社对《北京周报》进行了较大幅度的调整，纸质印刷版只保留了英文版，而其他四个语种均停印纸质版，但是这些语种版本的《北京周报》并未停办，而是和《北京周报》英文版一

---

① 柴如瑾. 向世界说明中国[N]. 光明日报，2018-10-05(001).

起同时开通了网络电子版。在栏目设置上,《北京周报》的网络电子版与其纸质版基本保持一致,还充分利用互联网的空间优势,拓展了许多新的栏目,而且会根据国内外重大专题新闻报道的需求随时在网络版上新增专栏项目。[①]

目前,《北京周报》在其官网上共设有中文版、英文版、法文版、德文版和日文版五个语种版本。通过网络电子版的信息传播,与下文论及的社交媒体传播路径一样,一方面可以大大提高信息传播的时效性和丰富性,弥补了传统纸质版在时空方面的话语传播局限,同时还使得话语传播的内容在读者定位和需求上更具针对性。

网站电子版的传播路径还包括与其他媒体合作和内容分发平台合作。除了自身官网之外,《北京周报》还与国内其他对外话语传播平台如China Daily,Xinhua News Agency,China Pictorial和CGTN等媒体建立了网页相互链接的合作关系,这使得更多的读者在浏览其他媒体网站时了解并阅读《北京周报》,从而了解中国。

(三)社交媒体传播

社交媒体是当今社会信息传播的重要渠道之一,几乎所有国际主流媒体都在利用社交媒体进行对外信息发布,《北京周报》自然也不例外。目前,《北京周报》在国内外主要的社交媒体平台上均建立了官方账号,其中包括国内的微博和微信,以及Facebook、Twitter、Youtube和Instagram等国际主流的社交媒体。

---

① 李宁.网上看《北京周报》[J].对外大传播,2001(Z1):14-15.

社交媒体的传播路径不仅有利于扩大纸质媒介的受众群体，还可以大大增加其传播的速度，确保信息传播的时效性。一方面，通过社交媒体平台，读者能够随时随地获取最新的新闻资讯，并与其他读者乃至媒体编辑进行交流和讨论。另一方面，随着多媒体传播技术的迅速发展，社交媒体还可以提供包括文本、图片、短视频等多种模态的信息传播载体。通过上述社交平台，《北京周报》能够及时发布最新的时政新闻报道、主题文章以及短视频等信息资源，并利用社交媒体的信息交互功能与读者在社交媒体上进行信息互动和交流，大大提高了中国时政新闻话语的对外传播速度和效率。

以全球最大的社交媒体平台之一Facebook为例，自从《北京周报》在Facebook创建账户以来，在Facebook平台上的发帖基本保持实时更新状态，不仅实时对外发布国内外的重大新闻事件，而且就国际问题积极发声，表达中国态度，传达中国声音。目前，《北京周报》在Facebook平台上的粉丝数高达120余万，受众面较广，在特定的受众群体中产生了重要的话语影响力。

（四）国际合作传播

除了本土化运营，《北京周报》还积极开展国际合作，采取全媒体合作传播的国际化策略，与世界上很多其他国家和地区的媒体、出版机构以及文化交流机构建立业务联系，共同推动其话语内容在全球范围的传播。这种国际合作传播路径上主要包括新闻交换、内容转载和联合刊发等多种形式。例如，《北京周报》自2017年7月开始便与来自美国、英国和法国的《时代周刊》《新闻周刊》《彭博商业周刊》《经济学人》《青年非洲》等世界主流媒体开展长期业务合作。

通过国际合作，借助国际其他主流媒体平台，《北京周报》使其新闻报道以及对于国际事件的中国视角和观点能够更广泛地被传播到世界其他国家和地区，更加有效地推动中国话语走向世界。与此同时，《北京周报》与世界其他国家主流媒体的业务合作还有助于吸引更多国际读者关注和了解中国的政治、经济、文化等方面的情况，促进他们对中国的了解和认知。

综上，《北京周报》通过印刷版、电子版、社交媒体和国际合作等多种途径和渠道实现其内容的传播。这些传播路径使得该周报能够覆盖更广泛的读者群体，增强了传播的速度和实时性，扩大了传播的范围和影响力。通过这些传播路径，《北京周报》成功地向国际社会传递了中国的声音和观点，促进了中外之间的交流和互动，增进了国际读者对中国的了解和认知。

五、《北京周报》的传播效果

作为中国最为重要的对外话语传播平台之一，《北京周报》已经走过60余年的发展历程，在国际舞台上取得了较好的传播效果。下文分别从影响力、读者反响和国际认可等方面分析其在促进国际交流和传播中国声音方面所取得的传播效果。

（一）影响力

自创刊以来，《北京周报》在国际媒体领域拥有较大的影响力。首先，该周报通过其独特的目标定位和专业报道，已经发展成为国际社会了解中国时政新闻和政策话语的重要窗口。如同前文所述，在议题上，《北京周报》的对外报道涵盖政治、经济、文化、社会等诸多领域，通过有效的写、编、译策略，能够较为全面、深入、客观地传递中国的发展动态、发展成就和政策变化，这使得国际读者对中国的了解和认知更加深入。

其次，《北京周报》通过广泛的传播渠道和合作伙伴，扩大了影响范围。《北京周报》通过印刷版、网络电子版和社交媒体版等多种形式对外进行传播，这使得其报道能够触达更多的读者群体。此外，与国内外媒体和文化机构的合作，进一步扩大了传播网络，增加了它在国际传媒领域的影响力和可见度。

（二）读者反响

《北京周报》在国际读者群中的反响也十分积极。许多读者给予了《北京周报》的新闻报道和专题文章高度认可和评价，这主要得益于《北京周报》的报道客观、准确，且能够为读者提供多角度、权威的信息来源，及其对一些国际时政的独家分析和深度报道。例如，2015年4月，联合国前秘书长安南在接受《北京周报》的独家访问之后，在其Facebook账号上便转发了《北京周报》在该社交媒体的英语推文《要团结不要分裂》（*More Unites Us Than Divides Us*），并留言："让所有人都生活在一个更美好、更和平的世界一直是我的一个梦想。"又如，在《北京周报》创刊60周年时，许多国家的驻华大使发来贺信，其中新西兰驻华大使麦康年在贺信中回忆道："20世纪70年代我第一次来北京就看过《北京周报》,它一直是我了解中国的重要信息来源。"①

此外,《北京周报》在国际学术界和知识界也受到了广泛关注。许多以中国为专门研究对象的学者、专家和研究人员经常参考和引用《北京周报》的相关报道和文章,并对其中的观点进行讨论和研究。这些都彰显出《北京周报》在传播中国声音和观点方面的重要作用,为国际学术交流和不同文化之间的有效对话作出了贡献。

(三)国际认可

《北京周报》在国际上是受到普遍认可的,这首先可以从其广泛的合作伙伴中找到证据。前文亦有论及,世界主流媒体包括美国的《时代周刊》《新闻周刊》《彭博商业周刊》、英国的《经济学人》杂志、法国的《青年非洲》周刊、南非的《星报》、塞内加尔的《太阳报》等都与《北京周报》之间建立了长期供稿的合作机制。

例如,2018年3月12日美国《时代周刊》刊载了由《北京周报》供稿的《中国共产党是中国成功的原因》一文,该文作者为在国际学术界具有较大学术影响力的复旦大学中国研究院院长张维为教授。《北京周报》与国际主流媒体之间的合作一方面"开创了中国期刊新闻史上的先河"②,更为重要的是,这也说明《北京周报》在国际传媒领域被同行他者广为接受和认可的对外话语传播影响力。

---

① 柴如瑾.向世界说明中国[N].光明日报,2018-10-05(001).
② 柴如瑾.向世界说明中国[N].光明日报,2018-10-05(001).

六、结语

《北京周报》是新中国成立后我国最早的对外话语传播载体之一,也是目前我国唯一的英文时政新闻周刊。无论是对外介绍中国在经济、社会和文化等众多领域的发展趋势和成就,还是就国际问题的积极发声,抑或是对我国国内形势和对外政策的大力宣传,《北京周报》通过恰当的议题设置、以读者为关照的文稿撰写和编译策略以及有效的多渠道传播路径,在65年的办刊过程中,为对外传播中国时政话语发挥了重要的载体和平台作用。更为重要的是,《北京周报》从创刊初期对于毛泽东思想的国际传播,到后来对于"邓小平理论""三个代表""科学发展观"的对外宣介,《北京周报》一直是党和国家领导人治国理政思想对外传播的权威平台。从接受状况来看,《北京周报》在媒介影响力、读者评价和国际认可等层面均取得了较好的对外传播效果。如今,新时代的中国对外传播更加需要《北京周报》,正如北京周报社社长所说,"新时代的中国理念、中国智慧、中国方案、中国贡献等需要通过《北京周报》这样的平台传递出去"[①]。

[①] 柴如瑾.向世界说明中国[N].光明日报,2018-10-05(001).

第九章

化内为外：
《求是》英文版的中国政治话语译介与传播

《求是》杂志是我国最重要的党刊之一，在全国思想理论领域具有权威地位。自创刊以来，"为推动马克思主义中国化时代化大众化，用新时代中国特色社会主义思想武装全党、教育人民、指导实践作出了重要贡献"①。2009年10月1日，以《求是》杂志为主要参考来源的英文版正式创刊。这是继国内几家主要主流媒体纷纷设立外文频道或推出多语版之后，由中国政府宣传部门主导的一项新举措，旨在推动媒体"走出去"，以提升中国在国际上的话语权。

　　自从创刊以来，《求是》英文版已经经历了十多年的发展历程。近年来，中国的对外话语体系已成为国内学界的一个重要研究领域，但关于《求是》英文版这一具有权威性的话语传播载体的研究成果并不多见。仅有《求是》英文版的翻译和定稿人贾毓玲从翻译实践的角度对其

---

① 习近平. 习近平致《求是》暨《红旗》杂志创刊60周年的贺信[J]. 奋斗，2018(13)：1.

英译技巧进行了一些探讨。①本文认为，《求是》英文版代表了中国对外话语体系建设的一个典型成果，因此应该受到更多学术界的关注。鉴于此，本文从翻译的目标、传播框架、翻译策略和传播渠道四个方面深入分析，《求是》英文版将被作为个案，以研究国家政治话语"走出去"的模式和特点。

一、译介目标：对外讲述中国共产党治国理政的"故事"

"讲故事"是我国开展对外交流、融入国际社会的重要方式。早在20世纪30年代，毛泽东同志就曾在延安的窑洞里向美国记者埃德加·斯诺（Edgar Snow）讲述了大量关于中国革命的故事，这成为当时对外传播中国革命思想的重要渠道。70年来，中国取得了巨大的发展成就，走出了一条具有中国特色的社会主义道路，因此关于中国的"故事"内容变得更加丰富多彩。然而，"在中国崛起的过程中，始终存在着西方话语垄断对中国话语的扼制和挤压"②，"崩溃论""威胁论""责任论""殖民论"等唱衰、唱空中国，甚至妖魔化中国形象的负面话语不曾间断。在百年未有之大变局的时代背景之下，面对西方话语霸权的限制，如何

---

① 如贾毓玲. 从断句谈如何提高外宣翻译的可读性——《求是》英译体会[J]. 中国翻译, 2013, 34(04): 110-112.、对融通中外话语体系建设的几点思考——《求是》英译体会[J]. 中国翻译, 2015, 36(05): 93-95.、论对外政治话语体系的创建与翻译——再谈《求是》英译[J]. 中国翻译, 2017, 38(03): 96-101.

② 田鹏颖. 在解构"西方话语"中建构中国话语体系[J]. 马克思主义研究, 2016(06): 138-145.

更加迫切地讲好中国的故事成为一个关键的时代问题。自党的十八大以来，习近平总书记就这一主题发表了一系列重要讲话，指出"（我们）必须增强底气、鼓起士气，坚持不懈讲好中国故事，形成同我国综合国力相适应的国际话语权"①。

讲好中国故事的首要前提是明确对外讲述的内容，并将其与目标受众对中国的认知需求相结合。2008年，时任中共中央政治局常委李长春同志出席《求是》杂志创刊50周年纪念大会并发表讲话指出："中国的发展道路、发展模式、发展理念越来越得到国际社会的认同，为党的理论宣传开辟了更为广阔的舞台。"②事实上，"自新中国诞生以来，国外就对中国所发生的事情以及新中国的观点产生了浓厚的兴趣"③。在中国大力推行改革开放政策之后，经济快速发展，综合国力不断增强，2010年经济总量跃居世界第二位，更加引起国际社会关注。然而，面对迅速崛起的中国，国际社会"认为中国经济发展是成功的，但对中国实行的社会政治制度则质疑不绝"④，这事实上也正是西方社会对中国道路和中国发展模式尚存疑虑的根源所在。

面对国际社会的片面解读和质疑，结合对外宣传的现实需求，2009

---

① 习近平. 加快推动媒体融合发展 构建全媒体传播格局[J]. 冶金企业文化，2019(02)：4-5.
② 李长春. 在纪念《求是》暨《红旗》杂志创刊50周年大会上的讲话[J]. 求是，2008(14)：4-9.
③ 参见《北京周报》1958年第1期"创刊词"。原文为英文，中文由本文作者翻译。
④ 陈锦华. 中国模式与中国制度[EB/OL].(2021-07-02)[2022-12-14]. https://m.thepaper.cn/baijiahao_13414588

年10月1日，在中宣部的指导下，以《求是》杂志作为主要源语出处的英文版正式创刊，面向海内外公开发行。《求是》是中共中央机关刊物，创刊于1988年7月1日，前身是1958年6月1日创设的《红旗》杂志，《红旗》是在"党中央、毛主席的直接关怀、具体指导下创办的"①。《求是》创刊之后便一直深受党和国家领导人的关心与支持，杂志封面的"求是"二字是由邓小平同志亲笔题书。在创刊初期，《求是》曾由中共中央委托中央党校主办了一段时间。1989年十三届四中全会之后，《求是》杂志又改由中共中央委员会主办，恢复了它作为中共中央机关刊物的政治地位。

与《人民日报》、新华社和《环球时报》等其他国内主流媒体不同的是，《求是》不属于新闻类的媒体类型，而是由中国共产党最核心的权力机构中共中央委员会主办的机关刊物，是党中央指导全党全国各项工作的重要思想理论工具，其主要任务在于阐释党的基本理论、路线、方略，宣传党中央的重大决策部署和理论研究成果等。《求是》文章的作者也都是以国家领导人、省部级官员以及国内知名学者为主，读者对象则重点包括各级党政军领导干部、广大宣传思想理论工作者、教育工作者和全体共产党员等。这些都彰显出《求是》作为党刊在国内的权威政治地位。

因此，以《求是》杂志为基础创设英文版，其主要目的不在于新闻报道，而是对外传播中国共产党和中国政府的执政理念与治国方略。换

---

① 苗作斌,王帆,郭芳.《红旗》杂志创办始末[J].视听,2012(09):50-51.

言之,《求是》英文版的主要功能在于通过翻译与传播中国政治话语,化内宣为外宣,对外讲述中国共产党治国理政的"故事"。这也正如《求是》英文版官方网站对其自身定位所述:"《求是》英文版是一本关于中国治理与中国观点的期刊,它详细阐述中国的理论、指导方针、原则、政策及其背景,并介绍中国改革开放进程中的经验和教训;是中国共产党和中国政府在国家治理中关于治理理念和策略的权威解读平台;是宣传中国发展理论、道路和模式的主流传播渠道;是其他国家政党、学界和民众了解和研究中国事务的重要窗口。"①

二、传播框架:叙事主题与阐释视角

《求是》英文版自创刊至2019年,共发行了41期,此间曾于2015年进行了较大程度的改版,改版前后的最大差异在于栏目名称的改变,而每一个栏目实际上代表着一个话语主题。通过对比可以发现,改版前后的《求是》英文版在叙事框架上,传播主题与阐释视角呈现不同特征。

(一)改版前(2009—2014):突出经济和政治叙事的传播主题

自2009年至2014年,《求是》英文版共发行了21期,除了开篇是国家主要领导人的讲话稿之外,其他文章分别列入"政治(Politics)、经济(Economics)、文化(Culture)、社会(Society)、法律(Law)、国

---

① 参见《求是》英文版官方网站,网址为http://english.qstheory.cn/2014-05/14/c_1110690798.htm. 原文为英文,中文由本文作者翻译。

际（International）、生态（Ecology）"等栏目之下，也包括一定数量的"文选（Selections）"和"文摘（Abstracts）"等内容。从栏目设计来看，《求是》英文版与中文版基本一致。各个栏目所刊发的文章数量如表1所示。

表1 改版前《求是》英文版的栏目设置及发文量（2009—2014）

栏目	文章数（篇）	占比	栏目	文章数（篇）	占比
经济	83	24.6%	文化	15	4.4%
领导人①	59	17.5%	法律	9	2.6%
政治	58	17.2%	科教	5	1.5%
国际	54	15.9%	生态	1	0.3%
文选	29	8.6%	新闻	1	0.3%
社会	24	7.1%	摘要	100	
总计（篇）	338（不含"摘要"栏目）②				

从表1可以看出，在前21期中，《求是》英文版共选译了338篇文章，单期平均发文量约16篇。在所有栏目中，"经济"栏目选译文章数量最多，共计83篇，占比24.6%。显然，在改版之前，《求是》英文版的叙事框架更加突出经济主题。

《求是》英文版所呈现出的上述主题选择倾向是有据可循的。自新中国成立以来，在中国共产党的领导下，中国经济社会发展取得巨大成就，尤其是改革开放之后，中国经济总量持续快速增长，自2010年起，

---

① 在《求是》英文版中并没有"领导人"这一栏目名称。本文根据该栏目所选文章及其作者特点，将其命名为"领导人"，以便归类统计。

② "摘要"栏目仅出现于前21期中，共计有100篇入选。该栏目被置于杂志的最后几页，所占篇幅较小，不属于《求是》英文版的主体部分，本文未将其计入文章总量。

对世界经济增长的年均贡献率居世界第二。经济实力的增强可以说是新中国成立70年来取得的最大发展成就，为对外宣传提供了展示中国的丰富语料。再者，经济基础决定上层建筑，支撑经济发展的是中国共产党的执政理念、治国方略和发展思路。从这一视角来看，着重经济叙事有效凸显了中国共产党领导中国在发展道路、发展理念和发展模式选择上的正确性。

除了"经济"栏目之外，"领导人""政治"和"国际"三个栏目的选文数量也相对较多，均接近60篇，分别占比17.5%、17.2%、15.9%。其中，"领导人"栏目通过选译国家领导人的讲话文稿，旨在传达来自中国政府最高层的声音。在"政治"栏目下，所选文章多聚焦中国的民主改革、人权发展、民族政策、政党制度、反腐败等与中国特色社会主义制度相关的话题。"国际关系"栏目则围绕中国与他国的双边关系、中国在国际事务中的角色与贡献以及中国在国际争端中的态度和立场等内容，对中国的外交思想、外交政策等进行了系统阐释。

在上述三个栏目中，尽管"领导人"和"国际"在名称上并没有直接显示与政治相关，但从它们所涉及的话题内容来看，这两个栏目也都是以政治作为叙事主题。因此，上述三个栏目的选文与《求是》英文版的功能定位相一致，它们构成了对外讲述中国共产党治国理政"故事"的三个主要模块，是改版前《求是》英文版的另一突出主题。

"反话语"叙事是竞争国际话语权的重要方式，这一时期，"政治"栏目下的文章主题显露出一定程度的"反话语"（counter-discourse）叙事特征。所谓"反话语"，是指针对国外官方力量强加的某种话语进行回应和抗辩的一种话语实践模式。该栏目下有多达6篇文章都涉及西藏的人权与发展问题，这与《求是》英文版的创刊背景有很大关联。在《求是》英文版创刊的前一年，即2008年，西藏发生了打砸抢烧暴力事件。西方媒体戴着有色眼镜对此进行了歪曲报道，包括美国有线电视新闻网、FOX新闻网、华盛顿邮报、法新社、英国广播公司、德国《柏林晨报》、德国N-TV电视台等媒体利用虚假配图，指责中国的人权状况。[①]在这种情况下，6篇文章重点围绕西藏的民主改革成果和现代化发展进程展开论述，加上另外7篇以民主为主题的文章，都是针对上述西方主流媒体指责中国民主和人权问题所进行的直接回应。

（二）改版后（2015—2019）：立足自我阐释、彰显"反话语"叙事

近几年来，中国经济实力持续增强，加上一系列主场外交活动的顺利开展，国际地位进一步提高，"国际社会对中国发展道路和发展模式的理性认识逐步加深，同时对我们的误解也还不少，'中国威胁论'、'中国崩溃论'等论调不绝于耳"[②]。在这一背景下，从2015年第1期起，《求是》英文版对栏目进行了全新改版，改版后的叙事视角和话语建构方式发生了较大变化。

首先，栏目设计上，在保留开篇为国家领导人文章的基础上，其

---

① 杨牧. 无知？偏见？西藏事件报道西方媒体操守何在？[EB/OL]. 人民网，（2008-03-27）[2022-12-15]. http://world.people.com.cn/GB/89881/97035/7049650.html.

② 中共中央文献研究室. 习近平关于社会主义文化建设论述摘编[M]. 北京：中央文献出版社，2017：197.

他栏目被重新设定为"中国道路（China's Path）、中国理论（China's Theory）、中国体制（China's Systems）、中国价值观（China's Values）、中国政策（China's Policy）、中国国防（China's Defense）、中国的和平发展（China's Peaceful Development）、中国经验（China's Experience）和两岸关系（Cross-Straits Relations）"等。单从栏目名称的变化可以看出，《求是》英文版的叙事结构不再遵循以政治、经济、文化、社会和法律等为主题的划分方式，而是以"中国"这一对外传播对象作为栏目设定的基点，叙事角度发生明显改变，愈加彰显立足自我的阐释视角。论述主题也更为具象，直接围绕中国的发展道路、治国理政经验、政治经济体制、核心价值观念以及和平发展理念等内容展开阐释，中国共产党治国理政"故事"的讲述因此变得更加具有针对性。

这一阶段各个栏目的发文量如表2所示。

表2 改版后《求是》英文版的栏目设置及发文量（2015—2019）

栏目	文章数（篇）	占比	栏目	文章数（篇）	占比
中国道路	63	17.5%	中国经验	34	9.4%
中国理论	59	16.4%	习近平	26	7.2%
中国政策	58	16.1%	中国价值观	12	3.3%
中国制度	52	14.4%	国防	10	2.8%
和平发展	45	12.5%	两岸关系	1	0.4%
总计（篇）	360				

从表2可以看出，在改版后的20期《求是》英文版中，总发文量达360篇，单期平均发文量18篇，与改版之前相比略有上升。从各个栏目的发文量来看，总体上相对均衡。另外，新设置的"中国道路""中国理论""中国制度"和"中国价值观"四个栏目分别对应着中国"四个自信"的各个维度，即道路自信、理论自信、制度自信和文化自信。其中，"中国道路""中国理论""中国制度"三个栏目的发文量分别为63篇、59篇和52篇，各占比17.5%、16.4%和14.4%，三个栏目的总发文量达174篇，几乎占全部发文量的一半，成为改版后的核心主题。

"四个自信"理论是"习近平新时代中国特色社会主义思想的重要内容，是以习近平同志为核心的党中央治国理政的重要理论创新成果"①。以"四个自信"作为叙事主题使得改版后《求是》英文版的译介目标更加明确，即通过系统展示中国在发展道路、理论依据、制度模式、传统文化等方面的国家和民族自信，以解构西方话语霸权体系中对中国特色社会主义道路的曲解和误读。事实上，在新设的各个栏目下均有明显以西方话语作为反制对象的主题文章。例如，2015年第4期的《中国经济"增长极限论"没有道理》、2016年第1期的《"一带一路"绝非中国版"马歇尔计划"》以及2019年第2期的《中国共产党为什么"能"》等文章便分别回应了西方话语体系中对中国经济发展模式、共

---

① 韩振峰.四个自信"形成发展的历史路径[EB/OL].(2017-11-15)[2022-11-28].http://nxjst.nxnews.net/xjwzxzxxck/201711/t20171115_4413363.html

产党国家治理方案和"一带一路"全球倡议的质疑。"中国的和平发展"栏目下的文章则集中阐释了中国"以和为贵"的外交思想。这些叙事框架构成了中国在对外传播中针对西方话语霸权的"反话语"叙事实践。

除了围绕"四个自信"的叙事主题,"中国政策"栏目也选译了58篇文章,占比16.1%,仅次于"中国道路"和"中国理论"两个栏目,是改版后的第三大叙事重点。通过对该栏目下的文章进一步细化分析,可以发现该栏目下多数文章均与经济话题相关,和改版前"经济"栏目下的文章篇目具有很大的相似性,这说明改版后的《求是》英文版依旧保留将经济内容作为重点叙事主题之一,但在栏目名称上更加突出自我阐释的传播视角,而且是在"经济"的宏观概念下进一步聚焦中国的经济发展政策这一主题。

三、译介策略:以"融通中外"为导向的编辑与翻译

译介中国对外话语体系的关键在于"融通中外"。所谓"融通中外",是指既要有鲜明的中国特色,同时还要能够为国际社会所理解和接受。①《求是》杂志是国内权威的政治理论刊物,其中蕴含的政治话语有其固有的表达范式,故而具有浓厚的内宣特色,尤其是一些党政文件,它的受众就是中国党政干部、党员,"从根本上说就不是给外国人看

---

① 陈亦琳,李艳玲. 构建融通中外的新概念、新范畴、新表述——中国政治话语传播研讨会综述[J]. 红旗文稿, 2014(01): 27-29.

的"①。因此，如何确保对外话语体系建得成、译得好、传得出是摆在话语译介主体面前的现实问题。通过文本对比，可以发现在《求是》英文版的创设过程中，为了提高原文的国际适用度和译文的可接受度，两大译介主体在各自的工作流程中以"融通中外"为目标，分别采取了较为有效的译前编辑和翻译策略。

（一）以删减为主的译前编辑策略

通过文本对比可以发现，在中文原文创建过程中，《求是》杂志社对不适宜外宣的内容主要采取的是基于删减的编辑策略，这主要体现在以下几个方面。

首先，删减原文中与主题之间缺乏逻辑关联的话语。以《求是》英文版2018年第4期的 *Building a Community of Shared Future for Humanity: the CPC's Grand Mission* 一文为例，该文译自2018年6月21日《光明日报》第5版的《构建人类命运共同体是中国共产党的崇高使命》。这篇文章论述了构建人类命运共同体的历史意义与时代价值，全文总计2095字，有940字被删除，删减率达45%。其中，原文第二个小标题是"构建人类命运共同体彰显了中国共产党人的政治自信和历史担当"，下面三个段落分别论述了"人类命运共同体是中国梦与世界梦的有机统一""人类命运共同体彰显了中国共产党人的政治自信"和"人类命运共同体体现了中国共产党人的历史担当"。"人类命运共同体是中国梦与世界梦的

---

① 陈明明. 在党政文件翻译中构建融通中外的新概念新范畴新表述[J]. 中国翻译, 2014, 35(03): 9-10.

有机统一"这一分论点与小标题之间缺乏紧密的逻辑关联,因此在译前编辑过程中这段话被完全删除。

缺乏逻辑性的话语还包括一些"空洞乏味的车轱辘话"[①]。例如,《求是》中文版2014年第12期中《理解"中国模式"的方法论原则》一文总字数4216字,1508字被删除,删减率达36%。文中在论及正确对待"变"与"稳"的平衡关系时,有这么一段话:"'变'与'稳'既对立又统一,变中有不变,不变中有变。变是无条件的、永恒的、绝对的,不变是有条件的、暂时的、相对的。在绝对的变异中总有某些相对稳定的、不变的东西。'中国道路'既有'变'的一面,也有'不变'的一面。变是活力,不变是定力。能变的大胆地变,不能变的坚决不变;不因变而失了方寸、乱了阵脚,不因不变而停滞不前、一潭死水。"在上述这段话中,标有下划线的句子是被删除的部分。这些语句在原文中通过重复表达以传递语言要旨。删减之后,原文变成"'变'与'稳'既对立又统一,变中有不变,不变中有变。'中国道路'既有'变'的一面,也有'不变'的一面。能变的大胆地变,不能变的坚决不变"。高度凝练后的中文在叙述上首先提出关于"变"与"稳定"的关系论点之后,直接过渡到文章的论述主题之"中国道路",行文逻辑和句子的连贯度都明显变得更加清晰,也更符合英语读者的思维特征。

其次,删减原文中大量修饰性话语。浓重的修饰性话语是中国政治

---

① 贾毓玲. 论对外政治话语体系的创建与翻译——再谈《求是》英译[J]. 中国翻译, 2017, 38(03): 96-101.

话语的又一行文特色，多用于表达作者的态度和立场。以2017年第4期中的*Studying General Secretary Xi Jinping's Thought on Diplomacy*一文为例。该文选自《求是》中文版2017年第14期的《深入学习贯彻习近平总书记外交思想 不断谱写中国特色大国外交新篇章》。文章集中阐述了以"大国外交"为核心的习近平外交思想。文中多处出现了对中国特色大国外交思想进行积极评价的修饰性话语，例如，"中国特色社会主义是我国对外工作的最大优势、最大特色、最大机遇""坚持'四个自信'，我们对外工作就有了根和魂，我国外交事业就有了前进动力和根本保证""习近平总书记以卓越的政治家和战略家的宏大视野和战略思维，谋划运筹对外工作全局，并身体力行遍访五大洲不同类型国家以及主要国际和区域合作组织""不久前我国成功举办'一带一路'国际合作高峰论坛，取得丰硕成果，进一步形成了各方携手共建'一带一路'的良好局面""极大振奋了党心军心民心，也赢得了国际社会的广泛尊重"。这些表达方式符合内宣政治文本的特点，但如果将它们保留且直接译成英文，很可能会与英语读者的思维模式发生冲突，不利于文章主题思想的传播。因此，它们在译前编辑中被直接删除。

此外，通过文本对比，还发现在原文中缺乏严格引证的话语内容也会被删除。《求是》中所刊文章往往没有严格标注的参考文献，文章中经常出现缺乏精确引证的间接引文，常见的表达方式是"有学者认为……"，这些话语在译前编辑中往往是被删减的对象。依然以《理解"中国模式"的方法论原则》一文为例，该文在开篇第一段即提出"在西方话语中，任意解读'中国模式'的现象司空见惯"的观点，随后通过6个"有学者认为……"的句式结构引出一系列西方学者对中国模式误读的观点，并借此来论证上述主题句。在《求是》英文版的译文中，这部分缺乏明确信息来源的间接引文以及文章中其他几处类似的情况都被删除未译。

（二）"以我为主"、兼顾读者理解和接受的翻译策略

对于中国政治话语而言，衡量传播效果的标准主要体现在两个方面：一是中国政治话语中的特色元素在译文中是否被保留；二是存在文化差异的话语表达通过翻译处理后能否被目的语读者所理解和接受。原中央编译局在《求是》英译过程中，为了提高译文的传播效果，他们采取的是较为灵活的翻译策略，既以"以我为主"、彰显中国政治话语特色为原则，也以贴近目的语、以读者接受为圭臬，二者的有机结合呈现出较强的主体意识和受众意识。

首先，在翻译中国政治核心话语时，译者通常采取的是以我为主的翻译策略，尽力在译文中保留中国特色元素。中国政治话语的特点之一是经常出现一些具有较强概括性和抽象性的新概念和新名词，这些特色表达往往是一定时代背景下由国家领导人根据国内外发展形势而提出的治国理政的理念或外交思想，如"三个代表""三严三实""大国外交""人类命运共同体"等。这些特色词汇属创新型政治话语，代表的是源自中国的理念与智慧，缺乏可资借鉴的翻译参考模式，在英文中也没有对应的表达。对于此类核心政治话语，《求是》译者通常"以我为主"，在译文中保留原文内涵，彰显中国政治话语特色。

以"三个代表"和"三严三实"为例，这两个政治概念在《求是》英文版中对应的英文分别是"Three Represents"和"Three Stricts and Three Honests",不但数字化的信息在译文中被完全保留,而且对"代表""严""实"的翻译,也是直接采用了"represent""strict"和"honest"三个在词性上与原文并不一致的单词。目前这两个概念的译本在外媒中也已经被引用。①

"大国外交"和"人类命运共同体"是习近平总书记提出的关于中国特色外交和全球治理的核心理念,两个概念均具有丰富的含义。对于"大国外交"来说,尽管在一些西方学者或媒体的笔下这一概念被曲解为"major power relationship"②或"great power relations"③,但是《求是》译者采用的是"Major-country Diplomacy"这一中国官方统一译法。该译文通过"major"一词强调了中国特色大国外交的"大"字意指中国是对全球发展作出重大贡献的主要国家之一,而并不是像美国一样的"超级大国"或"强权大国",该译法较好地保留了这一概念的政治内涵。同样,"人类命运共同体"的译文是"a Community with a Shared Future",通过"community"和"shared"两个积极词汇有效传达了"人类命运共同体"这一中国特色政治话语中所蕴含的精神实质,即各国应在追求本国利益时兼顾他国合理关切,

---

① Rajagopalan M. After the "Three Represents", China pushes "Four Comprehensives" [EB/OL]. (2015-02-26) [2023-01-03]. https://www.reuters.com/article/us-china-doctrine/after-the-three-represents-china-pushes-four-comprehensives-idUSKBN0LU0A620150226.

② Lampton, D. M. A new type of major-power relationship: Seeking a durable foundation for US-China ties [J]. Asia Policy, 2013(16): 51-68.

③ Anderlini, J. Global insight: China's "great power" call to the US could stir friction [N]. Financial Times, 2013-06-04.

在谋求本国发展中促进各国共同发展。

其次，中国传统文化博大精深，许多俗语、俚语、谚语以及隐喻概念等表达经常被用于中国政治话语表述之中，借以表达深刻的道理。这对于植根于中国文化土壤的读者来说，理解起来并不困难，然而如果通过直译的异化方式翻译成英文，很可能造成目标语读者的理解障碍，不利于话语的传播和接受。因此，对于此类表达，《求是》译者往往靠近读者，遵循以读者接受度为翻译考量的圭臬。例如：

（1）中文原文：要有足够的历史耐心，把可能出现的各种问题想在前面，切忌贪大求快、刮风搞运动，防止走弯路、翻烧饼。

英文译文：We need to be sufficiently patient and think ahead about problems that could potentially emerge. It is imperative that we stop ourselves from being overly ambitious and engaging in impulsive campaigns, and that we refrain from flip-flopping and getting off track.

（2）中文原文：要从系统工程和全局角度寻求新的治理之道，不能再是头痛医头、脚痛医脚，各管一摊、相互掣肘。

英文译文：We must seek out a new path for environmental governance by treating it as a systematic project and looking at it from an overall perspective. Rather than continuing to treat superficial symptoms through stopgap measures with government departments each looking out for their own immediate problems while holding each other back.

在例（1）中，原文借用"翻烧饼"这一生活常识暗指在工作中要保持政策的连续性和稳定性，而不能朝令夕改，译文中的"flip-flopping"常用来指政客善变的立场，较为传神地表达了原文的意思。例（2）中的"头痛医头、脚痛医脚"在中文里常用来比喻寻求解决方案时的狭隘视角，英译文"treat superficial symptoms through stopgap measures"与之意蕴完全吻合。然而，如果采用直译策略，将其译作"treat head when head aches and treat feet when feet are painful"，尽管"头"和"脚"等元素被保留，但对于英语读者来说极易造成误解，因为在西医的治疗理念中，"头痛医头、脚痛医脚"是有一定道理的，而这与原文实际上所要表达的意思则大相径庭。上述两例均体现出译者在处理中国政治话语中文化负载元素时以读者理解和接受为依归的翻译策略。

四、传播渠道：从单一纸媒到多媒介融合的信息化传播

传播渠道指的是传播者用来将信息传递给受众的路径、方式或手段，是影响传播效果的关键要素之一。传播渠道的畅通与否不仅关系到传播的成功实现，还是反映传播主体能力水平的重要指标。

（一）传统纸媒传播

以书刊等纸媒作为话语传播载体一直以来都是中国开展对外宣传和国际交流的重要渠道。早在中国共产党即将建党之前的20世纪之初，以李大钊和陈独秀为代表的中国先进知识分子便已经开始通过创办《新青年》和《共产党》等报刊向国内介绍和传播马克思主义。中国共产党正式成立之后，包括毛泽东、周恩来、陈独秀、李大钊、瞿秋白和邓小平等在内的中共创始人和老一辈无产阶级革命家都曾参与创办或主编各类

革命报刊。据不完全统计，在新中国成立之前，以中国共产党人作为创建主体而创办的不同种类和不同形式的红色报刊有5000余种，为中共在不同历史时期的革命斗争中宣传其思想、理论、路线和方针政策都发挥了重要作用。①

新中国成立初期，为了更好地做好国内外舆论引导和新闻宣传工作，中央人民政府政务院先是成立了新闻总署，下设国际新闻局，专门承担对外宣传任务，随后国际新闻局于1952年被改组为外文出版社，1963年又被调整为国务院直接领导的外文出版发行事业局（以下简称"外文局"），随后在20世纪80年代和90年代又经过多次组织关系变更，而今是隶属于中共中央宣传部管理的事业单位。外文局自成立伊始，不管单位名称和组织关系如何变更，其中心任务一直是承担着党和国家借助书刊这一传播路径对外进行宣传②。在其至今70余年的发展历程中，外文局的主要成就在于创设、编译和出版了包括《北京周报》《中国画报》《今日中国》《中国与非洲》《人民中国》等纸媒外宣刊物。

《求是》英文版在对外传播的渠道上首先选择的也是这一较为传统的传播方式，即通过纸媒印刷版面向国内外读者开展出版、发行和订阅服务。从创刊至2014年，《求是》英文版的印刷纸质版一直是采用的大16开本，4个印张，64个页码。2015年改版之后，《求是》英文版的纸质版设计又调整为较大开本。2020年，《求是》英文版改版为双月刊

---

① 张挺, 王海勇. 中国红色报刊图史（1921-1949）[M]. 山西出版集团/山西经济出版社, 2011: 前言.

② 书刊对外宣传的理论与实践[M]. 北京: 新星出版社, 1999.

之后，至今一直保留着每期80页的版本。在发行渠道上，纸质版的《求是》英文版主要是通过中国日报社和中国国际图书贸易公司两大机构对外出版发行。通过对全球图书合作组织OCLC（Online Computer Library Center）下属的图书馆馆藏信息数据库Worldcat进行检索，可以发现纸质版的《求是》英文版在马里兰大学图书馆（美国）、圣母大学赫斯堡图书馆（美国）、纽卡斯尔大学罗宾逊图书馆（英国）、苏黎世中央图书馆（瑞士）、马来西亚国家图书馆（马来西亚）、国家大学图书馆（斯洛文尼亚）和斯洛文尼亚国家图书馆信息系统/信息科学研究所（斯洛文尼亚）等都有馆藏。

（二）信息化媒介传播

在互联网时代，信息数字化程度日益加深，网络技术更加发达，全球信息传播早已进入各种媒介相互融合的全媒体时代，借助互联网进行信息传播无疑是更为快速、更为高效的沟通方式。为了紧随时代发展潮流，进一步拓宽作为中共中央党刊的理论宣传覆盖面和影响范围，《求是》杂志于2009年7月开通了"求是理论网"，该网站以《求是》杂志中文版作为重要依托，通过整合全国社科领域的理论资源，为广大党员干部学习和宣传党的理论知识搭建了一个全新的综合性理论在线平台。2014年，为了贯彻落实中共中央关于将传统媒体和新兴媒体融合发展的决策部署，[①]充分利用新兴媒体以扩大党刊的传播力、覆盖面和影响力，进一步推动《求是》及其子刊《红旗文稿》和《红旗文摘》与互联

---

① 习近平. 推动传统媒体和新兴媒体融合发展［EB/OL］.（2014-08-18）［2022-11-11］. http://media.people.com.cn/n/2014/0818/c120837-25489622.html

网等新兴媒体在传播内容、传播渠道、传播平台和传播运营管理等方面的深度融合,"求是理论网"于当年8月15日起被更名为"求是网",并对网站的栏目设计进行了全新改版。①在"求是理论网"开通的同时,《求是》英文版也于2009年正式创刊,但直至2011年才通过"求是理论网"在其主页下开设"英文频道",推出了《求是》英文版官网。2020年,《求是》英文版官网主页和子页面都重新进行了改版设计。改版之后的《求是》英文版官网在各个栏目的子页面设计上则更加图文并茂,信息含量也更加丰富。以"Opinion"和"Development Experience"两个栏目为例,在两个栏目的子页面中,几乎每篇文章都会配有一幅与主题相关的图片。通过文字和图片相配合,二者交相呼应,这样更容易吸引读者,激发读者的阅读兴趣,从而促进信息传播。

除了借助传统纸媒和官方网站进行对外传播之外,《求是》杂志社英文编辑部还采用了Newsletter的信息化媒体形式,即通过发送电子邮件向目标读者和潜在读者提供与《求是》纸质英文版完全一致的内容。电邮传播是国际上较为流行的传播方式,是信息化时代很多大型企业、非政府组织和各类机构进行市场宣传、广告营销和信息传播的重要手段。此外,《求是》杂志社还于2020年5月在国际上著名的社交媒体Twitter(推特)上开通了官方账户,不过推特上发布的更多是新闻性质的内容。尽管在推特上的传播内容与《求是》英文纸质版的内容并不完

---

① 求是杂志社旗下"求是理论网"更名为"求是网"[EB/OL].(2014-08-20) [2022-12-22]. http://theory.people.com.cn/n/2014/0820/c40531-25502885.html

全一致，但是借助社交平台将有助于扩大《求是》英文版在社交媒体活跃用户受众中的知晓率和影响力。

五、结语

针对西方社会对中国的偏见和误读，党和国家高度重视外宣工作，不断采取措施加强对外话语体系建设，以推动中国话语"走出去"。基于《求是》杂志而创设的《求是》英文版是其中的重要译介成果之一。《求是》英文版不是对其中文版的简单照搬和翻译，在传播框架上呈现出鲜明的外宣特征。改版前的传播内容更加强调经济和政治主题，从不同侧面讲述中国"故事"，改版后的阐释视角则彰显出立足自我的"反话语"主题建构特征。在译介策略上，《求是》英文版的译介主体《求是》杂志社和原中央编译局分别采用了以删减为主的译前编辑策略和以"融通中外"为导向的翻译策略。为了提升传播效果，《求是》英文版将传统纸媒与现代化信息传播媒介相结合，共同促进其对外传播。经过十余年的发展，《求是》英文版为推动我国政治话语走向英语世界、为对外讲述中国共产党治国理政的"故事"以及为解构西方话语体系对中国"一语独霸"的他塑模式都发挥了重要作用。

对外话语体系译介是一个较为复杂的系统工程，"译出去"并非意味着"走进去"，也无法保证译本能够被目标读者完全理解并有效接受。《求是》英文版体现了我国对外政治话语体系相对完整的译介模式，但在主题选择、译前编辑和翻译策略上依然存有一定的提升空间。基于进一步增强我国政治话语传播效果的目的考量，本文认为，话语译介主体应进一步强化受众意识，不断完善话语体系译介流程。首先，源语文本择取应更加重视目标读者对中国的认知需求和关切点，寻求能够有效联通中外的公共话语区间，"把我们想讲的和国外受众想听的结合起来"①，同时进一步加强"反话语"叙事，在立足自我对外阐释的同时，主动针对敏感话题选择相应主题文章，就西方社会对中国的质疑点做出积极回应；其次，译前编辑应突破单一的删减模式，在保留中国政治话语思想的基础上，以目的语读者认知特征为考量，对原文进行一定程度的改编甚至改写，以提高源语文本的国际适用度和可译度；第三，翻译策略上要进一步加强阐释力度，尤其对那些高度凝练的中国特色政治话语新概念、新范畴和新表述，在保留源语特色元素的同时，应以注解等方式对其内涵和外延加以解释说明，以增强译文在目的语读者中的可理解度，从而提高传播效果。

总而言之，尽管《求是》是内宣型的政治理论刊物，但是在其译介与传播主体的共同努力之下，通过化内宣为外宣的译介与传播策略，《求是》英文版逐渐发展成为中国特色对外话语体系的传播载体，体现了"化内为外"的话语体系转变特征。在其十余年的发展历程中，《求是》英文版为推动我国政治话语"走出去"发挥了重要作用，是当前西方媒体、政客和部分以中国作为研究主题的学者等目标受众解读中国共产党治国理政的关键信息来源之一。

---

① 中共中央文献研究室. 习近平关于社会主义文化建设论述摘编[M]. 北京: 中央文献出版社, 2017: 213.

第十章

借船出海:
《白夜追凶》在英语世界的网飞之旅

新中国成立以来，文学作品一直是对外交流中国文化、推动中国话语"走出去"的重要传播载体。与此同时，随着全球化进程的不断加速与深化，加上当代信息技术的快速发展，中国文化对外传播的内容和载体愈加丰富。其中，电影和电视剧作品作为信息化时代的信息新模态，在中国文化对外交流中发挥着不可或缺的重要作用。"影视剧作为一种综合的艺术形式，肩负着开拓海外市场，推动中国文化走出去、将中国的民族精神发扬光大的对外传播使命，尤其是在'一带一路'倡议下，影视剧成为文化输出中最有效的宣传途径"[①]。

然而，尽管我国是影视剧的生产和消费大国，但是长期以来我国一直面临着国外影视剧输入多而国产影视剧输出少的"逆差"局面。[②]20世纪八十年代，随着与欧美国家邦交关系的正常化以及改革开放进程的

---

① 毕磊. 浅谈影视剧输出对文化传播的影响[J]. 电影文学, 2017(12): 13-15.
② 黄冬梅.《飘》和《根》对我国影视剧进出口的启示[J]. 电影文学, 2013(05): 71-72.

推进，大量美剧、韩剧、日剧等开始被引入中国。对于我国而言，虽然我国影视剧自20世纪80年代起也开始逐渐出海，并且至今已取得了一些成果，但多集中于亚洲国家，尤其是东南亚国家，如越南、新加坡、泰国等，成功走向欧美市场的中国影视剧则相对较少。比如《西游记》作为中国第一批出口到海外的国产电视剧，当时最早出口到泰国、缅甸、越南等国家，之后陆续出口到加纳、坦桑尼亚等非洲国家。此后，《水浒传》在日本、新加坡、马来西亚等国家相继播出，《三国演义》《康熙王朝》等则紧随其后，相继出口至日本、新加坡、马来西亚等周边国家。20世纪90年代末，《神雕侠侣》《还珠格格》等IP加持的作品开始走向海外。

除了亚洲国家，也有越来越多的中国电视剧走进非洲和中东等地区。《花千骨》等众多电视剧已经进入非洲家庭电视荧屏，《平凡的世界》等剧集反复播出。在南非，电视剧《我的岳父会武术》和《老爸当家》的宣传片和预告片一上线，就引发了众多网友的关注和热议。在坦桑尼亚举办的电视剧《欢乐颂》观众见面会上，当地观众用中文高呼"很高兴见到你们"，向演员们热情打招呼，现场气氛非常活跃。[①]在埃及、阿尔及利亚、突尼斯、摩洛哥等阿拉伯国家，中国电视剧《父母爱情》《媳妇的美好时代》等精良制作相继播出并广受好评。

在传统电视剧目不断走向亚洲和非洲国家的同时，国产网剧也逐渐

---

① 孙广勇,吕强,周辀. 推动文化交流 促进民心相通（国际视点）[EB/OL]. 人民日报,（2020-10-26）[2022-12-26]. http://jl.people.com.cn/n2/2020/1026/c349771-34373188.html

兴盛起来，这些网剧不仅题材多样，整体的影视制作水平和故事叙述能力显著提高，我国开始将影视剧产品出口的目光放远至欧美国家。2017年，《白夜追凶》《河神》《无罪之证》等一批口碑与收视双双飘红的作品相继出现。更为重要的是，这三部剧又一同登陆了全球最具影响力的流媒体播放平台Netflix，这在中国影视剧出口历史上具有十分重要的意义。其中，《白夜追凶》是我国第一部按照国家五部委联合下发的关于电视剧发展的14条新政标准进行审核的网络剧，也是第一部被全球最大的流媒体播放平台Netflix买下版权的国产网剧。在我国网络自制剧史、电视剧产业发展史乃至电视剧出口史上，《白夜追凶》都可以说是我国影视话语成功"走出去"的代表性传播个案。

本文即以《白夜追凶》作为案例，在考察其传播效果的基础上，分别从叙事特征、制作手法、字幕翻译策略，对其能够受到Netflix的青睐而成功走向国际传播平台的多层次原因进行剖析，并在此基础上进一步反思推动中国影视话语"走出去"的可行性路径。

一、借船出海："走出去"的中国网络剧《白夜追凶》

《白夜追凶》是2017年优酷网独家播放的中国首部硬汉派悬疑推理剧。该剧由导演王伟执导，主要演员包括潘粤明、王龙正、梁缘和吕晓霖等。该剧讲述了刑侦支队队长关宏峰为了洗脱弟弟关宏宇的杀人罪名，与弟弟共用一个身份，一路破获多起案件的故事。警察关宏峰与曾经因为贩卖盗版音像被拘留过并被武警部队开除的关宏宇是双胞胎兄弟。"2·13灭门案"让原本逍遥浪荡的关宏宇成了在逃的通缉嫌犯。身为刑侦支队队长的双胞胎哥哥关宏峰，誓要查出真相，但出于亲属回避的原则，警队禁止关宏峰参与灭门案的调查工作，关宏峰义愤辞职。调任了代支队长的周巡处于破案压力，也为了追寻关宏宇的下落，聘请离职的关宏峰为"编外顾问"，继续参与各大重案要案的调查。由于关宏峰罹患"黑暗恐惧症"，所以夜晚出现在警队的编外顾问关宏峰实则是由躲藏在自己家中的通缉犯弟弟关宏宇扮演。性格迥异的兄弟两人在警队中马脚不断，背负着随时被周巡及各路人马发现的危险，同时还一路侦破了各种大案要案，目的只是想伺机调阅灭门案的案卷查出真相，以还清白。

《白夜追凶》以其扣人心弦的剧情和紧张刺激的节奏赢得了观众的喜爱。剧中的悬疑元素、反转情节和细腻的人物刻画给人留下深刻印象。剧情跌宕起伏，情节紧凑，环环相扣，引人入胜，每一集都充满了悬念和惊喜。观众们追随着双胞胎兄弟二人一起破解谜团，体验着紧张刺激的破案过程。除了紧张刺激的剧情，该剧也通过对人性的探讨和角色的情感表达给观众带来深思。剧中的每个角色都有着自己的故事和内心世界，他们的成长、坚持和牺牲令人动容。观众们在追剧的同时，也对角色的情感经历产生共鸣，体会到生活中的喜怒哀乐。

该剧在播出后获得了广泛的社会反响和口碑赞誉，上映两个月播放量就已经破40亿，豆瓣评分一度高达9.1分，可谓是中国网络自制剧中最为成功的代表。观众们对于剧中的剧情设定、演员表演和制作质量都给予了高度的评价。《白夜追凶》先后获得了多个重要奖项的肯定，其中包括横店影视节暨第四届"文荣奖"最佳网络剧、2017中国泛娱乐指数盛典ENAwards年度最具价值网络剧、微博年度热剧、中国网络影视年度风云奖、第三届中国网络视频学院奖——金蜘蛛奖最佳网络剧奖，成为中国网络剧市场的一部佳作。中央电视台《焦点访谈》也称其"聚人气，扬正气"[①]。

《白夜追凶》在国内获得超高的收视率和良好的口碑的同时，也吸引了全球最大的流媒体播放平台Netflix的关注。Netflix公司在该剧更新结束后，次月就买下了其版权，在190余个国家和地区播出。

Netflix成立于1997年，总部位于美国加利福尼亚州洛杉矶，是一家全球领先的流媒体娱乐服务公司。它以其无与伦比的内容库和创新的视频流技术而闻名，已经发展成为全球最受欢迎的在线视频订阅平台之一。从Netflix的发展历史来看，虽然Netflix只成立了二十多年，但它涉猎的业务广泛。最初，Netflix是一家DVD租赁公司，以租赁DVD为主，用户可以通过邮寄订购和归还DVD。随着互联网的快速发展，Netflix又发展了线上流媒体产业，于2007年推出了流媒体服务，使用户能够在线观看各种电影和电视节目。这一创新性的转变为Netflix的成功奠定了基础，并将其推向了全球市场。

Netflix采用订阅的观影模式，用户可以根据不同的套餐选择付费订阅，以流媒体的方式观看Netflix的内容。它的内容库非常丰富，涵盖了各种类型的电影、电视节目、纪录片和原创作品。用户可以通过个人账

---

① 《焦点访谈》20180116 聚人气 扬正气[EB/OL].(2018-01-16)[2022-12-22]. https://tv.cctv.com/2018/01/16/VIDEAOlzWBVO4YnGWfollyRd180116.shtml

户在多种设备上观看,包括智能电视、智能手机、平板电脑和游戏机。Netflix还以其个性化的推荐算法而闻名。通过对用户的观看历史、评级和偏好进行分析,Netflix能够向用户提供个性化的推荐内容。这种算法使用户能够发现他们可能感兴趣的新内容,并提供了更好的观看体验。

目前,Netflix已经进入了多个国家和地区,包括美国、加拿大、英国、巴西、印度等。随着智能手机和宽带互联网的普及,Netflix的用户数量迅速增长,其独特丰富的流媒体内容和便利的订阅模式使其成为全球最大的流媒体服务提供商之一。作为一家全球流媒体娱乐服务公司,Netflix通过其丰富的内容库、个性化推荐算法和创新的视频流技术,为190多个国家/地区提供30多种语言的流媒体播放服务,成为全球范围内用户喜爱的在线视频订阅平台。其原创作品和与制片厂的合作使其拥有独特的内容优势,并在全球市场上保持领先地位。

2017年,《白夜追凶》被购下版权后顺利登陆Netflix平台,这也就意味着,订阅了Netflix的所有用户,可以通过手机、电脑等便捷方式观看这部中国影视剧。与此同时,对于喜爱悬疑剧的用户,也会收到Netflix对《白夜追凶》的精准推送。

《白夜追凶》不仅在国内获得了超高的收视率和良好口碑,而且被全球最大的流媒体播放平台Netflix买下其播放权,成为被网飞买下的第一部国产网剧,对于作品本身来说已是极大肯定。事实上,在美国市场,只有那些精品影视剧才会在HBO和Netflix这样的付费电视台和付费视频网站上播放,因此Netflix对播放剧集的选择非常严格。作为一部国产网络剧,能够借助于Netflix这一平台面向全球播出,充分说明了美国影视市场对这部剧的认可与肯定。从这一视角来看，《白夜追凶》可以说是中国影视剧通过借船出海的方式成功"走出去"的典范之一。

二、传播效果：外媒对《白夜追凶》的报道与观众影评

上文结合《白夜追凶》的高品位本体特征，并从全球最大流媒体播放平台Netflix购买其版权这一视角论证了它作为中国自制网络剧走向世界的成功历程。除了被Netflix购买版权之外，海外媒体对《白夜追凶》的相关报道以及观众评价对于衡量其走向海外之后的传播效果同样具有重要的参考价值。

《白夜追凶》在Netflix平台播出以后，有多家英语媒体对《白夜追凶》进行了报道，如英国的*Digital Spy*（《数字间谍》网站）、美国的*The Hollywood Reporter*（《好莱坞报道》）、香港的*South China Morning Post*（《南华早报》）等。其中，*Digital Spy*（《数字间谍》网站）评价《白夜追凶》为一部"引人入胜的中国犯罪剧集，以其扣人心弦的剧情和紧张的节奏而闻名，剧集通过精彩的表演和出色的制作质量，仅在中国就获得了四十亿点击量，具备了吸引国际观众的潜力"[①]。*The Hollywood Reporter*（《好莱坞报道》）也认为《白夜追凶》是一部"令人上瘾的中国悬疑剧集，它成功地融合了悬疑、犯罪和心理

[①] Netflix has picked up a detective series with over 4 billion views in China alone [EB/OL]. (2017–12–01) [2022–11–25]. https://www.digitalspy.com/tv/a844416/netflix-acquires-chinese-detective-series-day-night-4-billion-views/

元素，给观众带来了紧张刺激的观影体验。剧集的制作水平和演员的表演都非常出色，为中国网剧树立了新的标杆"①。除此之外，*South China Morning Post*（《南华早报》）还报道称《白夜追凶》是一部"具有国际水准的中国犯罪剧集，它展现了中国电视剧在创作和制作上的进步，剧集紧凑的剧情、紧张的节奏和精良的制作质量使其在国内外赢得了巨大的成功"②。从这些报道评价中，我们可以看出媒体对于《白夜追凶》的创新性、剧本的紧凑性以及演员表演的出色性都是赞赏有加。Asianacircus网站在2023年还发布了一篇名为《2023年网飞最值得一看的24部中国电视剧》的文章，其中就提到了《白夜追凶》。文章指出，"《白夜追凶》这部中国电视剧是可以在Netflix看到的一部杰出的犯罪剧，这部黑暗而神秘的作品会让观众在每一集的结尾都感到好奇，相信每个人都会喜欢这部剧"③。

除了来自媒体的报道外，很多观众也给予了《白夜追凶》很高的评价分数，而且有的还在播放平台上发表了自己对这部剧的看法。在海外权威电影数据库IMDb④评分平台上，《白夜追凶》曾获得8.6的高分，并且有许多观众给出了更加具体的评价。例如，有观众评价说："这部剧

---

① Netflix Acquires Chinese Detective Drama Series 'Day and Night' [EB/OL]. (2017-11-30)[2022-11-25.] https://www.hollywoodreporter.com/tv/tv-news/netflix-acquires-chinese-detective-drama-series-night-day-1062954/

② 参见https://www.scmp.com/tech/enterprises/article/2122340/netflix-becomes-exclusive-global-distributor-youkus-china-made

③ 参见https://asianacircus.com/best-chinese-dramas-to-watch-on-netflix/

④ 参见https://www.imdb.com/

很值得一看，讲述了有趣的中国故事。一个是警察，另一个被称为杀人犯，但他们是兄弟，他们有一张几乎相同的脸。每一个故事都专业而有趣。你会看到特殊的社会问题和现象，最后的结果变得越来越难以捉摸和有吸引力。""这是一部非常棒的犯罪推理剧，任何对这类故事感兴趣的人都应该看看这个系列，不管他们以前是否看过中国的任何东西。我一般不会向习惯于国际或好莱坞影视的人推荐中国影视剧，但是《白夜追凶》可能是值得一试的。"除此之外，在观众的评价中，我们还可以看到如下字眼："最有趣的警匪片之一""看过的中国最好的侦探剧""亚洲版夏洛克·福尔摩斯"[①]等。还有观众表示除了之前的中国功夫片，没看过任何中国电视剧，但是如果这是中国电视的质量，会使得中国电视剧更吸引人，强烈推荐并感谢Netflix将它带给全球观众。[②]从以上的评价中，我们可以更加直观地感受到《白夜追凶》在观众心目中的位置。事实上，这些正面积极的评价又将进一步提升《白夜追凶》在全球的传播范围，因此可以让更多的观众观看和欣赏这部中国网剧，因此可以进一步提高中国影视剧的国际知名度和话语影响力。

由上可见，无论是来自媒体的报道，还是来自观众的直接评价，都足以证明《白夜追凶》作为中国第一部成功"走出去"的网络剧，在海外取得了相对较好的传播效果。

---

① 参见https://www.imdb.com/review/rw3870966/?ref_=tt_urv
② 参见https://www.imdb.com/review/rw4160340/?ref_=tt_urv

三、《白夜追凶》成功"走出去"的原因剖析

作为中国首部硬汉派悬疑推理剧,《白夜追凶》不仅成为第一部被Netflix购买版权的中国网剧,而且被多家外国媒体积极报道,同时也受到了观众们的良好评价,这些都充分说明《白夜追凶》在推动中国影视话语"走出去"方面取得了较好的传播效果。但是,《白夜追凶》的成功并非偶然,而是多重因素共同作用的结果。本文认为,可以分别从《白夜追凶》的叙事特征、制作手法和字幕翻译策略三个维度对其成功"走出去"的原因进行深度剖析,详述如下:

(一)《白夜追凶》的叙事特征

《白夜追凶》叙事张弛有度,信息传递的节奏恰到好处。过去,国产悬疑剧往往冗长拖沓,叙事节奏缓慢,观众很难全神贯注于剧情的发展,而往往为了弄清楚结局采取多倍速或者快进的方式。在美国市场,相较于长篇剧集,篇幅短小精悍、戏剧性强、节奏快、高密度的迷你剧引爆了美剧市场对电视剧形式内容的新一轮探讨,给美国电视剧题材样式和叙事模式提供了更多的可能性。[①]《白夜追凶》便借鉴了美国悬疑迷你剧的特点,摒弃了冗长的叙事,快速切换时间地点等,呈现给观众

---

① 罗琳,杜红泽.美国中产阶级家庭里的秘密——家庭悬疑迷你剧的叙事模式探析[J].当代电视,2022(02):84-89.

紧凑的叙事节奏，仅用三十二集就为观众呈现了大大小小的八起案件。每一集更是蕴含了大量的情节信息，比如在刚开始的第一集中，就向观众同时展示了两起案件。与此同时，又用最简洁的语言介绍了主要人物角色的身份、性格和相互关系等，将重要且基本的信息交代清楚。在叙事紧凑的同时，故事情节中还穿插了各种人物之间的情感戏等，这些设计不但不会让剧集显得拖沓，反而使得故事更加丰润。

《白夜追凶》采用双线叙事的方式，运用了插叙、倒叙等多种叙事手法，而且在故事情节的叙述上可谓是悬念不断，环环相扣。《白夜追凶》以"2·13灭门案"为核心事件作为全剧的总悬念，催化事件作为阶段性分支悬念，二者或交叉或连续出现推进剧情，为剧情单元增加情绪点和推理线索。如果把《白夜追凶》的悬念剖析开来，就会发现其悬念制造常用的四大手段：时间锁、空间锁、信息跌宕与信息压制，这大大增加了故事的紧迫感。在影视剧里，对于一个事件的讲述往往是不连续的，会出现跳播或者是省略不播的情况。卡法勒诺斯指出"故事中发生断点的两种可能模式：叙事要素的暂时缺失（在阅读过程中建构的故事中的缺失，这些断点将在以后填补）或永久缺失（断点将永远保留）"。①前者称为信息延宕，后者则称为信息压制。例如，在刘长永被害案中，刘长永在办公室被人发现中毒送往医院之后，下一个镜头就是海港支队的人把周巡带走了。在这里就出现了一个叙事要素的暂时

---

① 爱玛·卡法勒诺斯.《新叙事学》.[M].[美]戴卫,赫尔曼主编,马海良译,北京:北京大学出版社,2002.

缺失，即周巡和刘长永之间发生了什么。但是随着调查过程中周巡作为嫌疑人的回忆则还原了整个过程，到此时真相大白，信息在这里产生了延宕。

在整个叙事过程中，《白夜追凶》的人物形象也是复杂多面，打破了传统剧作中二元对立的模式，正反人物不再泾渭分明，人物形象更加丰满、立体、贴近现实。二元对立模式往往人物扁平化，好人坏人的区分过于绝对，只重视情节的曲折性，人性的挖掘深度不够，该剧则规避了这方面的弱点。最突出的是关宏峰与关宏宇兄弟俩本来有着截然不同的性格，哥哥成熟稳重、严肃冷静、心思缜密，作为一名警察，是正面人物的代表，象征着白昼；而弟弟暴躁叛逆、洒脱随性、江湖气息重，作为一名在逃嫌疑人，是反面人物的代表，象征着黑夜。但是随着剧情的发展，观众就会发现，弟弟其实有正义阳光、心思缜密的一面，而哥哥也有不为人知、善恶难辨的一面，因此，黑暗逐渐变得光明，光明也逐渐变得黑暗。"剧中也塑造了一群亦正亦邪的警察形象，有良知，也有性格缺陷，如善于搞办公室政治、脾气暴躁的队长周巡，官僚作风、处世圆滑的副队长刘长永"①。

总之，《白夜追凶》的叙事方式灵活多变，故事悬念迭起，人物设置复杂丰富，这些因素吊足了观众的胃口。该剧无论是张弛有度的叙事节奏，双线叙事方式，还是倒叙插叙的巧妙运用以及各种悬念的设置，

---

① 付晓红.探案与探暗：《白夜追凶》的镜像叙事[J].中国电视，2018（02）：32-36.

都充分展现了其独特的叙事特征。这些特点不仅吸引了大量的国内观众，也成功吸引了来自美国、欧洲等地区的评论家和观众的关注，成为其走向国际市场的重要因素之一。

（二）《白夜追凶》的制作手法

《白夜追凶》能够在英语世界取得不错的反响，除了与其引人入胜的叙事特征相关外，也得益于其高超的制作技术，该剧无论是在拍摄还是剪辑上都花了大量的功夫。在很大程度上，《白夜追凶》参照模仿了美剧的风格，带给国内观众耳目一新的感觉。更为重要的是，这种制作手法十分贴合海外受众的观影体验。

首先，《白夜追凶》在拍摄上创新地使用了长镜头。第一集的开头就用一个七分半钟的长镜头展现了第一个案发现场的全貌以及凶手的特征。也正是由于这个长镜头，观众产生了很强的代入感，仿佛身临其境出现在案发现场，因此容易产生观影兴趣。另外，在拍摄时使用了国产影视剧里很少使用45尺的伸缩臂，这款伸缩臂可以在升降的同时还能伸缩，比如一边往前走一边往上升，也可以一边往下降一边往后退，因此可以完成很多比较有难度的拍摄任务。这种拍摄方式帮助拍摄了很多长镜头，开场七分钟的长镜头，便是采用了这款伸缩臂，大大增强了画面感。

其次，《白夜追凶》采用了2.35比例的宽画幅，这样的画幅比例会带给观众电影既视感。为了加强视觉冲击力，本剧采用了大量的手持镜头，剧中一些偷窥的视角以及体现人物性格的镜头画面用的是长焦，则选择相对广一点的镜头去拍人的近景。同时在拍摄时还采用了很多的大光比、明暗对比以及对称式的构图等,以此来强调兄弟俩的平行关系,突出一明一暗的对比效果。"为了增加剧情悬念,创作者多次使用晃动、跳跃的主观镜头,和一些不规则构图的近景和特写,加上后期暗灰色的整体色调,使观众在观看的过程中时刻处在一种紧张、真实的氛围之中。"①

在灯光方面,导演没有选择传统的平光,而是选择了光比很大、反差很大的光。因为兄弟俩要互换身份,哥俩戏一人一半,也就是一半白天一半晚上,所以剧中夜晚的戏很多。在打光时,就要尽量追求真实,模拟自然光的感觉。比如剧中手电筒的使用,在办案的时候,尤其是在小巷里,使用手电筒一方面可以更好地模拟真实光的感觉,另一方面也能更好地营造氛围。

此外,《白夜追凶》的剪辑师在剪辑技巧、操作、理念上都很成熟,导演对此也有严格要求。由于每个案子都有不同的场景,所以在东莞、北京、长春三地拍摄时,剪辑师一直在跟组粗剪,经历了五个月的粗剪,又经过四个月的精剪,前后共花了九个月的时间来剪辑,才呈现给观众最终效果。导演王伟在采访时说:"整个剪辑我一直在跟,这是我跟的最全的一部戏,尤其是在一些剪辑细节上,要求会比较高,每个眼神每个动作都要精益求精。"②

---

① 张智华,刘佚伦. 当下中国侦破题材网络剧发展趋向探析——兼谈网络剧《白夜追凶》的成功秘笈[J]. 艺术评论,2019(01):42-50.
② 360度揭秘《白夜追凶》幕后创制全过程——专访弧光联盟导演王伟[EB/OL].(2017-10-03)[2022-12-13]. https://www.sohu.com/a/196142022_657278

在制作手法上,《白夜追凶》可以说是打破了以往国产悬疑剧的制作风格,而是借鉴了更为成熟的美剧风格,用更加国际化的制作手法打造高品质剧集,因此更加符合国际市场需求,这也促使其能够被Netflix相中,并顺利走向海外。

(三)《白夜追凶》的字幕翻译策略

影视作品作为全球化语境下有效的大众传播媒介,以其独特的艺术魅力和丰富的文化承载,增进了各个国家和不同文化之间的沟通与交流,是加强本国文化特性并促其跨文化传播的有力工具。① 然而,影视剧想要走出国门,发挥其作为传播载体的作用,首先要打破的是语言的"藩篱",即通过有效的字幕翻译策略促进观众对剧情的无障碍理解。

《白夜追凶》在海外能够获得良好的接受效果,除了与其独特的叙事特征和精良的制作手法密切相关外,翻译策略的恰当运用也是不容忽视的一个重要因素。

首先,在忠实原剧字幕与适应观众文化之间寻找平衡。作为一部具有浓厚中国文化背景的影视剧,《白夜追凶》的英文字幕翻译需要克服许多文化障碍,翻译时需要深入理解剧中的文化背景和语言习惯,以便在翻译过程中保留这些元素。更为重要的是,译者还需要充分考虑英语观众的文化背景和语言习惯,及时进行文化转换与调适,确保英语观众能够准确理解并欣赏剧情。如以下两例:

---

① 刘晓辉,张亮.影视剧字幕翻译及跨文化传播——以美版《甄嬛传》为例[J].出版广角,2017(06):64-66.

示例1：

字幕原文：你倒是现学现卖啊你？

字幕译文：Hey. Aren't you a quick learner?

示例2：

字幕原文：一直是纸上谈兵。

字幕译文：It has always been empty talk.

在上述两个示例中，都使用了成语，成语是汉语中的炼语精华，将其准确翻译并非易事。在示例1中，"现学现卖"被翻译为"a quick learner"的同时，还使用了疑问句的形式，清晰地传达了原文的含义，而且保留了说话者的语气。在示例2中，"纸上谈兵"这一成语来源于中国的历史故事，多被用来形容不切实际、空洞无物的讨论。如果严格按照字面意思将其翻译成"talk about soldiers on the paper"，观众恐难理解。译者将其归化译作"empty talk"（空话、套话），可以说是恰如其分。

其次，突破时空限制的翻译策略。相较于其他类型的文本翻译，字幕翻译有其自身的特殊性。在进行影视字幕翻译时，会受到空间与时间的双重限制。影视字幕的出现时间通常在2—3秒，同时字幕受到屏幕大小的限制，因此每一句人物对白文字长度不宜过长，通常是一行最佳，最多不超过两行。在这种情况下，译者多会利用缩减策略来实现台词与时空的平衡。① 不过，缩减并不意味着随意的删减，而是

---

① 李运兴.字幕翻译的策略[J].中国翻译,2001(04):38-40.

采用更为简洁的语言将原作的内容表达出来，帮助观众更好地欣赏影片。例如：

示例3：

字幕原文：也就是说，被砍下左臂时，女的应该还活着，身体的自愈系统仍旧在运转。

字幕译文：This also means that she was alive when her left arm was chopped off. **Her body was healing itself.**

示例4：

字幕原文：他现在请我出来帮他破案就是想盯死我，抓住你，这叫扮猪吃老虎。

字幕译文：He asked me to help him solve cases, so he could watch my every move to capture you.

在示例3中，原文中的"身体的自愈系统仍旧在运转"被翻译成了"Her body was healing itself（身体在自愈）"，显然字幕原文中的"自愈系统"被省略未译，这是因为"身体在自愈"已经暗含自愈系统的运转情况，将其省略不译并不影响对原文意思的表达。在示例4中，从语意来看，字幕原文中的"这叫扮猪吃老虎"是对前面一句话的强调，为了节省字幕呈现空间，译者选择的同样是省略不译的方式，较好地突破了时空因素对于字幕翻译的束缚。

由上可见，《白夜追凶》的字幕译者通过采用有效的翻译策略，不但在忠实于原文与适应目标观众文化之间实现了较好的平衡，还通过省略的翻译方法，突破字幕翻译的时空限制，为观众创造了良好的观影感受。通过有效的翻译策略，在语言层面实现了影视作品的无障碍传播，可以说是《白夜追凶》能够顺利"走出去"且赢得观众好评的又一重要推手。

四、启示：中国影视话语"走出去"的机遇与挑战

影视剧具有经济与文化双重属性，不但能够创造商业价值，也是讲好中国故事和传播好中国声音的重要载体。《白夜追凶》借助Netflix这条全球最大的流媒体传播之"大船"而成功走出国门，这对于推动我国更多优秀的影视作品走向世界具有很好的启示作用。

（一）高品质是国产影视剧走向海外的立身之本

高品质是中国影视作品走向世界的立身之本。大量美剧之所以能够在全球范围内受到认可也是因为其高品质的制作水准。影视产业作为一个投入较大的产业，在制作发行放映等环节中，需要花费大量的金钱与精力。在这方面，美国始终坚持"高投入、高回报"的理念，制作了许多经典的影视作品，如《泰坦尼克号》《阿甘正传》《指环王》等，这些作品在全球范围内都产生了广泛的影响，赢得了非常高的票房和口碑，甚至成为全球影视产业的标杆。

《白夜追凶》之所以能够深受Netflix青睐并且在欧美市场取得不错反响，与其剧本的严谨逻辑、前后期的专业化拍摄和剪辑以及演员的角色塑造等因素密切相关。《白夜追凶》的编辑有着十余年的律师生涯，对现实生活中的刑事新闻极其敏感，曾花数年时间对剧本进行精心打

造。在拍摄过程中，导演对拍摄品质要求也极为严格，有时会为几分钟的镜头而花上几天的时间进行拍摄，尤其是在一些细节上，每个眼神、每个动作都可以说是精益求精到极致，潘粤明、王龙正、梁缘和吴文璟等领衔主演在剧中也都以精湛的演技塑造了一个个角色鲜明的人物形象。

更为重要的是，《白夜追凶》还打破了传统国产悬疑剧的制作风格，借鉴了欧美剧的拍摄和制作手法进行剧集的结构安排和叙述，这更符合英语观众的观影习惯，因此更容易为他们所接受。不过，借鉴欧美剧的叙事手法并不代表否认中国特色元素的融入，《白夜追凶》在情节建构上还突破了悬疑剧题材对于情感表达的限制，融入了许多亲情和爱情元素，为硬派推理剧增添了一丝温情。

从这一视角来看，推动中国影视话语"走出去"，国产影视剧在剧本设计、拍摄手法等方面要追求高品质，同时还要借鉴欧美剧的叙事风格和拍摄手法，融入中国特色元素，使海外观众能够在熟悉的观影模式下感受来自异域文化的魅力。

（二）全球意识是中国影视剧从"走出去"到"走进去"的关键

回顾近几年中国影视剧的"走出去"，不难发现影视剧在海外的接受程度与其题材和文化内涵密切相关。日本、韩国以及东南亚等地区深受中国传统儒家文化影响较深，与中国文化有诸多相似之处，当地的受众更易于接受中国影视剧。但在欧美国家，由于中西方社会文化、意识形态存在很大差异，中国影视作品在欧美国家很难占有市场。

对于一部影视作品来说，若要实现全球传播，应主动打破文化隔阔，以全球化视野进行剧本创作，题材选择和叙事节奏也要适合海外市场。以中外战争题材的影视剧为例，中国国产战争题材剧很大一部分讲述的是历史上的国内战争，比如《三国演义》《水浒传》等，另一部分多讲述抗日战争，像《亮剑》《雪豹》等。虽然抗日战争是第二次世界大战的一部分，但是这些影视剧只是聚焦中日战争，对整个国际环境关注较少，而像《兄弟连》《太平洋战争》等美剧多是从不同角度讲述世界战争，而不只是局限于某个单一的国家语境。事实上，一些在全球范围都较受欢迎的美剧所关注的多是世界所关注且与人类命运攸关的热门题材，因此其国际接受度相对更高一些。①

因此，国产影视剧想要实现更大范围地走向世界且"走进去"，树立全球意识是关键。所谓"全球意识"，是指"以整个人类及其活动的共同性内容为对象，超越了现实中民族、国家、社会制度、宗教信仰和意识形态差异的共性认识"②。对于影视剧来说，从题材到演员，从制作到发行，都需要全球意识，以宽广的国际化视野进行全球化的规划与考量，才能够在国际影视剧市场上赢得一席之地。

《白夜追凶》在剧本创作之初，就具有较强的全球意识。当前世界主流的悬疑剧类型包括美国的硬汉侦探式悬疑剧、英国的理性推理式悬疑剧和日韩的社会问题犯罪类型悬疑剧。在创作和设计过程中，同样作为悬疑剧的《白夜追凶》便融合了美式的硬汉侦探、英式的理性推理和

---

① 彭俐. 中国电视剧要有全球意识[J]. 当代电视，2003(05)：64-66.
② 蔡毅. 发展民族文学，树立全球意识[J]. 云南民族大学学报（哲学社会科学版），2003(01)：97-102.

日韩的社会问题犯罪等全球化元素,使之上升到了拥有全球意识的国际化高度,因此在对外传播中取得了较大成功。

(三)有效的翻译策略是疏通影视话语对外传播的桥梁

作为重要的对外传播载体,影视作品以其独特的艺术魅力,是向外国人讲述中国故事的重要方式,也是世界了解中国文化的窗口,而影视剧的字幕作为连接影视作品与观众之间的沟通桥梁,在影视对外传播中起着至关重要的作用。影视剧想要实现跨文化的顺畅交流,必须借助有效的字幕翻译策略,打破语言沟通的障碍。

对于中国文学"走出去"而言,翻译是道坎。[①]对于中国影视剧"走出去"来说,亦是如此。字幕翻译不只是一种语言到另一种语言的转换,更是一种文化到另一种文化的协调与沟通。恰当的字幕翻译策略能够减少语言文化障碍,帮助观众更好地理解剧情,从而提高受众的观影体验。

通过上文对《白夜追凶》的字幕翻译进行分析,我们得知,《白夜追凶》的译者主要采取了归异平衡的翻译策略,克服时间和空间对字幕翻译的双重限制,使其译文不但忠实于字幕原文,而且充分照顾了英语观众的字幕阅读感受与理解需求,可以说是较为成功的字幕翻译案例。

结合《白夜追凶》字幕的翻译策略,本文认为,推动中国影视走向世界,在字幕翻译上要重点做好以下几个方面的工作。首先,字幕翻

---

① 胡安江. 中国文学"走出去"之译者模式及翻译策略研究——以美国汉学家葛浩文为例[J]. 中国翻译, 2010, 31(06): 10-16+92.

译应尽可能忠实于原始对白的含义和情感,这有助于观众更好地理解和感受到原始文化和情感。其次,字幕翻译需要在忠实于原文的基础上,进行文化适应。这包括考虑到不同文化系统的价值观、习惯、信仰等因素,以避免因翻译问题可能导致的误解。第三,字幕受时间和空间的双重限制,"字幕翻译的时空局限性使得译者不可能对所有信息进行逐一的对等翻译,翻译时往往要在不影响目的语观众对影片的理解的前提下对一些关联性不强的信息加以删除"①。因此,字幕的译文需要在限定的时间内传达清楚原文的含义,这就需要对翻译文本进行精炼和压缩,这就要求译者要在体会剧情、语气、背景的情况下用最一目了然的表达形式和最清晰的逻辑关系将原句的原色原味呈献给观众。②

(四)扩大传播渠道是推动中国影视剧"走出去"的重要一环

推动中国影视剧不断走向世界,顺畅的传播渠道是非常重要的一个环节。《白夜追凶》之所以能够传播出去,除了其作品本身扣人心弦的故事情节、张弛有度的叙事节奏、过硬的制作品质以及有效的字幕翻译策略之外,很大程度上还在于Netflix为其提供了顺畅的对外传播渠道。前文亦有论及,Netflix是全球最大的流媒体播放网站,其受众覆盖范围非常广泛,《白夜追凶》能够在Netflix播放,这已经是其成功走向海外的最佳证明。

---

① 蒋红梅.从功能翻译理论看《建国大业》的字幕翻译[J].电影文学,2010(17):130-131.
② 吴蔚.论影视字幕翻译的语言特点及翻译策略[J].电影文学,2013(24):154-155.

随着互联网技术的快速发展以及社交媒体的广泛应用，我国影视剧的海外传播路径在不断扩大。自《白夜追凶》被流媒体巨头Netflix购买版权以后，我国影视剧在Netflix平台的播放也打开了新局面。目前，Netflix已上线多部国产影视剧，包括《苍兰诀》《星汉灿烂》《沉香如屑》《天盛长歌》《致我们单纯的小美好》《陈情令》《琉璃》《下一站是幸福》《三十而已》等。此外，Disney＋和HBO等其他流媒体平台也在积极购入中国影视剧产品。例如，2022年，《人世间》一开拍，便被Disney＋购买了海外独家播映权，HBO则引入了《传家》等大型中国文化剧。总之，海外流媒体平台已发展成为中国影视剧走向国际市场的重要阵地。①

除了一些专业的流媒体播放平台，在中国电视剧的国际传播中，中国影视企业也在不断与国外社交媒体平台进行合作，积极借助YouTube、VIKI、Dramafever和Facebook等视频分享网站，这大大拓宽了中国影视剧对外传播的渠道。例如，中国国际电视总公司的中国影视节目专区品牌China Zone已经入驻了YouTube、Facebook、Viki、北美ODC和俄罗斯SPB等海外平台，并开办英语、西班牙语、阿拉伯语、法语等11个语种频道，面向全球200余个国家和地区播出。《白夜追凶》在国内的独家播放平台优酷也已经将带有中英双语字幕的《白夜追凶》剧集上传到了其在YouTube的官方账号上，这又将进一步推进《白夜追

---

① 许航，赵雪梅. 流媒体时代中国电视剧的国际传播［J］. 传媒，2022（15）：15-18+20.

凶》在全球的推广和传播。

无论是海外平台主动购入还是国内机构的主动对外推介,对于国产影视剧出海都起到了积极的推动作用。近年来,国产影视剧的传播渠道大规模拓宽,影视剧输出的数量也大幅度提升,在亚洲非洲国家已经形成了较强的影响力。面对欧美市场,我们仍需借助各大传播渠道,进一步推动中国影视话语"走出去"且"走进去"。

五、结语

本文以《白夜追凶》为个案,分析了该作品在英语世界的传播状况和接受效果,并在此基础上提出了推动中国影视话语"走出去"的优化路径。《白夜追凶》通过紧张刺激的情节设计、精良的制作水平和出色的演员表现,吸引了全球观众的关注和喜爱。它不但在国内获得了巨大的商业成功,而且被世界最大的流媒体播放平台Netflix购下版权,借助这一国际传播大船,面向全球观众进行播放,并深受海外媒体和观众好评,可以说是中国国产影视话语成功走向世界的典范。究其原因,叙事特征、制作手法和字幕翻译策略等因素共同助推了《白夜追凶》的"走出去"。这对于新时代进一步推动中国影视话语走向世界具有诸多启示意义。一方面,品质永远是一流影视作品的不懈追求。另一方面,树立全球化意识进行影视作品创作是实现中外影视话语融通的关键。诚然,这一过程也不应忽视幕翻译的重要桥梁作用。

影视作品作为一种强有力的文化表达形式,是中国话语走向世界的重要维度之一。随着中国经济的崛起和国际地位的提升，中国对外交流和文化输出的重要性也日益凸显。在这个过程中，影视作品扮演了非常关键的角色，能够通过故事、情节和人物塑造等方式，将中国文化元素传递给全球观众，增进世界各国民众对于中国的理解和认知。总之，影视作品的"走出去"对于中国话语走向世界具有重要意义。它不仅能够传递中国文化，提升国际影响力，促进文化交流与融合，还能够为中国电影产业带来商业机会和经济效益。因此，在推动中国话语走向世界的进程中，影视作品的国际传播是不容忽视的重要一环。

第十一章

文明互鉴:
中国当代文学在阿拉伯世界的译介与传播
——以余华作品为例

文学，作为一种深刻的艺术表达形式，承载着作者的情感、思想和文化，是人类智慧和创造力的结晶。然而，文学的价值不仅局限于原文本所在的国家或地区，它具有跨越国界的力量，通过翻译可以成为连接不同文化之间沟通的桥梁。"文学是一个民族精神世界的浓缩，也是深度认识其他民族的捷径"①，将文学话语传播到世界各地，有利于促进国家和民族形象在域外的建构。中国文学，源远流长，博大精深，拥有众多垂世之作。从《论语》《道德经》等儒道经典，到四大名著《红楼梦》《西游记》《水浒传》《三国演义》，再到鲁迅、老舍、巴金等现代文学巨擘以及莫言、余华、刘震云、王安忆、池莉等当代著名作家的作品，在中外文化交流的历史长河中，都被翻译成了各种不同的语言，在全世界范围内进行传播，构成了一幅幅中国话语走向世界的文学图景。

21世纪以来，为提升国家形象和文化软实力，中国大力实施文化

---

① 袁淼叙.余华在俄罗斯的译介与阐释[J].小说评论,2017(04):66-72.

第十一章 文明互鉴：中国当代文学在阿拉伯世界的译介与传播 —— 以余华为例

"走出去"战略，而文学作为文化的重要组成部分，文学作品的译介实践活动自然成为学界关注的重点对象。学界针对中国文学外译，尤其是中国现当代文学作品在英语世界以及俄、法、德、日、韩等相对发达国家的译介与传播，展开了一系列研究，并取得了较为丰硕的成果，以"一带一路"沿线阿拉伯世界为对象而开展的中国文学外译研究仅有少量成果。阿拉伯世界各国与中国之间的经贸和人文交流源远流长，最早可以追溯到汉武帝时期。近年来，随着"一带一路"倡议的推进，中国与阿拉伯世界在政治、经济、贸易、文化等多个领域都保持着紧密的联系，互通有无。在文学交流领域，中阿双方之间文学作品的互译与传播也取得了显著进展。余华、刘震云、王安忆、霍达、池莉等国内作家的作品已经被翻译成阿拉伯语，并在埃及、黎巴嫩、科威特、叙利亚、伊拉克等多个国家出版发行。

然而，与中国文学英译研究相比，中国文学在阿拉伯世界译介与传播的研究仅有少量成果发表。例如，宗笑飞[1]回顾了新中国成立以来阿拉伯世界对中国古典和现当代文学的译介，但该研究时间较早，未能涉及近十年来中国文学在阿拉伯世界的译介现状。埃及学者哈赛宁·法赫米·侯赛因（Hassanein Fahmy Hussein）[2]通过梳理鲁迅作品在埃及的译介和研究情况，分析了鲁迅文学思想对埃及作家的创作影响。高彬[3]

---

[1] 宗笑飞. 回眸东方——1949年后阿拉伯世界对中国文学的关注[J]. 回族研究, 2009, 19(03): 137–142.

[2] 哈赛宁. 现代中国文学在埃及[D]. 北京语言大学, 2011.

[3] 高彬. 新世纪以来中国当代小说在阿语国家的译介研究[J]. 中国翻译, 2022, 43(01): 47–55+188.

从整体上对21世纪以来中国当代小说在阿语国家的译介情况和接受效果进行了分析,但对个体作家及其作品的分析不够深入。

鉴于此,本文以在阿拉伯世界译介作品数量较多的中国当代作家余华作为个案,考察其作品在阿拉伯语世界的译介与传播情况,旨在通过这一典型个案对中国文学话语"走出去"的译介图景进行深度解读。

一、余华作品在阿拉伯世界的译介概况

众所周知,余华是中国当代著名作家,其作品独具特色,既有早期先锋派文学的影响,又体现出现实主义的创作特征。他的作品充分展现了个人写作风格,同时也受到了时代环境的深刻影响,呈现出作家对现实世界的深刻思考和敏锐洞察。余华作品不仅在国内深受读者欢迎,还被翻译成为数十种语言,传播到英国、法国、意大利、德国、日本、韩国等四十多个国家和地区。

具体而言,在阿拉伯世界,余华作品中已经被翻译成阿拉伯语的有四部长篇小说《活着》《许三观卖血记》《在细雨中呼喊》和《第七天》,两部短篇小说集《余华短篇小说选(1)》《余华短篇小说选(2)》。这些被译入阿拉伯世界的作品可以说都是余华创作生涯中的代表之作。事实上,它们在进入阿拉伯世界之前已经被翻译成了许多种其他语言,其中《活着》《许三观卖血记》《在细雨中呼喊》被誉为余华作品"三部曲",创作于1990至1995年间,这一时期也被视为余华的第二个创作高峰,期间余华的知名度和影响力在国内外大幅上升,因此许多作

品成为国外译者和出版社竞相选译的对象。

　　从翻译和出版发行的时间脉络来看，2015年，余华的《活着》首次被正式翻译成阿拉伯语，并由科威特文化艺术委员会和Ebdate Alimayia出版社联合出版发行，这标志着余华作品在阿拉伯语世界的首次亮相。2016年，科威特的Ebdate Alimayia出版社和埃及的Atlas出版社又分别推出了阿拉伯语版的《第七天》和《许三观卖血记》，其中《许三观卖血记》于2016年1月在开罗国际书展正式与读者见面。2017年，埃及的Sefsafa公司出版发行了《余华短篇小说选（1）》。2018年1月，埃及的Atlas出版公司和希克迈特文化出版公司又联合意大利的穆塔沃斯塔（Almutawassit）出版社共同推出了《在细雨中呼喊》的阿拉伯语版。同年，Sefsafa出版社还推出了《余华短篇小说选（2）》，沙特的Madarak出版社也出版发行了《活着》阿译本。从以上时间线来看，阿拉伯语世界对余华作品的译介和出版时间较为集中，在短短不到五年的时间里，就已经将余华的代表作全部译介过去。

　　在文学译介过程中，作为赞助人之一的出版机构发挥着十分重要的译介主体作用，他们在国内出版业的地位和影响直接关系到译介图书"走出去"之后的传播和接受效果。在上述出版发行余华作品的出版社中，Sefsafa和Atlas都是埃及当地著名的出版公司。其中，Sefsafa成立于2009年，总部位于埃及首都开罗。该出版社主要出版文学、经济、政治、社会等领域的阿拉伯文和外文图书。自2009年以来，他们已经出版了50多部从外文（包括英文、法文、德文、芬兰语、捷克语、中文等）翻译引进的图书，在当地都是具有很大影响力的专业出版机构。

在译者群体上，余华作品的译者基本上都是来自阿拉伯世界的汉学家。其中，《活着》的译者是来自埃及的阿卜杜拉·阿齐兹教授，之后他还继续翻译了余华的另外一部作品《第七天》。阿卜杜拉·阿齐兹教授是著名的埃及汉学家，他于1978年前往中国求学，还曾担任过阿联酋驻中国使馆和中埃商务理事会的顾问，因此对中国的文化和文学传统非常熟悉。《许三观卖血记》和《余华短篇小说选》则是由另一位阿语汉学家哈赛宁·法赫米·侯赛因教授所翻译。哈赛宁是在北京语言大学首位获得博士学位的阿拉伯语学者，他在中埃和中阿文化交流方面都曾作出重要贡献，2016年8月，哈赛宁更是被中国国家新闻出版总署授予"中华图书特殊贡献奖"青年成就奖。《在细雨中呼喊》的翻译工作是由埃及的叶海亚·穆赫塔尔完成的。穆赫塔尔也曾在北京语言大学中文系留学，攻读硕士和博士学位。除了翻译余华作品之外，他还翻译了《邓小平改变了中国》《中国回族穆斯林科学与文化史》《进山东》《青马》《温故1942》等多部中国文学作品。译者对翻译对象的选择往往与他们对作家作品的认知和评价有关。这几位杰出的阿拉伯语译者之所以选择翻译余华的作品，也正是基于他们对余华作品的高度评价。例如，阿齐兹教授选择翻译余华的《活着》，是因为他在阅读这部作品时被小说主人公福贵"活着"的坚韧精神所打动，[1]故而选择将其译入阿语，与阿拉伯世界的读者共享这部能够与他们产生思想共鸣的优秀作品。

---

[1] 高彬. 新世纪以来中国当代小说在阿语国家的译介研究[J]. 中国翻译, 2022, 43(01): 47-55+188.

综上所述，就余华作品在阿拉伯国家的译介情况而言，正式进入阿拉伯语国家视野的时间是在2015年，而译介工作却在相对短时间内取得了不菲的成果。翻译工作主要是由阿拉伯世界精通汉语的汉学家所担任，而这些汉学家大多拥有在中国的求学经历。与此同时，余华作品被翻译成阿拉伯语之后，还得到了当地经验丰富且权威的出版社的大力支持。这些因素都大大促进了余华作品在阿拉伯世界的推广和传播。

二、余华作品在阿拉伯世界的传播与接受效果

传播与接受效果是衡量文学译介成功与否的重要指标。为进一步了解余华作品在阿拉伯世界的传播效果，下文通过余华作品译入阿拉伯之后的销售情况、读者评价和媒体关注，对余华作品走进阿拉伯世界之后的接受情况进行分析。

首先，余华作品译入阿拉伯世界之后，取得了不菲的销售业绩。以《活着》为例，这是余华首部被译成阿拉伯语的作品。根据浙江工业大学褚蓓娟老师对《活着》译者阿齐兹的采访，我们得知，该作品译成阿拉伯语之后，"《活着》首印1万册，面向阿拉伯语世界二十二个国家发行，因为译者是埃及人，所以还多给了埃及一些（3000册），就是这样也不够卖。^①"对于译介图书在域外的销量情况，余华曾发表自己的观点，他认为对于美国读者来说，如果翻译图书能够在他们中间销售量达

---

① 褚蓓娟. 余华小说《活着》首次出阿语版[N]. 嘉兴日报, 2015-05-18.

到两三千册，就算"译介成功"。①如今其作品在阿拉伯语世界的销量竟在短时期内达到近万册，这充分表明其作品在阿拉伯世界读者群中的受欢迎程度。此外，2021年，《许三观卖血记》在阿拉伯语国家的销量总计也超过了5000册，《在细雨中呼喊》的阿拉伯语首版于2019年发行后迅速售罄，出版社于2020年重印，当年年底再次售罄。这些销售数据表明，不管是《活着》，还是《许三观卖血记》，抑或是《在细雨中呼喊》，余华的这些作品在阿拉伯世界的译介与传播都取得了较大成功，是余华及其作品顺利走向阿拉伯世界的有力证明。

除了销量之外，读者在图书销售平台的打分和评价也能从另一层面反映作家作品的受欢迎程度，毕竟"单纯的数量衡量并不能够完全展现作品在译入语世界的接受效果"②。以余华的《在细雨中呼喊》为例，我们从美国亚马逊公司旗下规模较大且权威的国际阅读平台Goodreads采集相关数据作为支撑，分析该作品在阿拉伯语读者群中的地位和评价。

根据评分数据，截止2023年8月30日，共有905人对《在细雨中呼喊》阿拉伯语版进行打分，其中打最高五星分数的读者人数为249人，占比27%，打四星分数的读者人数为362人，占比40%，四星和五星打分总计人数611人，共占比67%，这些数据表明超过一半以上的读者对

---

① 黄咏梅、陈宵. 余华：西方读者并不只想读"中国政治书"[EB/OL]. (2011-10-23) [2022-12-22]. https://news.ifeng.com/c/7fad5EsP7WK

② 高彬. 新世纪以来中国当代小说在阿语国家的译介研究[J]. 中国翻译, 2022, 43(01): 47-55+188.

《在细雨中呼喊》的打分都处于高位。综合来看,《在细雨中呼喊》阿拉伯语版在Goodreads上的读者打分平均分为3.85分。通过比较可以得知,这一平均分超过了莫言多个作品的英译本在Goodreads上的读者打分。众所周知,莫言是首位中国籍诺贝尔文学奖获得者,在国际上享有较高的文学声誉和较大的影响力,其代表作《檀香刑》和《生死疲劳》在Goodreads的读者打分相对较高,平均分分别达到了4.22分和4.04分,但其另外几部作品《红高粱家族》《蛙》《丰乳肥臀》《天堂蒜薹之歌》的英译本在Goodreads上的读者打分平均分分别为3.79分,3.83分,3.73分,3.49分,都低于余华的《在细雨中呼喊》阿语版的读者打分平均分。

就Goodreads社交平台上读者的具体评语来看,他们对《在细雨中呼喊》同样也是赞赏有加,认为这部作品非常具有感染力,对他们产生了较大的影响。例如,一位名为Marwa Mohamed的读者在其评语中写道:"这部中国文学的人文杰作讲述了一个名叫'孙光林'的孩子的生活。'孙'并不是这部小说的主要英雄,时间才是这里的主要英雄。小说通过'孙'的一生带领我们穿越时间,讲述了他的经历以及他在生活中遇到的人对他的影响,还有他的回忆、他在农村和城市的生活,以及他的朋友们。这本书是一本阅读之后让你变成另一个人的书籍,你会对自己感到惊讶,一个纯粹的文本如何能够激发出你内心如此复杂的情感。"①再看另外一位名为Ahmed Fathy的读者评语:"这是一部极富独

---

① 该评语为作者根据Goodreads上的读者评价从阿拉伯语翻译而来,详见:https://www.goodreads.com/book/show/38468369?from_search=true&from_srp=true&qid=cmEZ6H4KMo&rank=1.

特之美的小说，聪明的叙述方式，阅读的愉悦，流畅的时间和地点切换。它是一种无法抗拒的轻松阅读的典范，能够将任何平凡事件变得并不平凡。这位明显有才华的翻译者付出了巨大的努力，他成功地保持了原文的精神。我是通过一位朋友推荐的，虽然一开始有些犹豫，但在不断的推荐和坚持之下，我开始阅读这本书。它与我之前阅读过的书完全不同，我总是拖延着翻阅它的页面，不愿它结束，享受着它的乐趣和影响。如果有一天我能写一本小说，我希望它能够沿用《在细雨中呼喊》的同样方式和精神。"①

  从上述两个读者的在线评语，我们可以看出，《在细雨中呼喊》之所以能够获得如此高的评分，并非无源之水，而是这部作品译入阿拉伯语世界之后的确给读者带来了深刻的阅读体验和文学影响。这事实上正是文学跨域传播的意义所在，也充分体现了文学无国界的独特魅力。

  其次，除了根据普通读者在阅读社交网站对翻译图书进行的打分和评价对其译介与传播效果进行评估之外，来自当地媒体对于翻译图书的关注和报道也能说明一本优秀的文学作品经由翻译之后在当地所产生的影响。同样以《在细雨中呼喊》为例，在其阿拉伯语版于2018年被埃及的Atlas公司出版发行以后，就有12家阿拉伯媒体对其进行报道。具体媒体报道情况如下②：

---

  ① 该评语为作者根据Goodreads上的读者评价从阿拉伯语翻译而来，详见：https://www.goodreads.com/book/show/38468369?from_search=true&from_srp=true&qid=cmEZ6H4KMo&rank=1。
  ② 参见埃及希克迈特文化出版公司的微信公众号，详见：https://mp.weixin.qq.com/s/J13deVksPy7CsoJqw8UcUg

日期	媒体	标题
2018年1月31日	黎巴嫩消息报	《中国作家余华作品阿文版译著》
2018年2月1日	阿联酋联合报	《中国作家余华小说〈在细雨中呼喊〉阿文版》
2018年2月5日	伦敦阿拉伯人报	《一位情感矛盾的中国少年的故事》
2018年9月4日	中东日报	《以悲剧和荒诞挑战现实主义——余华〈在细雨中呼喊〉》
2018年10月20日	埃及大门报	《怀疑命运——评中国作家余华的小说〈在细雨中呼喊〉》
2018年11月5日	阿布扎比艾因消息报	《余华——〈在细雨中呼喊〉阿文本》
2018年11月5日	亚丁消息报	《中国作家余华小说〈在细雨中呼喊〉阿文本》
2018年11月7日	也门文学与诗歌杂志	《中国作家余华小说〈在细雨中呼喊〉阿文本》
2019年6月17日	英国新阿拉伯人网	《译者感想之叶海亚·穆赫塔尔》
2020年8月6日	阿联酋海湾之花网	《洛尔瓦·曼苏里眼中的〈在细雨中呼喊〉》
2020年1月23日	阿拉伯Shaghafalqiraa网站	《中国作家余华的小说——〈在细雨中呼喊〉》
2020年11月6日	约旦Alrai网站	《〈在细雨中呼喊〉——孩子的情感世界》

在上述诸多阿拉伯语媒体对余华《在细雨中呼喊》的相关报道中，《中东日报》于2018年9月4日刊发的《以悲剧和荒诞挑战现实主义——余华〈在细雨中呼喊〉》指出："《在细雨中呼喊》阿文版附有一篇简短的译者序，读者可以从中了解到这部作品的叙述风格、

结构以及时代背景。说到译文内容，译者语言流畅，用词地道，成功传递了原文的整体面貌和神韵。从媒体和读者的反馈来看，译者的文笔获得了一致肯定，这也是《在细雨中呼喊》阿译本能够产生重要影响的关键。可以说余华喜欢用简洁的对话语言来刻画人物的写作风格为译者提供了便利，减轻了译者的负担。更重要的是，汉阿两种语言之间的转换不会破坏这种风格，因此阿文译本基本保留了余华原作的风格。"[1]

综合以上分析，来自阿拉伯世界国际书展的销售业绩充分说明余华作品经由翻译进入阿拉伯世界之后在当地较受读者的欢迎和青睐，而媒体的关注和报道则进一步助推了余华作品在阿语读者群中的快速传播。与长期以来中国文学在英语世界多囿于汉学家业内相对局限的学术研究或在普通读者群中遭受冷遇等状况相比，以余华为代表的中国当代作家作品译入阿拉伯世界之后不但受到读者青睐和媒体关注，而且受到了阿拉伯世界官方的认可。埃及文化部最高委员会就曾组织会议专门讨论《活着》的出版事宜。在译者阿齐兹看来，"这是埃及文化史上第一次有组织地专门讨论中国小说的会议，足见埃及政府对这部小说的重视，对中国文学的重视！这也是中阿文化交流的大事，意味着中国文化在埃及、在阿拉伯世界的广泛传播和接受"[2]。

---

[1] 参见埃及希克迈特文化出版公司的微信公众号，详见：https://mp.weixin.qq.com/s/J13deVksPy7CsoJqw8UcUg

[2] 褚蓓娟.余华小说《活着》首次出阿语版[N].嘉兴日报，2015-05-18.

三、余华作品成功走向阿拉伯的原因剖析

通过上文对余华作品在阿拉伯世界的译介现状和接受效果的分析，我们可以得出如下结论：余华作品在译入阿拉伯语世界之后取得了较好的传播效果，因此可以说是中国文学"走出去"的成功范例之一。究其原因，我们认为余华作品在阿拉伯世界的成功译介主要得益于以下几个方面的因素：

（一）中阿之间互通互鉴的人文交流传统与良好的国际关系

中国与阿拉伯世界之间有着悠久的人文交流历史，两者之间互通互鉴的跨文化交流可以追溯到古代时期。古代的"丝绸之路"是中国与阿拉伯世界之间最重要的贸易和文化交流通道之一。这一古老的商路不仅促进了商品的交流，还带来了文化、宗教、技术和知识的传播。中国的丝绸、茶叶、瓷器等商品流向阿拉伯地区，同时伊斯兰教、阿拉伯数字、医药学等方面的知识也传入中国，为两个文明的互动奠定了基础。

此外，阿拉伯世界的文化和中国的文化在历史上有着深刻的交流互鉴渊源。例如，阿拉伯世界的瓷器、纸张、火药等技术在中国得到了广泛传播和应用。同时，中国的佛教、道教、儒家思想等也在阿拉伯世界产生了影响。这种文化互鉴不仅体现在物质文化上，还体现在宗教、哲学和文学等更深层次的领域。来自阿拉伯世界的许多伊斯兰

学者都曾到中国学习，并将伊斯兰教传入中国。同时，中国的佛教也在阿拉伯世界传播，并在该地区建立了寺庙。这些宗教的交流不仅涉及宗教仪式和信仰，还涉及哲学、文化和建筑等方面。从语言文字上来看，阿拉伯文和汉语都是世界上最古老和有影响力的文字，虽然这两种语言差异巨大，但在历史上，阿拉伯文中的一些数学和科学术语源自汉语，反之亦然。在现当代，中国与阿拉伯世界之间的人文交流仍然持续。文化节、艺术展览、学术研究等活动频繁举办，进一步促进了两国之间的文化交流，增进了对彼此文化的认知和理解。

近年来，中国在国际外交领域不断加强与世界各国之间的联系，积极塑造国家和民族形象。中国的伙伴外交政策也相应发生了一些变化，合作对象从大国和周边国家扩展到中东、非洲和拉美等中小国家，从双边合作逐步拓展到多边合作，从与主权国家的伙伴外交转向与地区和国际组织的伙伴外交，从实体伙伴转向议题伙伴。①

就中国与阿拉伯世界诸国之间的国际关系而言，中国与阿拉伯语国家一直保持了良好的双边关系。在政治上，中国与阿拉伯国家之间保持着高水平的政治互信。双方积极开展高层互访，加强政治对话，推动双边关系的稳定和发展。中国在阿拉伯世界的政策以和平共处五项原则为基础，强调尊重国家主权、不干涉内政，支持阿拉伯国家在地区事务中的发言权。在经济上，中国是许多阿拉伯国家的重

---

① 孙德刚. 论21世纪中国对中东国家的伙伴外交[J]. 世界经济与政治, 2019 (07): 106-130+158-159.

要贸易伙伴,双边贸易额稳步增长。在"一带一路"倡议框架下,中国与阿拉伯国家签署了一系列经济合作协议,涵盖了能源、基础设施建设、农业、技术转让等多个领域。中国还与阿拉伯国家之间签署了多项能源合作协议,包括石油和天然气供应协议。中国还是许多阿拉伯国家的石油进口国,同时也积极参与了油气勘探和开发项目。中国在阿拉伯国家的基础设施建设方面也发挥了积极作用。中国企业承建了一些重要的基础设施项目,如港口、铁路、电力设施等,大大提升了当地的基础设施水平。在国际事务中,中国与阿拉伯国家在国际事务中保持协调和合作。双方在联合国等国际组织中就重大全球和地区问题进行密切合作,共同维护世界和地区的和平、安全与稳定。

中国与阿拉伯世界诸国之间互通互鉴的人文交流传统以及两者之间长期以来友好的双边国际关系为双方的文学作品互译打下了良好的基础和有利的政治条件。

(二)余华作品鲜明的文学风格与主题

一位作家及其作品在异域文化语境下的传播和接受效果很大程度上会受到个人文学风格和创作主题的影响。诙谐幽默、简练反讽的语言一直以来被认为是余华作品的显著特征。有学者认为,"余华的许多小说都被人们当作寓言来解读,即便是那些颇有现实色彩的作品也被评论者指出具有强烈的寓言性"[①]。还有学者认为,余华的小说语言以

---

① 王庆. 余华小说的寓言叙事[J]. 华中科技大学学报(社会科学版),2017,31(05):26-29.

简洁著称,"他的这种语言风格对于小说翻译中常见的语言'围墙'有着很好的'翻越'效果"①。简言之,余华的写作风格兼具了"软"和"硬"两种特点。他一直在小说创作的道路上进行探索和追求,但不管如何变化,"软"和"硬"一直在互相对立中存在,并且余华小说中"软"的部分就像坚硬的表面下隐藏着一样,这种柔软具有独特的特色,只是它相对隐蔽,悄悄地逐渐生长和变化。②

此外,余华作品的文学风格也非常独特。多位学者对其作品进行深入的阅读和分析后,发现其中融汇了川端康成、卡夫卡、鲁迅等多位作家的文学精髓,而在艺术技巧和角色刻画方面,他又展现了其独到的个人才华。他的几部广受世界瞩目的长篇小说,聚焦于文革、土改以及新时代等几个重要的社会背景,其时间设定时而清晰,时而模糊,引发了外国读者浓厚的阅读兴趣。这些小说中描绘的小人物的悲欢离合和看似荒诞的故事情节,实际上都反映了余华卓越的语言表达能力以及创作主题的独到深刻。在对不同人物的刻画中,余华以自己独特的探索和经验,生动展现了中国底层百姓在克服苦难时所表现出的非凡勇气和毅力,并通过一系列不可预测的挫折揭示了人物在追求生存之路上坚定不移的信念。在受到先锋派思想影响的同时,余华的作品还蕴含着深刻的人道主义力量和深情厚意。

从余华作品的创作主题角度来看,余华几部代表作不仅深刻探讨

---

① 刘江凯.当代文学诧异"风景"的美学统一:余华的海外接受[J].当代作家评论,2014(06):134-145.
② 杨遥.论余华小说叙事风格的"软"与"硬"[J].小说评论,2021(06):62-70.

了生死问题和人性内在，还生动描绘了中国特定历史时期的社会背景。以其几部代表作品为例，《活着》中的福贵对待生命的态度，"无疑是愚昧落后的体现，但它蕴含的是中国农耕文明的历史和文化，有其产生和生存的深刻原因"①。在《许三观卖血记》中，作者以犀利的笔触直戳"看客文化"的核心深处，他不再以"自我"的视角看世界，而是换作许三观的全新视角来看世界。②在他的另一部代表作《在细雨中呼喊》里，"余华不仅暴露了那个年代中国家庭亲情的丧失和扭曲，他还让我们看到，人类与生俱来的亲情关系仍然以这样或那样的方式继续存在着，犹如灰烬中的余火，给人意想不到的温暖"③，《第七天》则通过对死后和谐世界与残酷现实的对比，引发了深刻的思考。不同作品中，作家的创作心路历程也在情感的多维度表达中展现，直击了人性的本真一面。

近年来，随着余华作品风格的些许变化，也引发了相关专家学者对其文学流派的不同讨论。然而，余华小说所透露出的人文关怀并不仅适用于中国，也能够触动全人类，这正是他的很多作品在其他国家也同样受到读者欢迎的原因。尽管中国和阿拉伯地区存在着历史传统、语言文化的巨大差异，但余华小说中人物的喜怒哀乐以及作品所

---

① 贺仲明.在融合和创新中迈向经典——重读《活着》并论余华的文学史意义[J].扬子江文学评论,2020(01):58-64.
② 程光炜.论余华的三部曲——《在细雨中呼喊》《活着》《许三观卖血记》[J].中国现代文学研究丛刊,2018(07):149-164.
③ 郜元宝.先锋作家的童年记忆——重读余华《在细雨中呼喊》[J].当代文坛,2019(04):36-40.

包含的核心思想在这两个地区都具有较强的情感共通性。例如，在小说《活着》中，福贵的经历和遭遇凸显了生活中常常会遭遇的各种磨难和个体生命的脆弱，这种对"苦难"的认知在不同国家和地区都会引发共鸣，因此很容易成为一个普遍的情感话题。也正是余华小说如此鲜明的文学风格与主题，才使得他能够顺利走向阿拉伯世界且走进读者心中。

（三）多个译介主体的合力推动作用

文学作品的海外译介和出版需要多方主体的共同参与、相互支持与配合，以构建完整的文学作品译介传播链。汪宝荣曾以英语世界为例提出了"译介与传播行动者网络"框架，该框架包括项目发起、翻译生产（包括翻译、编辑、出版）和译作传播三个子网络。在三个子网络中，译介主体主要包括：外语国家的译者、中国作家及其海外经纪人、西方商业出版机构、中国的外文出版社或商业出版机构。[①]结合余华作品在阿拉伯语世界的译介情况，我们同样看到不同参与主体在整个译介与传播过程中所发挥的重要作用，他们之间的紧密合作共同助推了以余华为代表的中国作家及其作品在阿拉伯世界的传播。

一方面，余华作品在俄罗斯、德国、韩国、美国、土耳其等国家被先行译介与传播之后，出版机构、汉学家译者以及众多读者都会对这些作品的文学风格和创作主题有了进一步的了解和认知。在获得这

[①] 汪宝荣. 中国文学译介与传播行动者网络模式——以西方商业出版社为中心[J]. 解放军外国语学院学报, 2020, 43（02）：34-42+159.

些信息之后，来自阿拉伯地区的出版公司便以其敏锐的市场触觉，积极主动地通过购买版权等方式快速对这些优秀的作品进行引进、翻译和出版。来自阿拉伯世界的出版社要么彼此合作，要么与中国的国际出版社合作，共同推动这些图书在当地的翻译和出版。更为重要的是，这些出版社还会借助他们在当地的巨大影响力，在引入这些作品之后进一步加大对翻译作品的推广和宣传。例如，出版余华作品的科威特Ebdate Alimayia出版公司和埃及的ATLAS和Sefsafa公司等，他们都在当地拥有较大的影响力，市场占有率高，这些出版机构积极参与到整个译介与传播过程，大大助推了以余华为代表的中国当代文学作品在阿拉伯世界的传播。

另一方面，余华作品成功走向阿拉伯世界离不开阿语汉学家译者的努力。前文论及，余华作品的翻译主要由具有中国留学背景的汉学家承担。他们不仅精通汉语，而且对中国文学充满浓厚兴趣，这就在很大程度上确保对原文的准确理解以及高水准的翻译质量。《活着》的阿拉伯语译者阿齐兹教授在中国生活和学习了二十多年，是地道的"中国通"。在翻译余华作品之前，阿齐兹教授就已经翻译了20多部中国经典文学作品，为中国和阿拉伯语国家文学领域的交流作出了卓越的贡献。阿齐兹教授在选择翻译对象时以及在翻译过程中，"自己从来不选一般的书翻译，在选择译本之前他要考虑各种综合性因素，考察它是不是能透过作品了解中国的各个方面"[①]。翻译了《许三观卖血记》和《余华

---

① 褚蓓娟.余华小说《活着》首次出阿语版[N].嘉兴日报,2015-05-18.

短篇小说选》的哈赛宁教授在选择翻译的文本时也非常慎重,他的家庭背景、乡村生活以及在中国的求学经历让他对中国的文化传统和文学风格都有着十分深刻的了解,对中国的文学经典也更加热爱和专注,因此他总是充满热情地致力于翻译来自中国的优秀文学作品,将它们介绍到更多的阿拉伯语国家。

无论是出版机构基于商业利益的追求,还是阿语汉学家单纯对于余华作品的文学热爱,他们作为译介流程中的核心主体为推动余华作品在阿拉伯世界的译介与传播作出了巨大贡献。

(四)余华在国内外文坛的成就及其个人对译介活动的积极参与

余华的作品常常给人以沉重之感,但他本人却非常朴实、幽默、平易近人,具有较强的人格魅力。作为中国当代文坛的代表作家,余华可以说是经历了从甘于平淡到国际声誉渐渐高涨的漫长成长历程,最终以其卓越的写作水平和开朗的人物性格赢得了众多读者,也获得许多荣誉称号,在国内外文坛上都具有较大的影响力。在国内,早在1992年,余华就荣获了"庄重文学奖",随后于1995年又分别获得《小说月报》第六届百花奖和"中华图书特殊贡献奖"。2013年,他凭借长篇小说《第七天》获得"第十二届华语文学传媒大奖年度杰出作家奖"。2018年,他的小说《活着》获得作家出版社超级畅销奖。2021年,他的作品再次提名"年度五佳作品奖"。

在国际文坛上,余华的几部小说,包括《活着》《许三观卖血记》《在细雨中呼喊》和《第七天》都因其丰富的素材、深刻的背景描写和精彩的人物设定而受到了广泛认可。其中,《活着》曾获意大利"格林扎纳·卡佛文学奖"（1998年），《兄弟》获得了法国"国际信使外国小说奖"（2008年），英文版的《许三观卖血记》更是荣获了美国"巴恩斯·诺贝尔新发现图书奖"。2018年，余华还荣获了塞尔维亚"伊沃·安德里奇文学奖"。此外，余华还曾荣获"法兰西文学和艺术骑士勋章"（2004年）和澳大利亚"年度悬念句子文学奖"，等等。上述这些奖项的获得充分表明余华在国内外文坛都取得了巨大的文学成就，这也是其个人文学影响力的最佳证明。

值得一提的是，在其作品译向世界的过程中，余华本人也一直积极关注着自己作品在国外的翻译和出版事宜。例如，在其作品被引入美国、法国和俄罗斯市场时，他都会积极主动地与编辑、译者以及出版公司保持紧密联系。他与著名编辑或译者白睿文、芦安、库布斯基等都保持着良好的沟通和交流。在国际文学交流方面，余华一直非常乐意积极参与其中，并与读者面对面分享自己的创作心得。例如，余华曾于2000年5月参加了意大利都灵书展，随后受邀前往奥地利和德国举办巡回朗读会。同年10月，他还访问了韩国。此外，他还积极参加了柏林文学节（2002年9月）、巴黎第二十四届法国书展（2003年3月）、莫斯科国际书展（2007年9月）等国际文学活动。2019年，他还参与了首届"中国·阿拉伯国家文学论坛"，一方面与其他阿拉伯作家进行了深入交流，同时也与读者进行交流，拉近作家和读者之间的距离。因此，可以说余华个人为其作品在国际上的翻译和传播也贡献了一分力量。

总之，在取得巨大文学成就的基础上，余华通过亲自参加国际文学交流活动，甚至与媒体、译者和读者进行面对面的深入交流，这有利于促进彼此之间的相互了解。这是余华作品能够在译入阿拉伯世界之后深受媒体、汉学家译者和读者欢迎和好评的又一原因。

四、结语

本文以余华作品作为个案，考察了中国当代文学作品在阿拉伯世界的译介与传播情况。从传播效果来看，余华作品不但成功译入阿拉伯世界，而且取得了相对较好的传播效果。这种成功的取得与国家之间友好的双边关系、互通互鉴的人文交流传统，以及作家本人的优秀文学特质和译介主体的多层联动都有着密切的联系。

文学作品的译介与传播是推动中国话语"走出去"的重要途径。一方面，文学作品是一种深刻的文化和思想表达方式，通常探讨人类共同的情感和主题，如爱情、家庭、友情、自由、正义等，因此文学作品具有广泛的吸引力，不受区域、文化和语言的限制。通过文学作品的翻译和传播，可以提高中国文学的国际影响力，使中国的文学创作更为国际化，外国读者也可以更好地理解中国的历史、文化、价值观和社会，进而消除文化隔阂，促进国际间的理解和友好关系。另一方面，文学作品具有情感共鸣的力量，可以通过触动读者的内心世界，引发共鸣和思考。中国文学作品的传播可以引起国际读者的共鸣，使他们更加关注中国社会和人民的生活，而且文学作品通常有长期的影响力，能够在多年甚至几代人之间持久传播。通过持续地翻译和传播中国文学作品，可以为中国话语的长期发展和国际化打下坚实的基础。从本质上来看，文学作品的传播就是文学话语的传播，而文学话语是国家文化软实力的重要组成部分，因此通过文学作品的译介和传播，中国可以进一步加强其在国际社会中的文化软实力。

第十二章

中学西传:
中华学术外译图书的域外传播与接受

推动中国话语"走出去",除了聚焦文化、文学、外交、政治、新闻、影视等传统领域之外,学术话语是对外传播的另一重要维度。对于任一主权国家而言,学术话语权是"衡量其综合国力和文化软实力强弱的重要尺度,受到世界各国的高度重视"[①]。为了推动中国学术话语"走出去",2010年,全国哲学社会科学工作办公室在国家社科基金一般、重点和重大等常规人文社科项目的基础上,单独设置了"中华学术外译项目",其主要目的在于通过建立常规资助机制,以中国学术类社科成果为对象,以翻译为桥梁,"资助代表中国学术水准、体现中华文化精髓、反映中国学术前沿的学术精品,以外文形式在国外权威出版机构出版并进入国外主流发行传播渠道,旨在发挥国家社科基金的示范引导作用,深化中外学术交流和对话,进一步扩大中国学术的国际影响力,

---

① 余波,邱均平,马凤. 国际学术话语权研究进展及其启示[J]. 重庆大学学报(社会科学版),2022,28(05):103-114.

第十二章　中学西传：中华学术外译图书的域外传播与接受

促进中外文明交流互鉴"①。

　　自中华学术外译项目设立以来，在相关政策的支持和推动下，大量中国学术精品被译往海外，有力促进了中外学术交流，尤其"对我国哲学社会科学'走出去'发挥了引领作用"②。为进一步了解中华学术外译项目对于推动中国学术"走出去"所发挥的重要作用及其取得的成果，本文首先对中华学术外译项目的传播载体作用进行阐述，而后指出衡量外译图书传播和接受效果的评价方式，并在此基础上以学术引用为视角，以部分率先"走出去"且"走进去"的中华学术外译图书作为典型案例对其域外传播效果进行解读和剖析。

一、"中华学术外译项目"：中国话语"走出去"的学术传播载体

　　21世纪之初，随着中国经济发展领域的不断"走出去"，国家层面也越来越重视推动中国文化走出去。2006年，《中华人民共和国国民经济和社会发展第十一个五年规划纲要（2006—2010年）》出台，明确提出要"充分利用各种资源，创新文化'走出去'的形式和手段，吸收借鉴世界各国优秀文化成果，提升我国文化产品的影响力和竞争力，积极推动中华文化面向世界、走向世界"，"整合资源，突出重点，实

---

　　① 全国哲学社会科学工作办公室. 2022年国家社科基金中华学术外译项目申报公告［EB/OL］.（2022-11-16）［2023-03-22］. http://www.nopss.gov.cn/n1/2022/1116/c431031-32567738.html

　　② 史小军,昌元英. 中华学术外译项目提升我国社科英文期刊国际影响力研究［J］. 传媒, 2023（16）：36-40.

施"走出去"重大工程项目,加快'走出去'步伐,扩大我国文化的覆盖面和国际影响力"①。与此同时,文化部还专门制定了《文化建设"十一五"规划》,强调要在未来五到十年的时间里,推动实施五大发展战略,其中就包括"中华文化走出去战略"②。

为了配合国家层面的文化"走出去"对外传播战略,2010年,专门负责组织制定国家哲学社会科学发展战略和中长期规划的全国哲学社会科学工作办公室在国家社科基金一般、重点和重大等常规国家社科基金项目的基础上,专门设立了"中华学术外译项目"。与"中国图书对外推广计划""经典中国国际出版工程""中国文化著作对外翻译出版工程""丝路书香工程"等各类项目较为类似,"中华学术外译项目"是以译为桥、以书为媒的中国文化对外传播方式,旨在通过资助翻译中国学术主题图书,推动中国学术话语走向世界,以提升中国在国际学界的学术话语权。

据统计,自2010年设立以来,截至2023年,"中华学术外译项目"立项资助项目数总计达1700余项。从年度立项数量来看,自设立之初每年的不足百项,到最近几年的年均超过200项,总体呈现较为明显的增长趋势。这充分说明国家层面对我国学术话语对外译介与传播的重视程度。除了数量上的不断增长之外,"中华学术外译项目"自2010年设立

---

① 国家"十一五"时期文化发展规划纲要(全文)[EB/OL].(2006-09-13)[2023-01-12]. https://www.gov.cn/jrzg/2006-09/13/content_388046_10.htm

② 杨利英. 近年来中国文化"走出去"战略研究综述[J]. 探索,2009(02):102-106.

至今，在十余年的发展历程中，还呈现出以下两个方面的明显特征：

首先，资助领域范围不断更新和完善。纵观2010年至2022年每年一度的"国家社科基金中华学术外译项目申报公告"，可以发现，该项目资助的领域范围一直处在不断更新和完善之中。在2010年"中华学术外译项目"设立之初，申报公告曾明确指出资助的主要领域包括四个范围的优秀成果，即"马克思主义研究特别是马克思主义中国化研究的优秀成果""研究总结新中国成立60年特别是改革开放30年中国发展经验的优秀成果""研究中国经济、政治、文化、法律、社会等各个领域，有助于国外了解中国发展变化、了解中国社会科学研究前沿的优秀成果""研究中国传统文化、哲学、历史、文学、艺术、宗教、民俗等具有文化积累和传播价值，有助于国外了解中国文化和民族精神的优秀成果"。[①]

自2012年起，上述第一个资助的领域范围被拓展为"马克思主义研究特别是中国特色社会主义理论体系的优秀成果"。至2018年，该范围进一步更新为"研究马克思主义特别是习近平新时代中国特色社会主义思想和党的十九大精神，研究阐释中国道路、中国模式、中国经验，有助于国际社会全面客观认识当代中国的优秀成果"[②]。关于上述第二个资助领域范围，其间也曾做出动态调整，由"新中国成立和改革开放

[①] 关于设立国家社会科学基金中华学术外译项目的公告[EB/OL].(2010-01-15)[2023-06-12]. https://rwsk.ecnu.edu.cn/fd/95/c25021a261525/page.htm

[②] 2018年国家社科基金中华学术外译项目申报公告[EB/OL].(2018-07-30)[2023-06-17]. http://www.nopss.gov.cn/n1/2018/0730/c219469-30179058.html

以来的中国发展经验"逐步细化为"研究阐释中国道路、中国模式、中国经验,有助于国际社会全面客观认识当代中国发展理念的优秀成果"①,并于2017年起合并到第一个资助范围。更为重要的是,自2015年起,申报公告中将之前较为模糊的表达"其他适合向国外翻译推介的优秀成果"删去,代之以全新的资助范围,即"研究人类共同关注话题、重大国际和地区问题,有助于参与世界学术对话、反映我国为世界作出重大贡献的优秀成果"②。

经过几次调整之后,当前"中华学术外译项目"的资助领域范围逐渐明确为四大鲜明主题,即"研究马克思主义特别是习近平新时代中国特色社会主义思想,研究阐释中国道路、中国经验,有助于国际社会全面客观认识当代中国的优秀成果";"研究近现代特别是当代中国经济、政治、文化、法律、社会等各领域,有助于国外了解中国社会科学研究前沿的优秀成果";"研究中华优秀传统文化和艺术,具有文化传承和传播价值,有助于国外了解中国文化和中华民族精神的优秀成果";"研究人类共同关注话题、重大国际和地区问题,有助于参与世界学术对话、反映我国为世界作出重大贡献的优秀成果"。③

值得注意的是,在对资助范围作出相应调整的同时,公告还更加

---

① 2015年国家社科基金中华学术外译项目申报公告[EB/OL].(2015-09-08)[2023-06-17]. http://www.ora.shisu.edu.cn/11/1f/c3127a69919/page.htm
② 2015年国家社科基金中华学术外译项目申报公告[EB/OL].(2015-09-08)[2023-06-17]. http://www.ora.shisu.edu.cn/11/1f/c3127a69919/page.htm
③ 2020年国家社科基金中华学术外译项目申报公告[EB/OL].(2020-09-15)[2023-06-18]. http://www.nopss.gov.cn/n1/2020/0915/c219469-31862072.html

明确地指出了将这些主题作为资助范围的主要目的。这主要体现于四个"有助于"的相关表述，即"有助于国际社会全面客观认识当代中国""有助于国外了解中国社会科学研究前沿""有助于国外了解中国文化和中华民族精神""有助于参与世界学术对话、反映我国为世界作出重大贡献"。①

综合以上对"中华学术外译项目"设立以来的资助范围政策演变来看，无论是资助领域范围的拓展和完善，还是"中华学术外译项目"申报公告上所明确指出的四个"有助于"，这些都充分表明在国家层面设立"中华学术外译"这一国家社科基金项目的初衷和旨归，即通过对中国学术精品图书的翻译实践予以资助，以促进中外学术交流，推动中国学术话语"走出去"。

其次，获批资助图书所涉学科和语种更加丰富。对2010年至2022年间所有获批立项资助的图书和期刊进行归纳、梳理和分类，可以发现，走过十余年发展历程的"中华学术外译项目"资助的图书所涉学科越来越丰富。从较早相对聚焦的哲学、经济学、法学、社会学、国际问题研究、历史学、宗教学、管理学和教育学，逐步拓展至包括考古学、新闻传播学、人口学、体育学、统计学、文学、艺术学、法学等在内的二十多个学科，几乎囊括了国家社科基金学科分类表中的所有学科门类。根据诸葛蔚东等学者的统计结果，在2010—2021年间获批立项的所有外

---

① 2019年国家社科基金中华学术外译项目申报公告[EB/OL].(2019-09-10)[2023-06-18]. http://www.nopss.gov.cn/n1/2019/0910/c219469-31347070.html

译图书的学科分类中，中国历史、哲学、社会学、中国文学、经济学和法学六个学科位居前列，其中中国历史占比最高，达15.2%，经济学和哲学并列第二，占比10.9%，其次是社会学和中国文学，分别占9.6%和8.8%，法学占比6.7，其他学科占比则从4.9%至0.1%不等。[①] 不同学科的占比差异体现了"中华学术外译项目"资助分配策略和重点领域。显然，中国历史、经济、哲学、社会学、文学、法学等学科领域在国际学术和文化交流中享有更加重要的地位，因此获批立项的数量较多。但是，从近几年几乎所有学科的全覆盖来看，"中华学术外译项目"的资助范围越来越大，因此能够"走出去"的中国学术话语学科领域愈加丰富。

此外，在资助的语种类型上，"中华学术外译项目"十余年间的语种资助范围也在不断扩大。2010年设立该国家社科项目之初，只立项资助中国学术图书的英文翻译和海外出版，2011年拓展至英语、法语、西班牙语、俄语和德语五个语种，2012年又增加了日语、韩语、阿拉伯语三个语种，共计八个语种，这种状况一直延续至2016年。2017年至2018年，资助语种范围略有变化，申报公告规定"以英文、法文、俄文、阿拉伯文、西班牙文等五种为主，其他文版也可资助"[②]，2019年至2021年的申报公告则规定"项目资助文版以英文、法文、俄文、阿拉伯文、

---

① 2021年国家社科基金中华学术外译项目申报公告[EB/OL].(2021-09-18)[2023-06-18]. http://www.nopss.gov.cn/n1/2021/0918/c431031-32231283.html

② 2018年国家社科基金中华学术外译项目申报公告[EB/OL].(2018-07-30)[2023-06-17]. http://www.nopss.gov.cn/n1/2018/0730/c219469-30179058.html

西班牙文等五种为主,德文、日文、韩文等文版侧重于资助中外学界共同认可的名家经典,其他文版主要侧重于服务'一带一路'沿线国家与地区"①,2022年对于其他文版的规定略有调整,变更为"其他文版主要侧重服务于中外文明交流互鉴和各国互利共赢事业"②。尽管自2017年起资助的语种一直是以英文、法文、俄文、阿拉伯文、西班牙文五种语种为主,但从2022年获批资助的项目中,可以发现当年资助的语种范围高达18个之多。由此可见,在"中华学术外译项目"的资助范围里,不但学科领域更加丰富,其资助的语种类型也越来越多。通过资助更多语种类型的图书翻译,中国的学术和文化作品就可以在世界不同语种地区覆盖更广泛的国际受众,这有助于增加中国学术作品在国际市场上的可见度,有利于扩大中国学术话语的传播范围和国际影响力。

值得一提的是,在每年一度的"中华学术外译项目"申报公告中,对于翻译的要求,有一条一直未作任何变化的规定。该规定指出"翻译既要保证忠实于原著,又要符合国外受众的阅读习惯"。这一要求看似简单,事实上是对翻译质量提出了较高的标准,不但强调了忠实的翻译观,同时也表明了以读者为关照的受众意识,这与新时代构建"融通中外"的中国特色对外话语体系是相一致的,体现了翻译工作中的原则与平衡问题。"既要"和"又要"一方面要求译者在翻译工作开始之前要

---

① 2021年国家社科基金中华学术外译项目申报公告[EB/OL].(2021-09-18)[2023-06-18]. http://www.nopss.gov.cn/n1/2021/0918/c431031-32231283.html

② 2022年国家社科基金中华学术外译项目申报公告[EB/OL].(2022-11-16)[2023-06-18]. http://www.nopss.gov.cn/n1/2022/1116/c431031-32567738.html

深入了解目标受众的文化、语言和阅读习惯，在翻译过程中采用符合目的语读者阅读习惯的翻译方式，同时在翻译的遣词造句中还应确保原著的核心思想、情感和风格得以保留，不走样，不变形。这意味着译者需要理解原著的深层含义，而不仅仅只是对其单纯进行字面意思的语际转换。

综上所述，随着各项政策不断走向成熟和完善，加上受资助学科和语种范围的慢慢扩大，越来越多中国学术精品被翻译成不同语种并由国外著名出版社在当地出版发行，"中华学术外译"项目俨然已经发展成为推动中国话语"走出去"的重要传播载体，在推动中外学术交流过程中体现了"中学西传"的跨文化传播特征。

二、"中华学术外译项目"图书译介与传播效果的评价方式

"中华学术外译项目"的设立初衷在于"推动中外学术交流与对话，提高中国文化特别是创新理论的国际影响力和学术话语权"[1]，从本质上来讲更具有主动型对外传播的实践活动特征，是国家机构主导下的跨文化传播行为，因此对其传播和接受效果的考察有助于了解国家机构资助下的项目实施反响情况，以改进项目实施机制和实践模式，进而提升对外传播效果。就学术话语对外译介与传播而言，如同其他话语领

---

[1] 杨庆存. 中国文化"走出去"的起步与探索——国家社科基金"中华学术外译项目"浅谈[J]. 中国翻译, 2014, 35(04): 5-7.

域的对外传播一样，对传播与接受效果的考察通常可以从以下几个维度进行定量或定性分析和评价：

其一，考察外译图书在海外图书馆的馆藏情况。能够被海外图书馆收藏并供读者借阅这本身就可以说明译介图书的学术影响力和接受度。对此，研究者可以借助全球最大的图书馆目录数据库Worldcat进行书目检索，借以考察外译图书在海外图书馆的收录情况，包括图书馆分布和馆藏量等，甚至可以对读者借阅情况进行深度挖掘。例如，诸葛蔚东等学者就基于OCLC馆藏数据库，对2010年至2020年之间获批立项的中华学术外译项目英译图书在海外图书馆的馆藏数据进行了统计。统计和研究结果表明，随着外译项目资助图书翻译和出版工作的顺利完成，许多中华学术外译项目英译图书已被海外众多图书馆收藏，其中收藏量最多的为艺术类主题图书，这说明"中华学术外译项目"图书在海外已经产生了一定的学术话语传播效果。此外，从馆藏图书的作者来看，当代中国各个领域资深学者的英译作品更受图书馆青睐，其中专注于中国宗教、思想和文化史等研究领域的复旦大学文史研究院及历史系特聘资深教授葛兆光的著作英译本在海外图书馆中的收藏量最高。[①]诸葛蔚东等学者的相关研究从图书馆馆藏的量化视角为我们较为完整地呈现了"中华学术外译项目"英译图书的海外传播状况。

其二，分析外译图书在海外学术成果中的引用情况。被其他学者在

[①] 诸葛蔚东, 马晨一, 刘明. 中华学术外译项目英文版图书海外影响力分析——基于OCLC馆藏数据库的考察[J]. 出版科学, 2023, 31(02): 105-112.

其发表的学术成果引用一方面说明这些书籍通过翻译和出版之后不但到达了读者手中,更为重要的是,被引用表明读者已经阅读并参考了其中的部分内容,这是中华学术外译图书在海外接受效果更为直接和明显的表现。就具体的研究方法而言,研究者可以通过包括谷歌学术、科学网等在内的常用学术搜索引擎,检索外译图书在国际学术界的引用情况。例如,王伟利用CSSCI和Web of Science两个学术数据平台,对2010年至2016年间"中华学术外译项目"已经结项的书目进行检索,从立项年度、出版社和学科分布三个维度,分别统计了这些图书原著和外译本在两个数据平台的学术引用情况。研究结果发现,2013年度立项的图书外译版在Web of Science中总被引频次和平均被引频次均最高,由社会科学文献出版社负责项目出版的译著在Web of Science中总被引和平均被引频次最高,法学、社会学和经济学等学科领域为代表的译著在Web of Science中的总被引和平均被引数量较高,这说明这些著作在国际学界已经产生了较大的学术影响力,是中国学术话语成功走向世界的典范。① 该研究从学术引用的量化视角较好地呈现了"中华学术外译项目"图书在海外出版之后的传播和接受效果。

其三,通过对读者书评进行质性分析,对图书译介与传播效果进行解读。对于外译图书而言,其读者类型通常包括专业读者和普通读者,专业读者的书评可以有多种形式,有的是以图书的序言形式出现,有的

---

① 王伟. 中华学术外译项目成果(2010—2016)引用分析[J]. 情报资料工作,2019, 40(05): 13-16.

则印于图书封面，还有的发表于一些学术期刊，普通读者的书评往往发表在图书销售平台（如亚马逊）或社交媒体之上。除了专业读者和普通读者之外，有些报纸和杂志等媒体也会对图书进行评价。研究者便可以从上述渠道获取有关外译图书的书评，借此剖析图书译介和传播效果。当前，从读者书评这一质性视角对译介图书进行传播与接受效果评价的研究多是借助一些自然语言处理工具（如Python）对从图书电商网站收集到的文本数据进行话语情感分析。例如，张璐以《三体》英译本为个案，借助Python工具，对从亚马逊网站获取的读者评价信息进行话语情感分析，研究结果表明，《三体》之所以能够在译入海外之后取得较好的传播效果，正如其读者评价话语情感分析所揭示，《三体》具有世界性和民族性的双重文学特质。[①]对于"中华学术外译项目"而言，尽管十余年来已经有大量中国学术主题图书成功译向国外，无论是普通读者还是专业读者，或多或少都会对这些作品作出评价，然而目前国内学界尚未有通过读者评价这一方法对其译介与传播效果进行研究。

其四，跟踪外译图书的海外销量。销量和图书馆馆藏量较为类似，同样是纯粹从量化的角度对学术图书的译介和传播效果进行解读。图书销量有时候完全是图书市场化行为的结果，但在某种程度上也可以作为图书译介效果的重要衡量手段。一方面，对于出版商来说，图书销量是商业成功的标志，高销量的图书会给出版商带来更多的收入，因此

---

① 张璐. 从Python情感分析看海外读者对中国译介文学的接受和评价：以《三体》英译本为例[J]. 外语研究, 2019, 36(04): 80–86.

吸引出版商为了追求经济利益继续出版此类作品。另一方面，更为重要的是，图书销量是评价一本书在市场上的接受度和受欢迎程度的关键指标，销量大就意味着读者对图书的主题和内容感兴趣，并愿意购买和阅读它，译介图书进而便可以在读者群中产生话语影响力，是图书译介成果的标志。为了获取有关译介图书的销量情况，研究者可以通过考察一些大型的国际书展，在书展现场收集相关图书的销量数据，也可以在亚马逊等专业的国际图书销售平台对外译图书的销量进行跟踪和数据采集。需要注意的是，虽然馆藏量和图书销量都是评价图书译介效果的重要方式，它们反映了译介作品在特定市场或受众中的接受程度和影响力，但是二者并不一定总是一致的。一些具有高馆藏量的书籍可能不会在市场上畅销，而一些畅销书可能也不会被大量图书馆收藏。这取决于书籍的性质、目标受众以及市场竞争等因素。因此，在从量化视角对图书译介效果进行评价时应将二者结合起来，对译介图书的译介效果进行综合评估。然而，就"中华学术外译项目"资助的图书而言，目前学界鲜有从这一视角对其译介与传播效果进行考察。这一方面是由于无论是图书电商的销量还是国际书展上的图书销量都较难统计，另一方面很可能是由于图书销量属于商业机密信息并不容易获取。

其五，进行读者调研。读者调研可以说是对于图书译介和传播效果最为直接的评估手段。读者调研研究者首先要明确外译图书的目标受众，并有针对性地选择一定数量的重点目标受众，然而通过采用问卷调查或面对面访谈等多种调研方式，以获取目标读者对于译介图书的一手反馈资料，并借此衡量和分析外译图书在目标读者心目中的地位和影响等。通过对目标读者调研，可以深入了解译介作品的受众，包括他们的兴趣、需求、期望和喜好等，还可以在调研中收集读者的反馈和意见，包括他们对译介作品的评价、喜欢和不喜欢的方面，等等。然而，无论是对于"中华学术外译项目"资助的图书而言，还是对于其他诸如"熊猫丛书""大中华文库""中国图书对外推广计划""经典中国国际出版工程""中国文化著作对外翻译出版工程""丝路书香工程"等项目下已经在海外译介和出版的图书来说，目前学界几乎没有学者是从读者调研这一维度对翻译图书的译介与传播效果进行考察。

三、"中华学术外译项目"图书的域外接受效果——以学术引用为视角

关于"中华学术外译项目"图书在海外的传播和接受情况，《光明日报》曾于2015年刊发了一篇题为《中国声音世界回响——国家社科基金中华学术外译项目设立五年发展纪实》的文章。在这篇报道中，有两本图书被重点提到，分别是费孝通的《全球化与文化自觉》和王佐良的《论契合——中西文学与翻译》。另外，据该报道，2015年5月28日，在"全美最具影响力、规模最大的年度国际书展"[①]，即美国纽约雅各布贾维茨展览会展中心上，《全球化与文化自觉》和《论契合——中西

---

① 中国声音 世界回响——国家社科基金中华学术外译项目设立五年发展纪实[EB/OL].(2015-07-17)[2023-02-03]. http://www.chinawriter.com.cn/news/2015/2015-07-17/248607.html

文学与翻译》两本图书的英译本迎来首发仪式，引起与会读者的广泛关注。

为进一步了解"中华学术外译项目"图书在海外的传播效果，本文选择这两部图书作为个案，采用上文论及的第二种译介与传播效果的研究方法，即通过谷歌学术进行在线检索，考察它们在国外学界的引用情况，借此视角对"中华学术外译项目"下的图书译介与接受效果进行剖析。

首先来看费孝通的《论全球化与文化自觉》，这是2011年获批"中华学术外译项目"的第一本图书。之所以选择这本立项年份较早的图书，主要是考虑到一本学术专著的学术影响力并非朝日之功，而是需要一定的时间才可以在学界逐渐传播开来，进而被关注和引用并产生学术影响。此外，众所周知，费孝通是中国当代著名的社会学家、人类学家、民族学家和社会活动家，更是中国社会学和人类学的奠基人之一，国际学界也具有较大的学术影响力，其博士论文《江村经济》曾被誉为"人类学实地调查和理论工作发展中的一个里程碑"[1]，是国际人类学界的经典之作。

更为重要的是，费孝通于1997年在北京大学社会学人类学研究所举办的第二届社会文化人类学高级研讨班上首次提出了"文化自觉"的理念，被学界广泛认为是应对全球一体化而提出的关于异域文化接触和交往的重要方法论。在《论全球化与文化自觉》一书中，费孝通先生围绕

---

[1] 费孝通.江村经济[M].上海：上海人民出版社，2007：7.

"文化自觉"与"全球化"两大命题,"从全球社会的构建、文化自觉的相关概念、中华民族多元一体格局、文化自觉与社会转型等方面展开论述,为破解西方'文明的冲突'困局提供了一种富有源自东方智慧的解决方案,为世界多种文明共存创造了更广阔的讨论空间"①。由此可见,《论全球化与文化自觉》能够在"中华学术外译"项目设立的第二年便被立项进行英译是有其重要学术价值和思考的,有利于对外传播源自中国学者的全球一体化文明冲突解决理念与方案,这不但具有中国特色,而且彰显了中国智慧。

在谷歌学术上以《论全球化与文化自觉》的英文译名"Globalization and Cultural Awareness"作为关键词进行检索,检索日期为2023年8月19日,可以发现《论全球化与文化自觉》被引用达66次之多,单从数量上便足以说明《论全球化与文化自觉》英译后在国际学界的传播效果。另外,通过对这66条检索结果进行阅读并归纳整理,可以发现:

第一,对《论全球化与文化自觉》进行引用的学者学科背景较为丰富,既有来自教育学尤其是高等教育研究领域的学者对该书进行引用,也有来自管理学、国际关系、生态学和法学等学科的学术成果都论及了《论全球化与文化自觉》一书。例如,在发表于《牛津教育评论》(*Oxford Review of Education*)的《什么是全球化高等教育?》(*What is global higher education?*)一文中,作者Simon Marginson分

---

① 外译项目成果《全球化与文化自觉》等在美国首发[EB/OL].(2015-06-12)[2023-03-19]. http://www.sass.cn/101004/28606.aspx

析"天下"这一概念时，便参引了费孝通的《论全球化与文化自觉》一书，指出"天下既建立在开放的本体论之上，又建立在维持多样性的统一之上（和而不同）"①。又如，Manuel等研究者在其*Developing Self-Awareness: Learning Processes for Self- and Interpersonal Growth*一文中论述个人文化自觉时，也引用了费孝通在《论全球化与文化自觉》提出的关于"集体主义文化"的观点。②

第二，在参引费孝通的《论全球化与文化自觉》的学术成果中，除了在学科背景上较为多元之外，这些成果所发表的学术期刊都较为权威，在学界拥有较大的学术影响力。例如，多次引用了《论全球化与文化自觉》的教育学类期刊*Higher Education*，*Oxford Review of Education*，*International Journal of Educational Development*，管理学和心理学学科交叉类期刊*Annual Review of Organizational Psychology and Organizational Behavior*和*Journal of Business Research*，以及社会学期刊*International Journal of Qualitative Methods*，等等，这些都是被国际权威的社会科学引文索引（SSCI）数据库收录的学术期刊，有的期刊在我国中科院的分区中还属于Top类期刊，如*Higher Education*。能够被发表于这些权威期刊的论文所引用，势必惠及较大范围的读者受众，这足以说明《论全球化与文化自觉》的译介与传播效果。更为重要的是，借助

---

① Marginson S. What is global higher education? [J]. Oxford Review of Education, 2022, 48(4): 492–517.

② London M, Sessa V I, Shelley L A. Developing self-awareness: Learning processes for self- and interpersonal growth [J]. Annual Review of Organizational Psychology and Organizational Behavior, 2023, 10: 261–288.

这些权威的学术期刊传播载体，《论全球化与文化自觉》将为更多的读者所了解，因此又可以在此基础上进行二次乃至多次传播，进一步扩大学术影响力。

第三，值得注意的是，在检索到的66篇（部）学术成果中，除了对《论全球化与文化自觉》进行参考引用之外，有些成果是直接以费孝通及其学术思想作为研究对象。例如，在 Integrating Chinese and Western knowledge: a case of scholar Fei Xiaotong 一文中，作者便以费孝通作为典型个案，对其将中西文化知识体系进行融会贯通的个人学术实践进行解读和分析，指出"基本的文化品鉴态度、对多元文化的广泛接触以及以文化主题为导向的学术研究"①是费孝通先生成为融汇中西文化知识体系学术大家的三个核心要素。将费孝通先生这一个案作为研究对象直接进行研究，而且该研究成果还发表于国际上最为权威的高等教育类学术期刊 Higher Education，这些都充分说明了费孝通在国际学界的学术影响力。当然，该研究成果自然也提及了《论全球化与文化自觉》一书，这从另一侧面佐证了《论全球化与文化自觉》译介后的传播和接受效果。

最后，值得一提的是，参引费孝通先生之《论全球化与文化自觉》英译本的成果除了上文论及的诸多发表于学术期刊的文章之外，也有以中西文化比较作为研究视角的博士学位论文，如 Similarities and

---

① Shen Y, Yang L, Yang R. Integrating Chinese and Western knowledge: a case of scholar Fei Xiaotong[J]. Higher Education, 2023: 1–17.

Differences Between Notions of 'public' in the Sinic and Liberal Anglo-American Traditions，*and the Implications for Higher Education*，亦有学术专著，如*Higher Education*，*State and Society: Comparing the Chinese and Anglo-American Approaches*。多元化的学术成果形式对《论全球化与文化自觉》一书的引用同样可以说明这本书在"中华学术外译"项目下获批英译之后在海外读者群中取得了较好的学术话语传播和接受效果。

再来看"中华学术外译项目"立项资助的另外一部英译图书，即王佐良的《论契合——中西文学与翻译》一书。王佐良系我国著名的英国文学研究专家和翻译家，一生致力于中西文学比较研究，《论契合——中西文学与翻译》是其中西文学"契合论"学术思想的集中体现，汇集了他的两个代表性学术散文集。在这部书中，王佐良教授不但重点关注并讨论了20世纪中国文学与西方文学之间的关系，而且特别强调了翻译在其中的重要作用。

同样在谷歌学术网站上以《论契合——中西文学与翻译》的英译名*Degrees of Affinity—Studies in Comparative Literature and Translation*进行检索，检索时间为2023年8月21日，发现自该书英文版出版以来，共有22条学术引用。尽管与费孝通的《论全球化与文化自觉》相比较，这一引用数量并不算多，但是对于在国内外学界都较为小众的比较文学和翻译学科而言，这一引用数量足以说明其经由译介之后的学术影响，也能够证明"中华学术外译"项目英译图书的传播和接受效果。

采取同样的方法对这22条学术引用进行阅读并归纳整理，可以发现，与费孝通的《论全球化与文化自觉》较为类似，引用《论契合——中西文学与翻译》的学术成果都是源自较为权威的国际学术期刊或是由著名出版社出版发行的学术专著，在学界都具有很大的学术影响力。

更为重要的是，在引用《论契合——中西文学与翻译》的文献中，我们还发现有些文献来源并非英文期刊，而是源自其他语种的权威期刊，其中包括俄语、葡萄牙语、西班牙语和韩语等。例如，引用了王佐良《论契合——中西文学与翻译》的 *Estudos da tradução e literatura comparada: conflito e complementaridade* 一文便刊发于国际权威的翻译学期刊 *Cadernos de Tradução*。*Cadernos de Tradução* 是由巴西 Universidade Federal de Santa Catarina 大学创办的学术期刊，专注于发表翻译学研究领域的最新科研成果，该刊被收录于 Web of Science、Scopus 和 SciELO 等国际学术数据库中。又如另外一篇引用了《论契合——中西文学与翻译》的文章"범텍스트 및 범문화적 사건으로서의 엑스프리시스 시 [청금석] 다시 읽기"发表于韩国著名的 *The Yeats Journal of Korea* 期刊，该期刊在韩国学术界亦有较大的学术权威和影响力。

以上是从学术引用的视角对"中华学术外译"项目英译图书的传播和接受效果进行了考察。无论是费孝通的《论全球化与文化自觉》，还是王佐良的《论契合——中西文学与翻译》，两本学术著作的英译本在国外出版发行以后便很快引起了来自不同国家学界的广泛关注，并在他们的学术创作成果中进行引用。"中华学术外译项目"资助下的《论全球化与文化自觉》和《论契合——中西文学与翻译》两本图书经由翻译在国外出版之后，取得了较好的译介和传播效果，可以说是中国学术话语成功"走出去"的代表。

事实上，鉴于引用了这两本图书的学术成果所发表的期刊都是相关学科领域的权威期刊，因此通过它们，《论全球化与文化自觉》和《论契合——中西文学与翻译》在国际学界又会被其他学者进一步交叉引用，这将继续推动两本图书在国际学界的传播，从而产生滚雪球式的学术话语传播效果。

四、结语

本文一方面分析了"中华学术外译项目"在十余年发展进程中所呈现的动态变化特征，指出"中华学术外译项目"是推动中国话语"走出去"的重要学术传播载体，体现了国家主导下的中国话语译介模式特质，是中学西传的重要方式。此外，本文还结合具体文献提出了评价译介图书在域外传播和接受效果的五种研究方法，最后借助《论全球化与文化自觉》和《论契合——中西文学与翻译》两本较为成功的译介与传播个案，通过分析国际学界对它们的学术引用，论证了两本图书在"中华学术外译项目"资助下走向国际后的译介与传播效果。研究结果表明，作为国家社科基金重要资助形式的"中华学术外译项目"自创设以来为推动中国学术话语"走出去"发挥了重要作用。一方面，中华学术外译项目的资助范围涵盖众多学科领域和不同语种，通过翻译和出版中国学术著作，将中国的学术智慧和研究成果带到全球舞台之上，有利于让全世界各地的学者和读者更好地了解和接触中国的学术研究成果，从而推动中国学术在全球范围内的国际交流与合作。另一方面，通过资助代表中国学术水准、体现中华文化精髓、反映中国学术前沿的学术精品以外文形式在国外权威出版机构出版并进入国外主流发行传播渠道，有利于深化中外学术交流，加强中国学术国际影响力，最终实现提高中国国际学术话语权和文化软实力的目标。

然而，尽管"中华学术外译项目"图书目前在国际上已经取得了较好的传播与接受效果，本文仅仅通过两个较为成功个案的分析，似有管中窥豹之嫌，并不能够说明所有"中华学术外译项目"资助的图书都取得了良好的传播和接受效果。因此，为了更加全面地了解"中华学术外译项目"图书在域外的传播和接受效果，我们应进一步综合运用本文论及的五种研究方法，定期跟踪已在国外翻译、出版和传播的图书和期刊，从多个不同视角考察它们的传播和接受效果。更为重要的是，我们应根据对于传播与接受效果进行考察的结果，为进一步提升"中华学术外译项目"图书的译介效果提出具有较强可行性的改进建议与措施，助推这一国家层面的对外话语译介与传播实践能够更好地推动中国话语"走出去"。